あなたにとって、
津波、クジラ、ペンギンに
あたるものは何ですか？

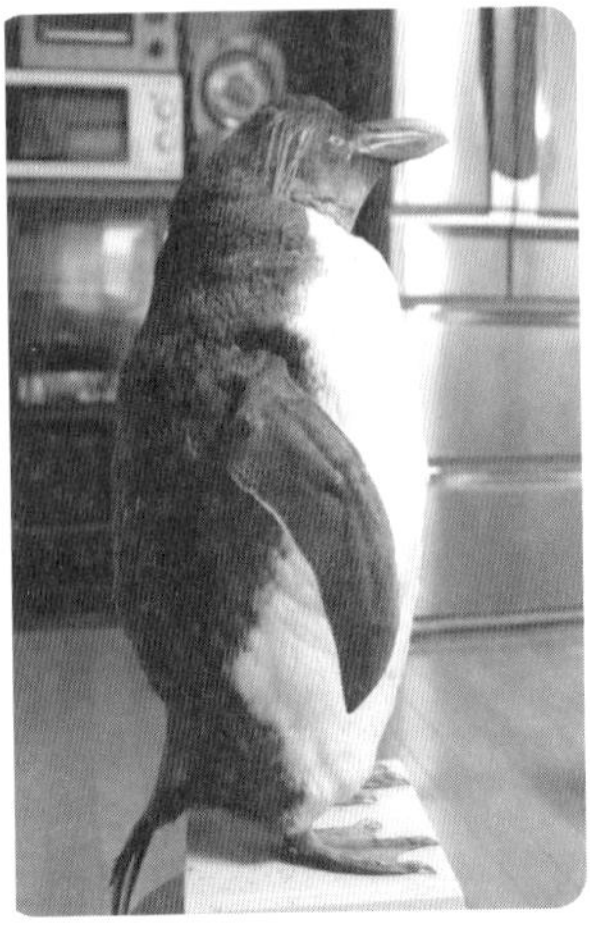

＊ 津　波

人間のスケールを超えた「自然」の時間。

＊ クジラ

ふるさとを形づくった三、四世代ほどにわたる「地域」の時間。

＊ ペンギン

ひとり一人の暮らしの営みによる「人生」の時間。

写真上：東日本大地震 10 年の鮎川。
写真中：鮎川港に保存展示されている捕鯨船・第 16 利丸。
写真下：個人宅で大切にされてきたペンギンの剥製。

はじめに

津波とクジラとペンギンと

人は三つの時間を生きている。

人間のスケールを超えた「自然」の時間、ふるさとを形づくった三、四世代ほどにわたる「地域」の時間、そしてひとり一人の暮らしの営みによる「人生」の時間。

本書は、東北・三陸海岸の南端、太平洋に突き出した牡鹿半島の先端近くに位置する鮎川の民俗誌である。二〇一一年三月一一日の東日本大震災では、震源地に直線でもっとも近い位置にある牡鹿半島にも大津波が襲来し、鮎川をはじめほとんどの浜・浦は壊滅的な被害を出した。

そこからの一〇年間は、「復興期」という言葉の語感ほどには順調なものではまったくなかった。また、復興とは災害の前日に戻すことではなく、地域の社会・経済の土台となる諸条件がまったく違ったものとなることから、その暮らしのあり様は大きく変化してきた。その変化によって、過去から現在へ至る地域文化への理解、ここから展望する未来のイメージも揺らぎ続けてきた。

鮎川の人々のなかの、三つの時間「自然」「地域」「人生」を象徴するものは、「津波」「クジラ」「ペンギン」である。と、わたしはこの一〇年の民俗調査から思い至る。

＊「津波」
均《な》らせば七、八〇年に一度は大地震と津波が襲来する地域である。東北の三陸海岸の歴史は、まさに困難との格闘の蓄積であった。生活を根本的に作り直さなければならないようなインパクトは、津波にとどまらない。天保飢饉、明治三陸津波、明治三六年凶作、世界恐慌の鯨油価格大暴落、昭和三陸津波、チリ地震津波、東日本大震災、新型コロナウイルスの蔓延……。

歴史の教科書には、これらの災禍が事件としてしか描かれない。しかし民俗学者としてのわたしが常に注視してきたのは、そこからの復興期の営みにある。

＊「クジラ」
鮎川にとっての経済の軸は、クジラ、すなわち捕鯨業とその関連産業である。これはノルウェー式捕鯨の導入、小型捕鯨船の改良などの技術革新によって発展してきた（イノベーション）。一方で、過剰な捕獲による資源の減少、種の保全のための資源管理の枠組みといった、国際的な動向と常に直結しながら、その動向に左右されてきた（グローバリゼーション）。

＊「ペンギン」
鮎川の人々は、ひとり一人が人生のなかでさまざまな仕事を経験している人が多く、その組み合わせは多様である。まさに「人生十色」。その時々で、新しいことに挑戦し、困難を経験し、それでも

なんとかやってきた人々の語りには、エピソードや武勇伝など、豊かな「自分語り」の世界がある。それを象徴するものが「ペンギン」である。南氷洋捕鯨の〝みやげ物〟としてふつうの家の玄関や居間に飾られているペンギンの剥製は、家族や隣人の南極海での武勇を語るものとなっている。

震災から一〇年で、鮎川の暮らしをどういう民俗誌によって描くか。いつの困難も、最初の一〇年は模索と実験の期間であった。その一〇年はそこからの数十年の飛躍の基礎となってきた。しかしその繁栄は、次の困難に直面して挫折する。しかし、再びその復興期のハードワークがあり、地域は別のかたちへと移行する。産業構造の転換と生活様式の変化、その絶え間ない歴史が、まさにこの土地の地域文化そのものであった。

津波とクジラとペンギンと……震災一〇年にあたり、鮎川の地域文化をこの切り口で描いてみよう。そこにはおのずと、「被災地」という渇いた語感とはかけ離れた、生活の営みが浮き彫りとなる。

坂口安吾のみた捕鯨の町

第二次世界大戦の終結から六年後、毒舌の評論家として知られた坂口安吾は、牡鹿半島・鮎川を訪れ、その印象をこうつづった。

この東北の旅行で、私の特に印象的だったのは、子供たちが自動車にすら敵意を見せるような半島のドンヅマリへきて、このへんで何処より明るい唯一の町を見たという意外さだった。（中略）鮎川の明るさや町全体の整頓にはローカルなものはない。それで結構だ。明るく整頓して皆が楽しく暮せるようになるために、ローカルなものを失ったってちッとも損ではないのである。（中略）不漁のたびに漁師が苦しむようなことが次第になくなるような設計の方が大切なのさ。

（坂口一九八八、九二～九三頁）

このエッセイで、坂口安吾はいつもの歯に衣着せぬもの言いで、伊達政宗を「田舎豪傑」とこき下ろし、松島や塩竈、石巻の漁港特有な暗さを批判した。さらには旅の印象を問われた新聞記者に「仙台は美人がいない街」だの「さんさ時雨は模倣文化」だのと悪態をつき、記事を読んだ当時の仙台の読者の反感を買ったことだろう（『河北新報社』一九五一年二月一八日）。

その坂口は、牡鹿半島の漁村の後進性について述べた後、半島の先に位置する鮎川を捕鯨文化と大手漁業会社の企業風土によって「整頓」された〝明るい〟町だと述べている。そのためにローカルな地域文化が希薄だが、生活の安定を疎かにしてまで守るべきものでもないとしている。

民俗学者としてわたしが東日本大震災震災からの一〇年、この鮎川で調査をしてきた実感では、鮎川は〝伝統的な〟民俗学の調査で、見るべきものを期待できるフィールドではない。三陸の漁村らしい地域コミュニティを見たければ、牡鹿半島の湾の入り組んだところにある数多くの浜や浦を見る方が、磯や海での珍しい漁法や、四季折々の年中行事、心奪われる伝統芸能に出会うことができる。

坂口安吾が言うように、鮎川はそういう土地ではないのである。むしろ町であり、都市的ですらあり、近代的な労働に支えられ、一人ひとりが多様な生き方を選んでいくようなダイナミズムがある。わたしは津波で被災した文化財の保全活動で、この鮎川を担当することとなった。ここをやってくれと言われたから始めたわけで、その出会いはまったくの偶然であった。しかし、たくさんの地元の人と話しながら、膨大な史料や民俗資料を整理するうちに、そんな外に開けた〝明るい〟鮎川が大好きになっていった。

近代捕鯨および金華山観光の拠点となった鮎川のすがたは、津波被害で更地になり、そして現在のようなどこもかしこも工事現場となっている現在からは想像もつかない。防潮堤をかねた道路の建設で、いよいよ地中に埋まってしまうのであるが、かつてそこには賑やかな商店街やエンターテインメント、そして華やかな行事に彩られた港町、いや〝くじらまち〟の歴史が存在した。

黒潮と親潮が出会う世界屈指の漁場、「石巻金華山沖」にほど近く、近代漁業の最前線に位置する鮎川は、もともと磯での採集と網漁を中心とした地先の漁業と、小規模な農業による半農半漁の生活であった。それが、明治後期になると近代捕鯨、遠洋漁業、大規模定置網といった産業的な漁業によって、それまで想像もできないかたちで発展した。半島の入り組んだ地形にはいくつもの捕鯨会社の事業所が進出し、大屋根の解剖場に付随して缶詰工場や肥料工場などが軒を連ねた。

とりわけ鮎川港は、鯨油《げいゆ》や鯨肥《げいひ》の製造を目的とした複数の捕鯨会社の拠点となり、湾内にはキャッチャー・ボート（捕鯨船）がひしめき合っていた。栈橋には食肉目的の沿岸捕鯨のためのミンク船や、金華山や石巻、離島をむすぶ客船が忙しく出入りし、町には旅館や酒場、食堂、映画館、キャバレーなどが軒を連ねるほどの賑わいであった。そして役場や公民館、警察官駐在所や消防署出張所などに加え、郵便局、銀行、映画館、病院など人の集まる施設が集中し、県道沿いの商店街にはさまざまな専門店が軒を連ねていた。

東日本大震災から一〇年、現在の鮎川には地域復興の拠点エリアの常設商店街と、三陸復興国立公園「牡鹿半島ビジターセンター」、被災してようやくリニューアル・オープンにたどり着いた「おしかホエールランド」が、金華山へと渡る定期船乗り場に隣接した盛り土の上に完成した。しかし、防潮堤の役割を兼ねたかさ上げ道路の工事車両が行き交う風景は、震災から途切れることなく続いており、土ぼこりにけむる港の背後に、近代捕鯨で栄えた街の賑わいがあったことを想像できる観光客は、おそらくほとんどいないであろう。

一〇年目の時を経ても、復興まちづくりはようやくその端緒に立ったばかりなのである。

復興期に語られる町の印象

わたしは、旧牡鹿町が保存してきた歴史・民俗資料の応急処置と整理作業を行うかたわら、この一〇年間、民俗調査とその成果をもとにした博物館活動を行ってきた。被災地で復旧したコレクションを素材とした文化創造活動を、ポスト文化財レスキュー期において進めることを「復興キュレーション」と名付け、復興まちづくりのなかでの文化における「より良い復興」について考え続けてきたのである（加藤　二〇一七　参照）。

「復興キュレーション」では、復興の各段階で大きく揺れうごいていく「地域住民が大切にしたいものごと」に対し、それを考える素材を提供しながら、ときにはそれと対抗するアイデアも提示してきた。地域の人々が、慣れ親しんだ故郷を語ることばには、その時代ごとの葛藤や希望、郷愁、夢、ときには諦めなど、複雑な感情が凝縮されている。

「クジラの臭いは繁栄の香り／金の匂い」

かつての捕鯨産業は、食文化のみならず肥料や油の製造などの工業としての側面を持っていた。それは地域を十分に裕福にし、町の繁栄をもたらしたが、その代償として生活環境の悪化を受け入れてきた。

「捕鯨の鮎川か、鮎川の捕鯨か」

金華山沖の好漁場の最前線基地として捕鯨の町となった鮎川は、近代化された設備や労働によって、進取の気風にあふれる活気ある土地としての誇りを大切にしてきた。坂口安吾が直感的に述べたように、そのために伝統文化が希薄な流動的な地域社会が形成された。

「失敗しても磯からやり直せばいい」

ハイリスク・ハイリターンの一攫千金、資本を蓄えてのし上がる。失敗して無一文となったとしても、豊かな海は常に次の選択肢を用意してくれた。震災で財産を失った男性が口にしたこの言葉は、鮎川の近代を生きてきた男たちの歴史そのもののようである。

「金華山は三年詣れば金持ちになれる」

山岳信仰の聖地でもある金華山は、漁民の信仰篤く、観光地としても発展してきた。鮎川はその玄関口にあたり、観光客向けの商業やサービス業が発展した。同時に重要な漁場でもある金華山を、人々は常に意識してきた。

こうしたさまざまな言葉を糸口に、丹念に重ねてきた聞書きにおいて、人々が語るのは三世代ほどにわたる「家族・隣人の歴史」である。その歴史観は、東日本大震災という歴史の断絶、記憶の忘却への抵抗を出発点としており、語ることで黄金時代の風景を脳裏によみがえらせ、場あたり的に構築される。東日本大震災によって、聞書きの現場は、歴史を描きなおす最前線となったのである。人々の語りは「望郷の念」を土台としている。望郷や思郷は、喪失を背景にしているから、理想化されたふるさとのイメージをもはぐくんでしまう。鮎川の場合、商業捕鯨絶頂期の一九五〇年代中盤から六〇年代は、おとぎ話か映画のセットのように語られる。しかし、眼前の更地と工事現場は、それらとあまりにも乖離しており、人々は離散状態に放り出されたような心持ちになるのである。

復興こそが日常の町

東日本大震災からの復興まちづくり、高台移転などによる地域景観の変化、人口減少、商業捕鯨再開という転機、思いどおり進まぬ復興、感染症の拡大による不安、複雑な思いのなかで語られる地域像を、民俗学者であるわたしはどのように引き受けて、記述できるだろうか。

　この民俗誌の章立ては、それとの格闘から編成したものである。牡鹿半島・鮎川、この土地に住みつづけることを選択した人々や、土地を離れて思いを寄せつづける人々が、この民俗誌によって小さな誇りを取り戻せたり、自分の位置を俯瞰で見ることができないか。なぜなら、いつの時代もこの土地には精いっぱい働く「家族や隣人の歴史」があるからである。

　この土地にゆかりのない多くの読者には、その働きものの女たち、男たちが、それぞれの時代に直面してきた困難に思いをめぐらせてもらいたい。

　牡鹿半島・鮎川とそこに生きてきた人々の営みへの共感が、読者のひとり一人の「家族や隣人の歴史」に対するまなざしへとつながる契機となってほしい。民俗誌は、人文学としての民俗学の現代的意義へと通づる最前線の仕事であり、そこに他に替えがたいやりがいがあるのである。

目次

第三章　クジラの臭いは繁栄の匂い　107

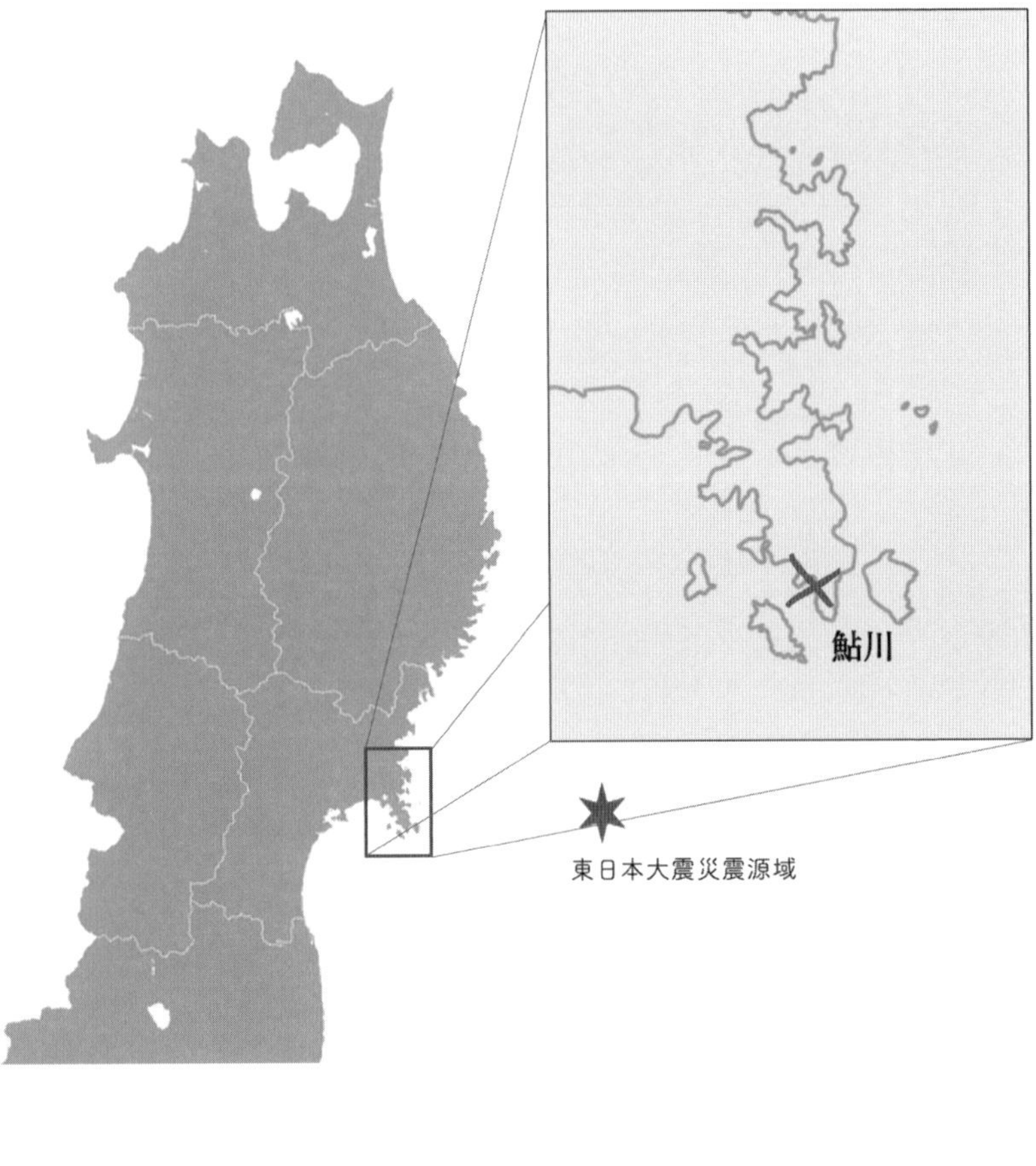
鮎川
東日本大震災震源域

第一章

遥かなる鮎川

1 牡鹿半島・鮎川へのいざない

殷賑《いんしん》なる鮎川の町

牡鹿半島の突端近くののどかな漁村だったはずの鮎川。明治時代に入ると観光地化していく金華山への玄関口として、そして近代捕鯨の最前線基地として、鮎川はわずか数十年の間に「殷賑なり」、すなわち活気に満ち満ちた町となった。

鮎川村は牡鹿半島の盡《つ》くる所にあり。鮎川、十八成背後の渓谷の外山岳重疊《ちょうじょう》して平地極めて少し。鮎川は其の西南に網地島を有するを以て風波穏かに、且つ最も外洋に近きを以て、捕鯨會社の事業場ここに設置せられ、市街為に殷賑なり。（牡鹿郡役所編　一九七五【復刻版】、一〇頁）

これは一九二三（大正一二）年に刊行された『牡鹿郡誌』の、鮎川についての記述である。牡鹿半島の先端に近くに形成された内湾に位置する鮎川は、波は穏やかで、捕鯨の事業場があり街は活気に満ちている、と記している。

入り組んだ湾と画になる風景

わたしは東日本大震災のあと、文化財レスキュー活動のために初めて鮎川の地を踏んだ。津波で瓦礫の山と化した町が片付けられ、だだっ広い更地があらわれる頃、わたしはロイ・チャップマン・アンドリュース（一八八四～一九六〇年）が撮影した、捕鯨黎明期の鮎川の写真と出会った。一〇〇年まえの風景は、震災後の更地の風景と驚くほど似ていた。

鮎川浜の風景は、じつに画《え》になる。牡鹿半島の先端ちかくにあるため外洋に近く、海は水平線の向こうに果てしなく広がっているようだ。仙台とは比べものにならないほど空はたかく、御番所まで上れば天にも届くような心地がする。湾に入り組んだ鮎川港から望めば、左右に丘陵が海に向かって突き出て、そのままストンと海に落ち込む。右は清崎、左は黒崎という。

牡鹿半島は、標高四〇〇メートル前後の山が縦貫し、西から六ノ峠、大草山、光山、太田峠、駒ヶ峰と続き背骨のように半島の先まで無骨に伸びている。そのダイナミックさは、尾根をつなぐように開かれた牡鹿コバルトライン（一九七一（昭和四六）年開通）をクルマで走れば満喫できる。

そこから湾内にかけて、捕鯨会社の事業所や大屋根の解剖場、加工場や肥料工場などが軒を連ね、圧倒的な存在感をみせている。干している肥料、内臓や血の臭い、それを「金のにおいだ」、「繁栄の香り」だと笑い飛ばす人々。桟橋には沿岸捕鯨用のミンク船や、金華山や石巻、離島をむすぶ客船がひしめきあい、湾内には大型のキャッチャー・ボートが明日の漁に備えている。旅館や映画館、銀行、

さまざまな商店などが軒を連ねる、かつての浜のメインストリートは、海岸線と並行して半島の先へと伸びていた。

これらを一望できる場所があった。ここでカメラを構えれば、鮎川の魅力のすべてを一枚の写真におさめることができた。一〇〇年前にアメリカからこの地を訪れた博物学者も、戦後の食糧難の時代にあって捕鯨の最前線の地をパノラマ絵はがきにした人も、仕事のかたわら魅力ある隣人の姿を撮りためたカメラ好きな浜の棟梁も、みんなそこからシャッターを切った。まったく別の人々によって撮られた、丘の上からの風景は、並べてみれば遷りゆく鮎川浜の定点観測となっている。

探検家アンドリュースによる調査

ロイ・チャップマン・アンドリュースという人物は、アメリカ合衆国では子どもの伝記読み物でよく知られた人物だという。危ない目に遭いながら恐竜の卵をモンゴルで発見するといった、映画さながらのエピソードから、ほんと

うに映画となって「インディ・ジョーンズ」のモデルのひとりとなった。
　牡鹿半島の鮎川浜の画になる風景と、画になる人々を、はじめて写真におさめたのは、ロイ・チャップマン・アンドリュースであった。鮎川を訪れた当時、彼はアメリカ自然史博物館に所属して東アジアの鯨類の研究と標本採集の任にあった。のちにモンゴルで発掘調査隊を率い、恐竜の卵を世界ではじめて発掘することになるこの男、女好きでありながら、仕事もめっぽう好きだったのだろう、現存する鮎川浜のガラス乾板写真は四五〇点を超える驚くべき数である。
　調査地として鮎川を選んだのは、当時世界でも最新鋭の設備をそなえた東洋捕鯨株式会社から研究への協力が得られたためであった。とりわけクジラをウインチでスロープに牽引して解剖するスリップウェイは、クジラを陸に揚げて直視下で観察できる最高の条件であった。彼は、一九一六年に調査の一部始終を探検記としてまとめた『捕鯨砲とカメラでクジラを追う（Whale Hunting With Gun

＊絵はがき「鮎川港」

＊『Whale Hunting With Gun And Camera』の表紙（一九一六年刊行）

And Camera)』を出版、鮎川で撮影した写真のうち吟味した四四点を掲載している。

世界三大漁場の好漁場

世界三大漁場とは、北東大西洋海域（ノルウェー近海）、北西大西洋海域（アメリカ・カナダ東海岸）、そして北西太平洋海域、すなわち石巻金華山《きんかさん》沖をいう。寒流の親潮と暖流の黒潮が入り混じるこの海域は、好漁場である。流通に乗るまえの新鮮な海産物のおかげで、わたしのゼミ生たちの多くはカキやホヤ、そして生ミンクが大好きになった。

その石巻三陸金華山《きんかさん》沖は、豊富な漁場でありそれゆえにクジラの集まるホット・スポットでもある。かつては〝抹香城《まっこうじょう》〟とも称されたほど、マッコウクジラのみならずさまざまな鯨種を捕獲できたため、明治末期から複数の捕鯨会社が事業所を構え、鮎川にクジラ文化を根付かせた。三陸海岸の南端に位置する牡鹿半島は、捕鯨のみならず、遠洋漁業の基地として、大規模定置網の大謀網の漁場として、カキやホヤ、ワカメ、ノリ等の栽培漁業の先進地として、そして季節ごとの豊富な磯根漁業や網漁、釣り漁、陥穽漁《かんせいりょう》等の沿岸漁業の活気ある漁村として、漁民の文化が育まれてきた。

鮎川は、捕鯨会社や漁業会社の企業城下町であるだけでなく、金華山参詣の玄関口としての観光地であり、役場や銀行、病院等が集まる町場であり、商店街や盛り場も賑わう都市的な集落であった。

アンドリュースが去ったあと、日本は厳しい戦争の時代へと向かい、鮎川浜の画《え》になる風景、画になる人々の姿は、鳴りをひそめてしまった。しかし、敗戦から立ち直っていく日本にあって、食生活を鯨肉食で支えた鮎川は、再びその活気を取り戻した。

鮎川の「黄金時代」

わたしたちはアンドリュースの四五〇枚にのぼる一〇〇年前の写真と、浜の棟梁、鹿井《かのい》清介《せいすけ》さんが撮影した同じく四五〇枚以上の六〇年前の写真を調査し、報告書に仕上げた。そのおかげで、瓦礫と更地の鮎川しか知らないわたしたちは、目を閉じれば瞼のうらに一〇〇年まえと六〇年まえの鮎川を投影し、町のほとんどを歩くことができるようになった。

この時代に対する鮎川の印象は、文字通り「黄金時代」の繁栄であった。商業捕鯨と遠洋漁業の全盛期、人々はチャンスをつかめば大きな利益を得ることができるという夢を抱き、それを現実のものにした人々もいた。季節ごとに捕鯨基地や漁港を転々

＊一九五〇年代の鯨祭り（鹿井清介撮影）

として出稼ぎする者もあれば、海で稼ぎ、商業や旅館業へと転じて海から退いていく者もあった。この地域がもっとも活気にあふれていた時代としてイメージするのが、まさにこの時代であった。

聞書きで鮎川とはどんな場所かと伺うとき、冒頭の決まり文句は「この町は昔はすごかったんだよ」である。この昔は、お伽話のような「昔むかし」ではなく、昭和二〇年代後半から昭和三〇年代なかばの「黄金時代」をさしている。その時代を生きた人はもちろんのこと、その後生まれた世代も、おとなたちが「黄金時代」との対比において「今」を語るのを聞いて育った。

こうした「黄金時代」は、IWC（国際捕鯨委員会）による商業捕鯨モラトリアムの採択（一九八二年）や、二〇〇海里漁業水域制限（一九七七年）などが行われ、牡鹿半島の漁業は観光業と養殖業を中心としたものとなることで、終焉を迎えた。

海洋資源に依存する人々の移動のダイナミズムは急速に失われ、牡鹿半島は定住的で安定的な産業構造へと転換し、人口流出や高齢化、第一次産業の低迷といった社会問題を、日本の多くの地方と同じように抱えていった。かつては遠洋漁業の前線基地として栄えた網地島や田代島といった離島は、そうした問題が先鋭的にあらわれ、離島振興も次の一手を見出せない状況にあった。

グローバルヒストリーとしての捕鯨

鮎川の捕鯨黎明期に、ノルウェーの捕鯨船や砲手《ほうしゅ》が活躍した背景には、世界の捕鯨をめぐる動向、鯨油の市場をめぐる競争、捕鯨者と漁業者の軋轢などが関わっていた。鮎川が近代捕鯨の最前線基地になったのは決して偶然ではない。

鮎川の盛衰一〇〇年をふりかえるとき、世界三大漁場にひらけたこの浜が、常にグローバルな状況にそのままつながっていることに思い至る。幕末の鮎川は、ありふれた半農半漁の集落であった。しいて言えば、背後にある鉱山が他の漁浦にはない特徴であったが、総じて地先の零細な漁業とわずかな耕地に依存するような暮らしであった。それが激変するのは近代捕鯨の前線基地となっていく明治末期であった。産業革命以降、クジラは鯨油や肥料の原材料として世界じゅうで捕鯨が行われてきた。明治期はそれが飽和状態になっていたが、捕鯨基地となった港の周辺は解剖時に流出したり海洋投棄したりされた血や油による環境汚染により、漁業者との軋轢も深刻な社会問題となっていたのである。

先進的な技術を持っていたノルウェーの捕鯨技術が、日本をはじめ世界中に拡散していく背景にはそうしたグローバル・ヒストリーとのつながりがあった。捕鯨技術はそれ自体がひとつのセットとなった産業である。捕獲技術や道具、海軍組織に倣った船員を統括する体制、船ではたらく人員と解剖場等の陸ではたらく人員、事務組織、解剖場から肥料工場や精油工場へと直結する生産ライン、付随する関連産業、労働力の配分、生産物の流通、廃棄物の処理など、すべての要素がからだの器官のように他と連動して機能し、事業が全体としてあたかもひとつ巨大な生き物のように動き続けるのである。近代産業としての捕鯨は、半農半漁の村を、徐々にではなく、一気に捕鯨基地を擁する〝くじらまち〟へと発展させたのであった。

漁業の近代化と町の発展

江戸時代以来の和船から動力船へ、漁具も素材の流通や新たな知識の導入によって漁業の近代化は急速に進展した。そのことが利益をもたらし牡鹿半島は発展していくが、設備に対する投資や市場への対応など、ハイリスク・ハイリターンなものとなっていったのである。

さらに、内燃機関の発達と加工技術の進歩は、漁業の舞台を沿岸・沿海から近海、遠洋へと延伸させ、燃料やエサなどの補給港も各所に作られ、おのずとその地元の生業や産業を大きく変化させた。養殖技術も体系化され、家業としてのみならず、水産学校での教育や試験場での実験などと深く結びついたものとなり、漁業を生業というよりひとつの事業へと変質させ、新技術を積極的に導入する投機的な性格も持つようになっていった。

こうした技術における近代化は、労働力をひろく集めることが不可欠であり、おのずと集落そのものが大きくなるだけでなく、労働の疲れを癒し、また余暇を楽しむための盛り場や娯楽産業も進出していった。産業の活性化は、生活に必要なインフラの整備や、教育・福祉等の充実などへとつながり、衣食住はすべてにおいて豊かになり、生活の隅々に至るまで近代化が進展していったのである。

生活や産業は、つねにグローバルな動向と直結していた。水産資源を捕獲することで成り立つ漁業は、海洋資源の持続的な利用のための取り決めや、水域の権利に関する条約など、各国間でつくる国際的なルールの範囲に制約される。鮎川は、捕鯨と水産業が地域経済の揺るぎない柱となっていったため、つねにこうした動向に左右され続ける。そうしたなかでも、生活の糧を得るため、さまざまな仕事を兼業したり転々としたりして、つねにしたたかに動き続けてきた。

鮎川で聞書きをしていると、自分の職業をひと言で言えない男性に頻繁に出会う。いや公務員や銀行員、教員や、大工など手に職を持ったひと以外は、たいてい人生のなかでさまざまな仕事に従事していると言ってよい。こうしたダイナミズムは、この地域の人々が近代化のなかで獲得していったものであったが、昭和後期以降は養殖業や会社員など、定住的ななりわいが一般化するにいたり、なりをひそめていった。

東日本大震災による壊滅的な被害

明治以降、この一五〇年の間に鮎川は四度の大津波に見舞われた。明治三陸津波、昭和三陸津波、チリ地震津波、そして二〇一一年の東北地方太平洋沖地震による東日本大震災である。

二〇一一年三月一一日午後二時四六分、三陸沖を震源とするマグニチュード九・〇の東北地方太平洋沖地震が発生した。わが国の観測史上最大、世界規模でも二〇世紀に入って第四の規模の超巨大地震は、地震の揺れや津波のみならず、原発事故や交通遮断による物資流通の機能停止、ライフラインの断絶等によって多くの人的被害をもたらした。

その規模は、死者―一五八九四人、行方不明―二五四六人（警察庁発表、二〇一七年一二月八日現在）、震災関連死者―三五九一人（復興庁発表、二〇一七年三月末現在）で、それらを合計すると二万人以上

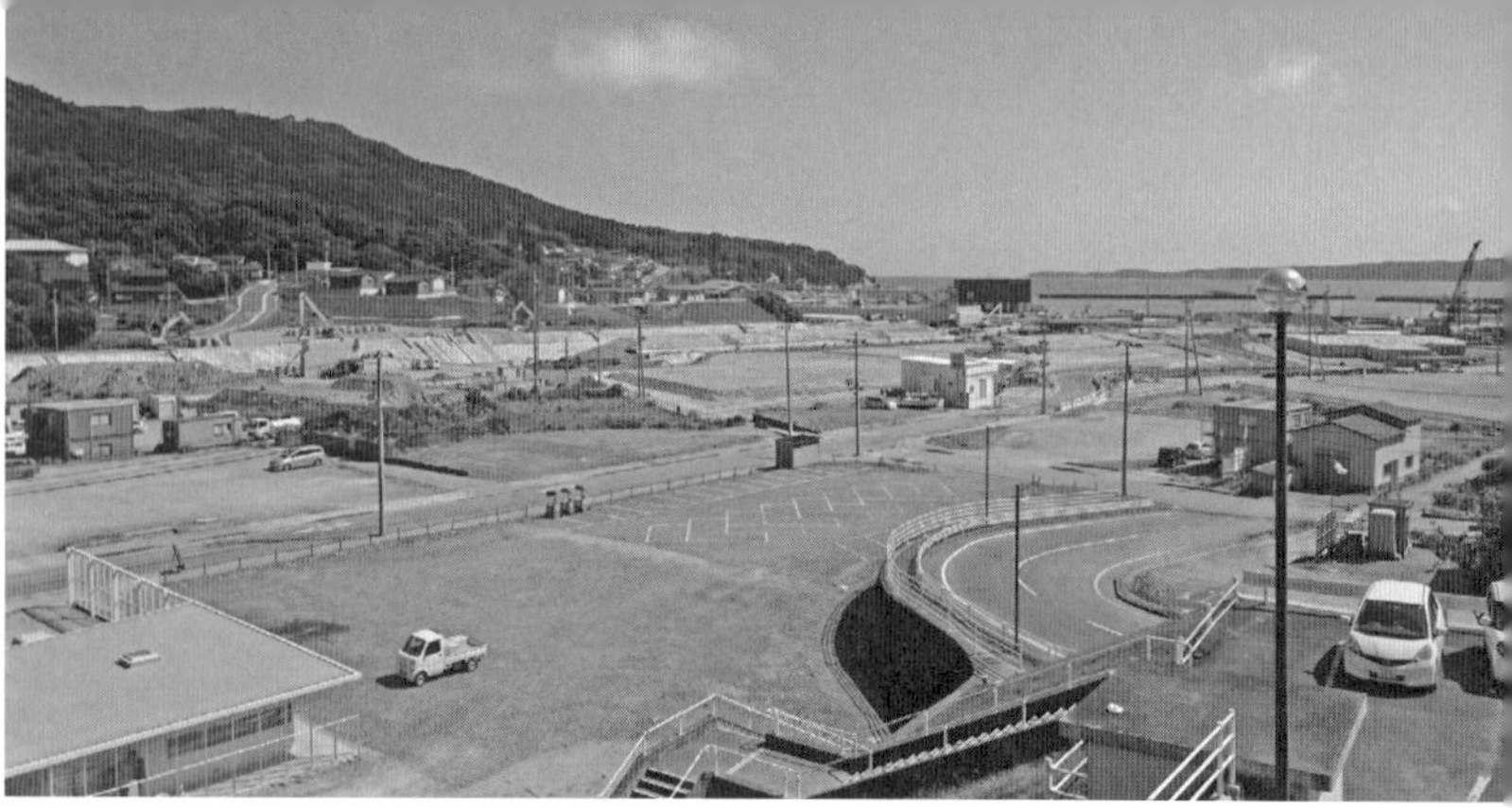

＊更地から復興へと向かう鮎川

にのぼる。また、この地震によって発生した津波は、三陸沿岸部で最大四〇メートル以上、仙台平野では海岸から最大六キロメートルあまりが浸水した。この津波で家屋が流されたり、原発事故で退避を余儀なくされたり地震の揺れによる家屋が損壊したりして、が、仮設住宅での困難な避難生活を送った。

あの日、鮎川の町や牡鹿半島の表浜（仙台湾・石巻湾側）・裏浜（女川湾・太平洋側）の漁村も、東日本大震災で壊滅的な被害を受けた。鮎川へ到達した津波は、八・六メートルの高さで、勢いよく港と町を押し流していった。この地は、東北地方太平洋沖地震の震源地から直線距離でもっとも近い位置にあった。

産業の活性化と復興まちづくり

震災から一〇年にあたる二〇二一年、復興まちづくりは道半ばである。震災復興は、震災の前の日に戻ることでも、六〇年まえの商業捕鯨全盛期に戻ることでもない。そのことは地域の人々もよくわかっているのであるが、それでも道半ばだという実感しかないのは、復興事業が遅れているからではない。

*復興していく鮎川港

わたしは災害と復興の一〇年が生み出した、過去・現在そしてこれからへとつながる時間感覚の欠如を埋めるものが必要だと考えてきた。そのひとつが地域文化である。

復興から一〇年目の現在、日本政府の復興関連政策に終わりがみえてきた。しかし、地域に視座をおけば復興まちづくりはスタートラインにも立てていないような実感がある。とりわけ復興事業の進展が遅い牡鹿半島では、しみじみとそれを実感する。地域の人々は、住み慣れた土地が更地になって、そしてそこに描かれる未来都市のような馴染みない町のすがたに困惑するばかりである。過去の暮らしのイメージが忘却の彼方へと追いやられそうになるような感覚が、未来への展望を曇らせている。震災から一〇年の節目にあって、「災害の記憶」の継承が声高に叫ばれているが、ほんとうに風化させてはいけないのは、災害を含めた地域の暮らしの営みにこそある。

わたしの一〇年にわたる民俗調査で浮き彫りになってきた地域文化は、牡鹿半島のネットワーク的な人と人のつながりに根差した、文化変容のダイナミズムである。豊富な海産資源と先進技術を道具としたアプローチ、ハイリスク・ハイリターンの生業、家業としての養殖や沿岸捕鯨など、流動性が育む生活文化に彩られていた。それが復興過程において、安全優先の観点からの復興まちづくりにより、生活空間が海岸から引きはがされていく。人々の出入りの激しさによって、地域が不断に活性化していくような海のくらしの営みとは異なる、定住的で安定的な地域コミュニティづくりが計画されていくなかで、人々は過去・現在・未来を地続きのものとしてイメージできないでいる。

2 港の風景・鮎川の町並み

表浜と裏浜の漁浦

牡鹿半島は、リアス式海岸の入り組んだ地形がつづく三陸海岸の南端にあたり、海の様子も集落の雰囲気も、場所によって非常に多様である。大きく表浜と裏浜での違いに加え、部落と呼ぶ集落の独自性も高く、人の気質も異なるのである。

牡鹿半島の多くの部落は海沿い形成され、山中にあるような集落は存在しない。すべてが何らかのかたちで漁業と狭い耕地での農業を営み、港湾を築くことができる湾内の部落は、人や物資の中継地として小規模な町場を形成していた。十八成浜《くぐなりはま》や大原浜《おおはらはま》、荻浜《おぎのはま》はそうした部落であったが、その他は前述のような半農半漁の漁浦であった。

仙台湾に面した側を表浜《おもてはま》と呼ぶが、入り組んだ地形の西側に海が広がり、夕陽が美しい。鮎川と

＊昭和中期の鮎川と牡鹿半島

十八成は捕鯨産業の恩恵で繁栄した部落であり、十八成の浜は今は防潮堤が海と集落を隔てているが、もとは山から削られた砂が堆積する「鳴き砂」の夏の行楽地でもあった。大原小学校の学区としてのまとまりもある小網倉浜《こあみくらはま》、大原浜、給分浜《きゅうぶんはま》、小渕浜《こぶちはま》の四地区、平成の合併前の石巻市域にあたる荻浜から桃浦までの諸集落は、とくに沿岸漁業が盛んであり、メロウドの網漁やアナゴの筌漁、ナマコ漁、カキ・ノリ・ワカメの養殖業などが盛んである。

一方、裏浜《うらはま》と呼ばれる女川湾《おながわわん》に面した部落は、表浜よりも起伏が激しい地形で、朝日を拝することができる。金華山と半島の間の金華山瀬戸《せと》に近く、磯漁に良い漁場に近い新山浜《にいやまはま》は、牡鹿半島のなかではとりわけ漁村らしい部落といえる。津波被害で二〇一二年三月に廃校となった谷川小学校の学区であった鮫浦《さめのうら》、大谷川浜《おおやがわはま》、谷川浜《やがわはま》、祝浜《いわいはま》、泊浜《とまりはま》は、ホタテ養殖の南限であり、カキ・ワカメの養殖も盛んである。また谷川ではサケの稚魚の放流も行われ、刺し網によるサケ漁も盛んであった。谷川浜には、かつて網師《あみし》と呼ばれる漁網職人が集中しており、半島内外の漁師に販売していた伝統がある。一九七六（昭和五一）年、谷川浜に宮城県栽培漁業センターが整備され、ホッキガイ・アワビなどの稚貝や、クルマエビ・ヒラメ・クロソイ・ニシンなどの稚魚を生産し放流する事業を担ってきた。牡鹿半島の裏浜は宮城県の栽培漁業の重要な拠点であったが、東日本大震災の津波により施設は全壊し、七ケ浜町《しちがはままち》に再建されるにいたった。

裏浜でも女川湾に近いところに鮫浦湾《さめのうらわん》があるが、その入り組んだ場所に位置する寄磯浜《よりいそはま》と前網浜《まえあみはま》は、東日本大震災前は狭い平地に住居が密集した美しい漁村景観を成していた。ワカメ・ホヤの養殖をはじめ、かつては遠洋漁業のカツオ船の餌や、メロウドやイカ漁などの沿岸漁業が盛んであった。裏浜から鮎川への通婚も少なからずあり、前網浜をマイアミと発音するため、学生が聞書きで「マイアミから嫁いできた」と聞き違えて「えっ？　アメリカ？」と応えて、「そうそう鮎川から見れば外国みたいなもの」と笑いを誘うような場面もあった。

表浜と裏浜、鮎川、離島、さらに表浜のうちでも石巻に近い部落と半島の先に近い部落で、それぞれまったく違った気質をもっているということは、牡鹿半島の人々の意識には根深くある。

大正期の賑わい

わたしが鮎川で調査をはじめるにあたり、『牡鹿町誌』を読むことからはじめたのは当然であるが、それよりもう一段階ふるい大正期に刊行された『牡鹿郡誌』は、明治・大正期の同時代のことが書かれており、非常に参考になる。

大正から昭和初期の鮎川の商店を『牡鹿郡案内記』の広告からひろってみると、以下が掲載されている。

●旅館業――粟野旅館（粟野金治）、和泉屋旅館（和泉太三郎）
●飲食業――長崎家（宮崎喜久蔵）
●海産物製造販売・肥料製造販売・雑貨菓子等販売――鈴木貞吉、遠藤金五郎、岡田徳松、安倍義助、鈴木熊太郎、遠藤榮治、和泉恒太郎、和泉源之助、阿部庄松

当時の鮎川港には、石巻や塩竈からの船が多数寄港していた。『牡鹿郡案内記』には、汽船帆船運送業として三陸汽船株式会社が広告を掲載している。加えて、港湾運送業にあたる回槽船《かいそうせん》として丸山回槽店（丸山清平）が、汽船の東華丸を石巻港より定期船として塩竈、鮎川に往復し、十五浜《じゅうごはま》方面にも往復していたことがわかる。また、回槽船を営んでいた明正丸は、以下のように客船として牡鹿半島の各浜、そして金華山への乗客を運ぶ定期船を出していたことがわかる。

●牡鹿半島航路往復
（石巻・渡波・荻浜・狐崎・大原・田代・網地・長渡・十八成・鮎川、金華山参詣ノ団体八十人以上割引可仕候、鮎川午前六時出帆　石巻午後二時出帆）
●定期航路
一塩竈石巻間航路　毎日一回往復　石巻金華山間及半島航路　毎日午前八時石巻出帆　渡波・荻浜・田代・大原・長渡に寄港して鮎川行往復但し金華山直行のご相談にも相応じ可申候
一使用の汽船　辨龍丸・金龍丸・榮龍丸・一龍丸

一金華山参詣客の為めに、御
相談に依りては、特に臨時
船差立て可申候
陸前石巻町仲町舊龍丸會社
跡　やま西　出張店

その広告には以下のようにあり、牡鹿半島・金華山航路のニーズが高まっていたことがわかる。

航運業開始広告　三陸地方交通の咽喉タル東北の一要港として山水の風景に留める我が石巻町は、中央を貫通せる鉄道のため旧時の繁栄は頗に衰へたりと雖も金華山の霊境と世界三大漁場の首班たる牡鹿半島沿海各地の連鎖に依りて僅に其面目を維持し来タルに、汽船業の興廃に因て縷々交通の不便を来したることは遺憾

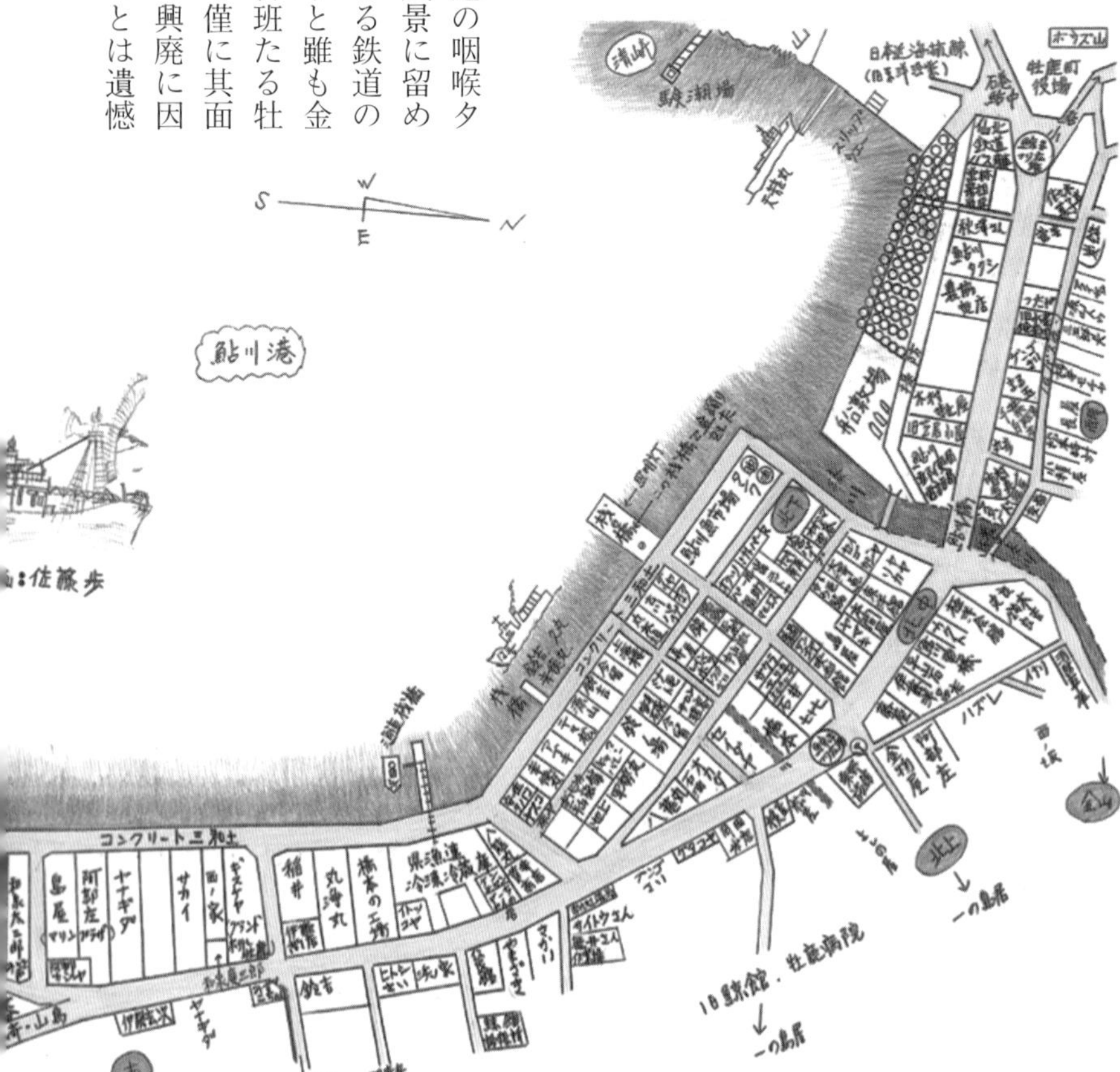

とする所に候ひし、然るに今般塩竈金華山及び牡鹿半島各地間の汽船航運業を開始致候間御同情を以て倍旧の御引立を賜はり度敬告致候

鮎川の賑わいがピークに達したのは、戦後復興期の一九五〇年代半ば、昭和二〇年代末期から三〇年代である。戦後の食糧難の時代を支えることで大きく発展した商業捕鯨と、巨大資本による漁業会社による世界の海での遠洋漁業、大謀網の伝統を引き継ぐ大規模定置網は、鮎川浜を大いに発展させ、鮎川浜の人々にとっての「黄金時代」として記憶されている。

昭和中期の賑わい

戦後の鮎川は、日本人の動物性タンパク質摂取による食生活と健康増進を捕鯨で支えていくという使命感と活力のなかで、かつてないほどの、そして鮎川史上最高の好景気であった。『牡鹿町誌』はその時代を知る人々によって編纂されたこともあり、さまざまなデータのみならず当時の雰囲気を知ることができる。

図は、鮎川出身の成澤正博さん（鮎川の風景を思う会代表）が、東日本大震災後にかつての鮎川、とくに商業捕鯨華々しき頃を思い起こしながら作成した鮎川浜の住宅地図である。鮎川の街並みは、区

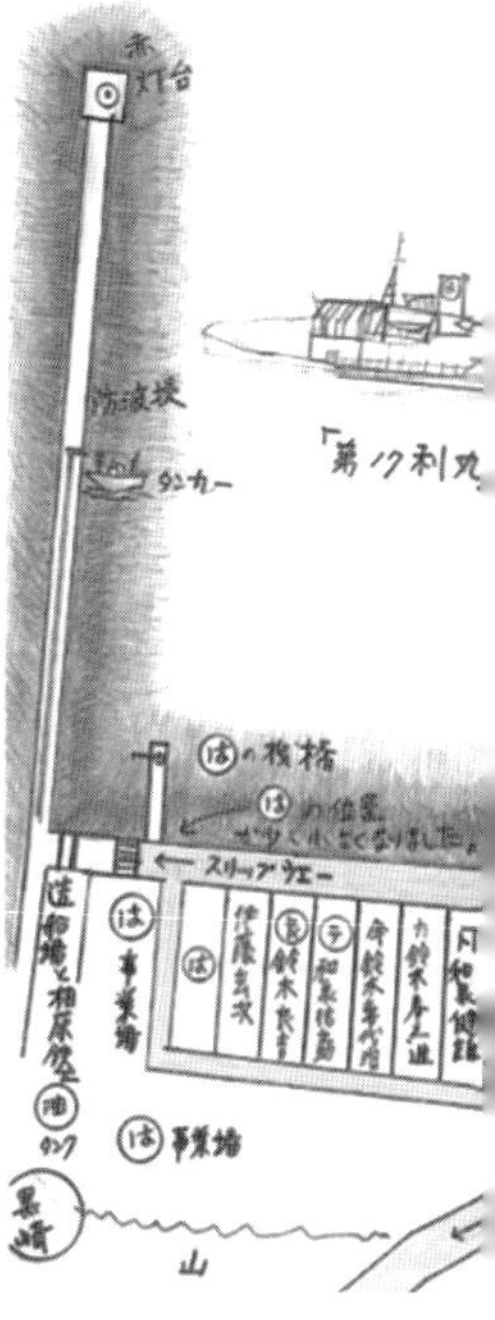

＊一九六〇年代の街並みの復元住宅地図（作成：成澤正博）

分として西町・北中・北上・北下・南に分かれている。

鮎川港の両脇には大洋漁業株式会社、および日本近海捕鯨株式会社が事業場を構え、中央には鮎川魚市場（漁協）、そこから海沿いに船や捕鯨業、捕鯨関連産業に関わる多くの店や事務所、作業所、冷蔵会社などが並んでいる。鮎川橋につながる道は鮎川のメインストリートであり、旅館や銀行、郵便局、映画館などが並んでいる。十八成方面に向かってドンつきには当時の牡鹿町役場があり、その前は広場となっている。

この地図の頃、すなわち鮎川の商業捕鯨華々しき頃、一九五五（昭和三〇）年時点の鮎川の人口は、三七九五人（牡鹿町全体で一三七五三人）で、世帯数は七二九であった（昭和三一年牡鹿町町政要覧より、以下出典同じ）。一九四〇（昭和一五）年の人口が一六六〇人であるから、わずか一五年の間に人口がおよそ二・三倍になっている計算である。戦前もすでに捕鯨業が盛んだった鮎川だが、戦後復興期の繁栄ぶりがうかがわれる。

産業別人口は当時の牡鹿町全体の数字で四七一三人、そのうち農業は一五・一％、漁業水産養殖業は四七・五％で、圧倒的に捕鯨を含む漁業の比重が高い。製造業も一二・〇％と沿岸地域としては高めなのは捕鯨関連産業を含むからであろう。店舗の種別は牡鹿町全体の数であるが、多くが鮎川に集中していることから、当時の鮎川の町の様子がうかがい知れる。

その内容は「よろづ屋」つまり小売店が九三戸、米穀店一五戸、菓子店が一一戸、洋品店一一戸、野菜果物店八戸、酒及び調味料店六戸、魚店五戸、仲買商五戸、飲食店五戸、鯨歯細工店五戸、料理店四戸、電気機具店四戸、文房具店三戸、煙草店三戸、石油店二戸、呉服店二戸、時計眼鏡店二戸、茶店二戸、雑誌店二戸、金物店二戸、土産物店二戸、古物商二戸、釣具店一戸、薬局一戸、キャンデー店一戸、下駄店一戸、木材燃料店一戸、肥料店一戸、自転車店一戸という構成となっている。

昭和二〇年代は、鮎川の四五〇名ほどの人が捕鯨と関連産業に従事していた。その後、大手の捕鯨会社が移転するなどしていったが、捕鯨は町の基幹産業であり続けた。

ＩＷＣ（国際捕鯨委員会）が商業捕鯨の一時停止を決議した一九八二（昭和五七）年直後の、鮎川の捕鯨と関連産業に直接従事していた人々の人数を、牡鹿町誌からひろってみる。

日本捕鯨㈱	五五名	鯨工芸職人	五名
外房捕鯨㈱	一九名	油脂工場	一五名
㈲戸羽捕鯨	一四名	肥料工場	一三名
星洋捕鯨㈱	一一名	鯨工芸販売店	六〇名
三洋捕鯨㈱	一三名	鯨肉卸小売店	一八名
共同捕鯨㈱	一七名		

これらを合計すると二四〇名、その家族も含めれば、鮎川の大半の人々がクジラとつながりを持っていたことがわかる。

半島・離島の交通の要衝となった鮎川

牡鹿半島の鮎川は、県庁所在地であり東北経済の中心である仙台から、もっとも交通が不便な場所である。鉄道の誘致が成功しなかったことが最大の要因であるが、昭和前期までは塩竈や石巻からの船でのアクセスが中心であった。それは昭和後期のモータリゼーションの普及と牡鹿コバルトラインの開通まで続いた。

昭和三一年牡鹿町町政要覧には、鮎川発着の交通手段として以下のものが挙げられている。半島と島嶼《とうしょ》部を結ぶ重要な船舶による運輸通信は、巡航船によって担われてきた。巡航船とは、乗客や生活物資、郵便物、さまざまな荷物を運搬するもので、船上で働くノリクミと港湾で働くツナトリの協力で営まれていた。

●定期乗合自動車
鮎川―石巻往復　一日五往復（経由地―十八成・小渕・大原・小網倉・荻浜・渡波）

●巡航船
幸徳丸　鮎川―石巻往復　一日一往復（経由地―網地島・田代島）
鈴吉丸　鮎川―石巻　一日二往復（経由地―十八成）
〃　鮎川―金華山　一日一往復

＊鮎川港の定期船（撮影：鹿井清介）

久丸　　鮎川―長渡　　一日一往復
牡鹿丸　鮎川―金華山　一日二往復
〃　　　鮎川―網地島　一日二往復
（経由地―長渡・網地）

震災後の民俗調査でわたしは、石巻と鮎川、金華山航路の中心的な役割を果たした、鈴吉丸のおかみさんとして活躍したハナコさんに話を聞くのが好きであった。当時一〇〇歳を超えてなお元気に語ってくれたエピソードで印象深いのは、二〇人前の食事の準備のお話であった。

客船は一日一往復で、朝にお客さんを乗せて鮎川港出て石巻港に向かうの。船には乗組員が三～四人が乗っていて、石巻でお客さんを降ろしたあとは、用足しをしに行くの。そして夕方になると船に戻ってきてお客さんを乗せてまた鮎川に戻るのよ。他にも畑とか肥料作りをやっていたから、多いときは二〇人くらいの人を雇っていたのよ。みなさんとは同じ家で一緒にご飯を食べていたのよ。そのご飯炊きが私の仕事

だったのね。　（一〇〇歳代・女性）

鮎川の地域社会

鮎川は近代に入り大きな町になっていくのと同時に、人の出入りの激しい町になっていった。そのため、三陸海岸に広く見られるような契約講《けいやくこう》のような部落の各家を結びつける社会組織が安定的に営まれてこなかった。地元の生え抜きの人々と他所から居ついた人々が混在するなかで、家長や男子が不在の家などイレギュラーが常態化していたのである。

鮎川のコミュニティのかたちは独特である。家ごとに家長を代表者として立てて招集される契約講や実業団という集落運営の会合や、隣組、青年団、消防団、婦人会といった組織だけでなく、エビスオヤという捕鯨船や漁業でともに働く仲間として地域外から来た人のために擬制的な親子関係や、ある家を保証人のようなかたちで頼って家族ごと移住するワラジヌギバという仕組み、比較的余裕のある家が他所の子どもを労働力としてのみならず養育のために迎え入れる里子慣行《さとごかんこう》などもみられ、流動的な社会システムが活気ある仕事を支えていた。また、男たちが順番に働きに出て行って、結果的に末子相続のかたちで末っ子が家を継いだり、末の娘が婿をとって家を継ぐ姉家督になったりするような状況も聞かれる。ある話者が「親も親族も作れる」と語ったのに象徴されるように、しきたりにとらわれず、イエという形態をその時々の状況に柔軟に合わせながら守ってきたのも、豊富な資源と労働を必要とする産業の隆盛があってこそであろう。

一方、『牡鹿町誌』によると、戦前の鮎川青年団は、大正期より鮎川村から無償で山林の貸付を受け、そこでの植林事業から大きな利益をあげ、財産を持つようになっていった。それによって小学校や公民館の建設、漁港の整備にまで出資していたというから、他の漁浦の青年団よりも行政の役割の一部を担っているような影響力を持った。しかし、昭和三〇年代より活動は下火になり、盆踊りの運営などに限定されていったという。

戦後むしろ活発に活動して地域社会の基軸となっていったのは、青年夜学校、そこから発展した十八成浜と合流した第一連合青年団、そして牡鹿町成立以後の牡鹿町連合青年団であった。町の青年団は、月例会、町政懇談会、婦人会との交流会、意見発表会、料理教室、サークル活動などの基盤となり、公民館を中心にまちづくりに深く関与していったという。

契約講と互助

鮎川は江戸時代からの集落の枠組みとして、北地区と南地区の区分があり、さまざまな組織がその区分で営まれてきた。それに加え他所から居ついた人々が比較的多い西町、埋め立てにともなって戸数が増えた地区などが、入り組んでいるのである。

鮎川には、宮城県の多くの地域で見られるような六親講《ろくしんこう》などの葬儀の相互扶助等を行う集団が、明確に見られないが、実はそれは寺の檀家の間で設立された生活上の互助や親睦のための組織が担ってきた。例えば東泉院《とうせんいん》の一心会は昭和二九年に設立されたもので、互いの葬儀の手伝いを主目的とし、新築や慶事の祝い、共済部による貸付などの機能があった。葬儀の折は、お悔やみ金を出し、知らせ役、ガン箱（棺桶）作り役、穴掘り役などを分担し、全員で葬儀を支えた。また正月に葬儀があるときは、メンバー全員の家で正月の松飾りを外して喪に服した。商業捕鯨全盛期の昭和三〇年代は、南氷洋捕鯨への南極出漁者や出稼ぎ者の慰安のための集まりや、新年会や桜の花見会を開いたという。また正月を南氷洋捕鯨の船上で迎える人のために、慰問品を送ったこともあったという。

鮎川では、人の出入りが激しく、農村のように兄弟が分家して同じ集落内に居住したり、本分家の一統のつながりを確認しあえたりするような地域社会ではなかった。人々が職業や業種を超えて互いに助け合えるつながりは、寺の檀家のつながりぐらいのものであったため、このような組織が契約講や六親講の役割を一手に担ったのであろう。

じっさい、鮎川の地域社会は、三陸の漁村らしい契約講や年齢ごとに加入と脱退を繰り返しながら役割を変えていくような男性の年齢集団を明確に見出すことができない。江戸時代には若者中とだけ名づけられた組織が、祭祀やさまざまな物ごとに当たっている。明治期には、地域社会に関わるような物ごとを相談する組織は、漁業協同組合であった。

捕鯨会社の進出によって他所ものが増え、さらに地域の多くの人々が多かれ少なかれこの捕鯨事業に関係したことから、地域の集まりは寺社の年中行事に関わる講に限定されていく。また捕鯨という仕事に関わらない部分の物ごとを検討する全体的な組織は、磯の資源を共有するための漁業協同組合しかなかった。その漁業協同組合は、水道事業も担い、地域の機関集団としての役割を果たしていたが、その水道事業も行政が担うものとなって、漁業協同組合は本来の漁業に関わる事業に特化していくこととなった。

また、鮎川の西町は、比較的他所からの移住者の多い地区であるが、戦後新しく契約講としての親友会が組織された。葬儀の手伝いや互いの親睦をはかる数少ない機会となり、親戚縁者のない人々のつながりを作る土台となった。この場合、菩提寺はどの寺でも構わず、葬儀とあれば互いに協力しあったのである。講のメンバーによる積立金で旅行をした時期もあった。

講の営みと女性の集まり

わたしたちが鮎川で民俗調査をしていて、つくづく感じることは、いつの時代も鮎川の女性たちが元気であるということである。女性の講《こう》は、信仰のための場として集結しているが、おもに同世代の女性たちの集まりとしての性格が強く、楽しいおしゃべりや飲食の場をともなうものであった。そこからさまざまな動きが生まれてくるのであり、女性の講は鮎川の活力の源泉そのものであった。

鮎川では、女性の講中への加入は、若奥さんたちで構成する山《やま》の神講《かみこう》からはじまる。そのあと、鮎川北では定義講《じょうげこう》、観音講（のちに不動講）、念仏講、鮎川南では不動講、念仏講と加入していく。それは地区ごとに構成されているというより、寺院が東泉院と観音寺に分かれていたことに起因すると考えられる。山の神講は、嫁入りすると加入して子どもが授かるようにと小牛田《こごた》の山《やま》神社（宮城県遠田郡美里町）にお参りに行く。

山の神講が活躍するのは結婚式で、花嫁行列の長持を担ぐのが講の役割であった。そして婚家に着くと講へのご祝儀を要求し、満足のいく金額を受け取れるまで嫁入り道具の長持《ながもち》を叩くのだという。そのため婚家では多くのご祝儀袋を用意しておき、これでもかこれでもかと出すのである。この押し問答は一種の儀式のようなものであるが、見物客も囃し立てて思い出深いものとなるのだという。このご祝儀は嫁には一切入らず講の運営資金となる。講では花嫁衣装や婚礼の用具を備えており、必要に応じて使ってもらう。婚家は恥ずかしくないようにとご祝儀を奮発し、嫁ぐ側も恥ずかしい思いをすることのないように講がきちんとバックアップするのである。

山の神講は、鮎川の北と南でふたつに分かれており、それとは別に山際にある金山《かなやま》地区では山神社を祀ってきた。明治末期ごろに金山《きんざん》の鉱山を掘っていた東京の鉱山会社の人たちが信仰していた山の神の石塔を、新たに祀り始めたことで続いてきたのである。当時は新山浜へ抜ける途中の山中にあったが、現在は金山集落の端に祀られている。正月、三月、九月に祭りを行い、一時期は林業関係の男性の講もあったが、早くに廃れてしまった。

南地区では、女性の年齢集団として、山の神講、それを抜けると地蔵講（地区によってはその前に観音講がある）、そして最年長の七〇代の女性たちで構成する不動講に加入するという仕組みがあった。不動講は、毎月二十八日に周り番で宿を決めて不動明王の掛け軸をかけて小豆飯で食事を楽しむものであった。終了間際に次の宿の家の人に「受け取り渡し」と言って手拍子でさんさ時雨を歌い、道具を渡す。渡された人は何か返礼に歌をうたうのである。盛んな時期は、不動講で定義山西方寺（宮城県仙台市青葉区）に参り、これを定義講と呼んだりする。この不動講のメンバーは、ほぼ観音寺の念仏講のメンバーと重なっていた。一方、鮎川の北地区では、不動講に加入する人たちよりもひと世代

恐れ入りますが、切手をお張り下さい。

〒113－0033

東京都文京区本郷

2－3－10

お茶の水ビル内

（株）社会評論社　行

おなまえ　　様

（　　才）

ご住所

メールアドレス

購入をご希望の本がございましたらお知らせ下さい。 （送料小社負担。請求書同封）

書名

メールでも承ります。　book@shahyo.com

今回お読みになった感想、ご意見お寄せ下さい。

書名

メールでも承ります。　book@shahyo.com

若い定義講が別に存在した時期もあった。この女性の年齢集団は、人によって説明が違うことが多いが、それはどの時期のことを説明しているかによるようである。

　このほか、一月二四日には地蔵講のために浜に集まり、大漁や磯《いそ》ものの豊漁を願って遊ぶという祭《まつ》りが行われた。重箱にご馳走を持っていって女性だけで楽しむのである。鮎川における女性の講の特徴は、およそ年齢の近い人や嫁いできた時期が近い女性でひとつの講を営み、気の許せる仲良しのみんなで営む集まりであるということである。ある話者が、「鮎川の講は、まぁ女子会みたいなもの」と表現したが、講に対する向き方を端的に表しているのかもしれない。

3 「黄金時代」の風景を思いおこす

アンドリュース『捕鯨砲とカメラでクジラを追う』

わたしの所蔵資料に「諾威（ノルウェー）式捕鯨実況絵葉書（甲号）」という表紙付きの六枚組ポストカード集がある。これは、牡鹿半島・鮎川に最初に捕鯨事業場（前線基地）を進出させた東洋捕鯨株式会社が発行したものと思われるが、発行者は記されていない。写真の内容は、この地に今を遡ること一〇〇年あまり前に、鯨類の調査のために訪れたロイ・チャップマン・アンドリュースが撮影した写真そのものであ

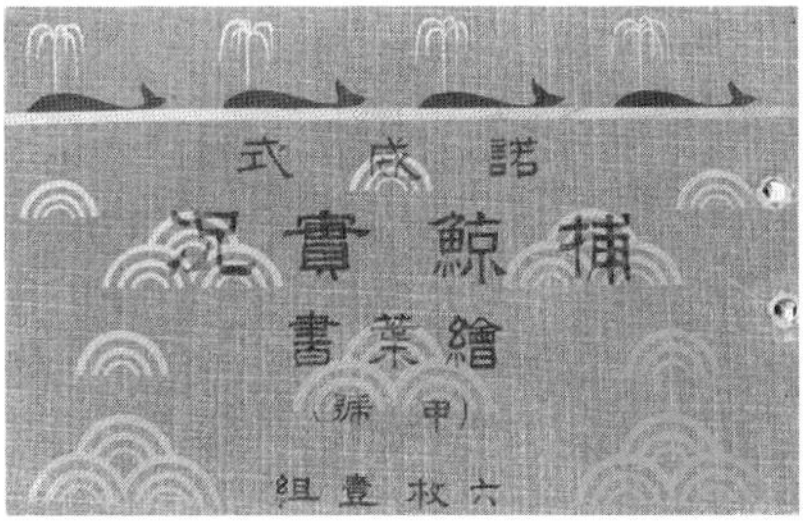

＊絵はがきセット「諾威式捕鯨実況絵葉書」表紙

＊『捕鯨砲とカメラでクジラを追う』より。本文参照。上から一枚目、二枚目、三枚目

る。映画「インディ・ジョーンズ」に登場する考古学者・冒険家インディアナ・ジョーンズのモデルの一人とされるアンドリュースは、一九一〇年に鮎川で滞在調査を行い、その成果をのちに冒険記『捕鯨砲とカメラでクジラを追う』として刊行した（原題—Whale Hunting with Gun and Camera; A Naturalist's Account of the Modern Shore-whaling Industry, of Whales and Their Habits, and of Hunting Experiences in Various Part of the World）。アメリカ自然史博物館に籍を置いてこの地にイルカの研究とマッコウクジラなどの骨格標本等を持ち帰った折、四五〇枚ほどのガラス乾板による写真を撮影し、貴重な地域の記録ともなっているのである。わたしたちが整理作業や調査を進め、報告書刊行まで至った写真資料の一部はダウンロード可能である（東北学院大学図書館ウェブサイト、東北学院大学学術情報リポジトリにて「ロイ・チャップマン・アンドリュースの鯨類調査写真」で検索）。アンドリュースは、写真のプリントや原板の一部を東洋捕鯨株式会社に渡していたのであろうか、この捕鯨の状況を伝える印刷物として残されたのである。

一枚目（掲載図参照。以下同じ）「諾威式捕鯨船」は、捕鯨船「オルガ丸」である。鮎川のアンドリュース写真にはないが、岬の影や山の稜線から鮎川湾内とみて間違いない。オルガ丸は、東洋捕鯨株式会社が購入したノルウェー式捕鯨船で、陸前金華山の漁場で二二頭のクジラを捕獲した。

二枚目「洋中ニ於ケル鰮鯨ノ游泳」は、イワシクジラの背びれ、アンドリュース写真にはこの前後一連の追鯨から捕獲まで克明に撮影されているが、この写真そのものは見つからない。

三枚目「砲手鯨体ニ向テ発射シタル一刹那」は、湾内の写真なので、キャッチャーボートから実砲の実演をしてもらったのであろう。

四枚目「船夫鯨体ヲ船側ニ結ヒ付ケツヽアリ」は、二枚目のクジラを捕獲し、曳鯨する様子。『捕鯨砲とカメラでクジラを追う』の一一九頁掲載写真と同じ写真である。

五枚目「捕鯨船鯨体ヲ解剖伝馬船ニ引渡サントス」は、鮎川湾内で伝馬船に引き渡して解剖されるまでの一連写真の一コマである。

六枚目「ボック式解剖ノ初メ解剖伝馬船ニ於ケル解剖長の作業」は、鮎川事業場のアンコウのように吊り下げて解剖するボックでの作業の様子を写している。

＊『捕鯨砲とカメラでクジラを追う』より。本文参照。上から四枚目、五枚目、六枚目

こうした写真を残したロイ・チャップマン・アンドリュースは、鮎川での体験を中心に、鯨類の調査をロマン溢れる筆致で『捕鯨砲とカメラでクジラを追う』に書き残

した。少しオーバーに書いている部分も多々見受けられるが、こうした書きものは、次の調査の資金集めにも役立てたであろうし、何よりアンドリュースの性格からきている面もあろう。

『捕鯨砲とカメラでクジラを追う』の冒頭、アンドリュースは鯨類の魅力にふれつつ、ノルウェー式捕鯨の発展とその技術についても紹介している。そして各地に捕鯨の前線基地が築かれていくなかで、ふつうは海で泳ぐ姿を観察するほかないクジラを、科学的に計測して写真を撮り、詳細に記録することができるようになったと述べている。捕鯨会社や事業場の人々は、概してアンドリュースの研究に対して協力的であったのは、鯨類の研究が資源の保全や産業の発展・維持に役立つと考えているからだろうとも述べている。アンドリュースの鯨類の研究は、捕鯨産業の隆盛の過程で行われていることを、彼自身もよく理解していた。

アンドリュースは捕鯨船に乗り組んでの、捕鯨の一部始終のドキュメンタリーから本書を始める。カナダ・ブリティッシュコロンビア州のバンクーバー島を拠点とした捕鯨の取材記である。わたしもまったく同じ経験をしたことがあるが、彼はカメラとノートとペンを持って勇んで取材に臨むが、船乗りにはまったく不慣れな大波の揺れと酷い船酔いで、それらはほとんど使い物にならなかった。それでも、海上でのクジラの生態の記述や、ザトウクジラの不思議な行動や生態、時折日本の捕鯨と比較する記述をしている。カナダでの捕鯨業についての記録は、ダイナミックな捕鯨と鯨類の生活へのいざないとなっており、本書の最初の読みどころである。そこからアラスカでの捕鯨へと筆を進める。

第六章から一〇章までの六〇ページあまりは、本書のハイライトである。アンドリュースが親しみを込めて「ＡＩＫＡＷＡ」と記す、鮎川での取材の一部始終を書いたのがこれらの章であるばかりでなく、濃厚な滞在調査による捕鯨の町での体験を記していることから、アンドリューのクジラの冒険記のハイライトでもあるからである。「ＡＩＫＡＷＡ」は、漢字の読めないアンドリュースが、人々の話す「鮎川」の訛りをそのまま文字に置き換えたためであろう。

現在もホエールウォッチングの拠点となっているセントローレンス川の捕鯨基地を後にしたアンドリュースは、当時アメリカ海軍の海洋研究で用いられたＵＳＳアルバトロス号に乗り組んで東南アジアへ赴き、そのあと捕鯨のさらなる研究とアメリカ自然史博物館への標本を獲得するために日本の東洋捕鯨株式会社を頼ることとなった。

アンドリュースは、下関から紀伊大島へ行き、片言の日本語で積極的に人々と交わり、信頼を得ていった。例えば、彼の滞在のお世話をしていたシオさんという女性は、毎日小さな祠《ほこら》に通って、アンドリュースがクジラとイルカの標本をアメリカの博物館のためにたくさんとれますようにとお参りを欠かさなかったという。アンドリュースは人々の写真も撮影しているが、誰もがアンドリュースに親しみからあふれるような笑顔をむけている。

一九一〇年、アンドリュースは鮎川の地を踏んだ。ここで第五捕鯨丸やレックス丸での取材や東洋捕鯨株式会社の鮎川事業場に水揚げされるクジラの調査、標本採集を行うこととなった。海上での捕鯨の場面は、緊迫感溢れるもので読み手を惹きつける。『捕鯨砲とカメラでクジラを捕る』のタイトルをもっとも直接的に表現しているのが、この鮎川でのイワシクジラの捕鯨のシーンなのである。

アンドリュースは、鮎川事業場や鮎川の人々と親しく交わり、当時鮎川での操業で活躍していたノルウェー人砲手たちの信頼も篤かった。本書にもオルセン、アンデルセン、ハンセン、ジャコブセンといった船長・砲手たちとともにクジラと格闘したことが記されている。とりわけオルセン船長からレックス丸でのシロナガスクジラを狙って出漁し、船の丈ほどもある大物を鮎川港に持ち帰った一部始終は、本当にダイナミックでひきこまれる。彼らは、英語とノルウェー語と日本語を織り交ぜながら操業を行なっていた。日本人乗組員もそれに合わせて仕事をしていたようである。

『捕鯨砲とカメラでクジラを追う』の構成は、リアルな捕鯨の実況と、それによって獲得したクジラの生態と標本からわかるそれぞれの種の解説の連続となっている。鮎川での調査でアンドリュースは、当時主力のナガスクジラ、詳細なレポートを本書で書いているイワシクジラ、シロナガスクジラについて調査をした。また、のちに全身骨格標本がアメリカ自然史博物館の代表的な展示物となるマッコウクジラ、腹側に白い色のないシャチの一種、アンドリュースが当時の学界に有益な報告を提示したリクゼンイルカ、コビレゴンドウ、調査記録や標本の残るカマイルカ、セミイルカなども、鮎川で調査した鯨類であった。アンドリュースの写真を、わたしたちが鮎川で展示したおり、多くの捕鯨経験者が、このようなクジラやイルカは鮎川で水揚げされないので、この写真は鮎川ではない！　と断じた。それでも山並みや地形は明らかに見慣れた風景であるので、訝しがるが、アンドリュースが鮎川で調査をしたのは三世代以上も前のことなので、それも無理はない。一九一〇年ごろの金華山沖がいかに豊かな漁場であったかが、『捕鯨砲とカメラでクジラを追う』からはよくわかるのである。

とはいえ、本書の終盤でアンドリュースは、鯨類の減少傾向や種の保全について論じている。クジラの研究はいつの時代も資源管理と不可分なのである。

伊吹皎三『遥かなる鮎川』

民俗調査で聞書きをするとき、話者のむかしの鮎川のことを思い起こすときの遠くを見るような眼は印象的である。映画のワンシーンか歴史上の町をイメージするように、人々は夢のなかでみたような物語を語る。男たちの笑い声や喧騒、クジラの血と脂の匂い、どれもが忘れがたく、懐かしいのである。

大正期の鮎川の暮らしを活きいきと伝えてくれるエッセイがある。少年時代を鮎川で過ごし、のちに仙台で医師としてまた開業医として活躍した伊吹皎三《いぶきこうぞう》による私家版の回想記『遥かなる鮎川』（伊吹　一九七七）、そして『遥かなる鮎川　パートII』（一九七八）である。子どもの遊びから当時の鮎川の捕鯨、学校生活、地域の祭りなどのさまざまなエピソード、ラッコの密漁船の話やノルウェー人と相撲をとって銀貨をもらう話まで、『牡鹿郡誌』ではわからない暮らしの息吹を伝えてくれている。本書に登場する人々は、子どもの目線からみた大人たちであることもあって、みなスケールが大きく、魅力にあふれている。

わたしの好きなエピソードは、著者が大学生のころ鮎川を訪れ、大謀網《だいぼうあみ》のテン屋（労働者の住まい）で過ごした折のことにふれた「大沢英治さん」というエピソードである。

鮎川の港にはいつも四、五隻の船が碇泊している。その燈火がゆらりゆらり揺れ波が静かに堤防の石垣を噛んでいる。大沢さんの手前の海岸に小料理屋があってよし子という人気娘が居た。キャッチャーボートの一隻から桟橋に向ってボートが漕いで来る。陸に飲みに行く人を乗せているらしい。がたがたいう音も消えてボートが又沖の船へ帰って行った。よし子の鼻歌が聞え声をかけられるのを待っているようだ。わたしは明日の未明にまた網（網地島《あじしま》。当時伊吹は網地島の教員だった・［著者注］）に帰らなければならない。船のキャビンに寝ようとしたが仲々寝付かれない。向いの網地島と鮎川の黒崎、清崎も闇の中に静かに眠り天の川は南から北にかかってぼんやり光っている。船の上はどこもかしこも夜露でしっとり湿っている。遠くで三味線の音がする。鮎川の夏の夜は未だ見たことのないナポリを思わせる。（伊吹　一九七八、二一頁）

梶野悳三『鯨の町』

牡鹿半島・鮎川を舞台にした戦前の小説がある。梶野悳三《とくぞう》『鯨の町』は一九四三（昭和一八）年に大阪の錦城出版社から出された。梶野悳三は、一九〇一（明治三四）年札幌生まれ、長じて海軍に入隊、満期後に船員の柔道教師をへて文筆家になったという異色の経歴の持ち主である。この小説の主人公鯛吉は北海道から鮎川に捕鯨船で働くためにきたという設定であり、作家の分身なのかもしれない。

小説は石巻から牡鹿半島へのバスの車中、鯛吉と静江との出会いの場面に始まる。

女は鯛吉より五つ六つ上だらう、鼻の高い、輪廓のはつきりした顔立ちで、地味につくつてゐるが、堅氣の女ではないらしい。骨細に見えてバスがカーヴを切る時、ぐつと鯛吉によりかかつてくるからだは、相當の重量で彼を當惑させる。しかし又女の體温がすつとはなれると、妙に殘り惜しいやうな氣もする。

「働きにいらつしやるの、兄さん。」

女はさりげなく鯛吉の様子を觀察しながら訊いた。眞新しい戰鬪帽に、油浸んだナツパ服、それにゲートルをまき、大きな無格好な靴を履いてゐるところ土工ともつかず、職工ともつかず、だが、服裝のわりにみすぼらしいかんじを與へないのは、その潑剌たる若さと、人並外れた逞しいからだのせゐだらう。

「俺かね、俺は船に乘るんです。」とぶつきら棒に答へた。

さういふ鯛吉をもう一度女は見直して、

「船つて、捕鯨船?」

鯛吉はさうだと答へた。

「會社はどこですか。」

「金華山捕鯨だ。」

「ぢやあ東京の本社から來たのね、兄さん?」

「さう。…なんですが、姐さんも鮎川かね。」

「さうよ。捕鯨船の人なら大抵知つてるわ。兄さんのお船は何丸?」

「それはまだ解らねえです。」

＊『鯨の町』表紙

「捕鯨船はとてもお金になるわよ兄さん。船長さんにでもなつたら凄いわよ。」
「はア……」
（梶野　一九四三、六～七頁　第一章「甲板讀本」より）

鯛吉はこのあと、伝説的な砲手、海保圭助とともにキャッチャーボート高草丸に乗り組み、熾烈なクジラとのたたかいの日々に向かうことになる。旅籠の女、静江を軸に男たちの葛藤と成長を描く海洋小説。戦後、大洋漁業の全面的な協力のもと制作された、若き日の高倉健が活躍する東映の映画『鯨と斗う男』（東映、一九五七年公開）に通ずる、「鮎川もの」の原型をここに見てとれる。

坂口安吾『安吾の新日本地理』

一九五一（昭和二六）年三月、毒舌家として有名な坂口安吾は、仙台から塩竈、石巻、そして牡鹿半島を旅した印象を当時連載していた『安吾の新日本地理』に「伊達政宗の城へ乗込む―仙台の巻」として雑誌に掲載した（「文藝春秋　第二九巻第七号」一九五一年五月号、のち坂口一九八八）。

鮎川の町を案内してくれたのは、鮎川町の警察署長さん。ここまでくると、署長さんもノンキだね。バスが一日にたッた一ッぺん通るだけだもの、犯罪なんて有りやしない。実際バスが一日にたッた一ッペン通るだけですよ。だから牡鹿半島の子供は、自動車というものになれていませんね。私たちのタクシーが通ると、道の子供、七ツ八ツの女の子がベロをだしたり、何か汚らしく喚いたりする。その憎々しげな表情から、呪咀の言葉をわめきちらしているのだろうと想像できる。また、男の子は、石をぶつける者が多い。二十五六年前に中部山岳地帯へ行くとこんなことがあったりしたが、今は牡鹿半島ぐらいのものだろうね。

（坂口一九八八、八六頁）

このエッセイの前半では伊達政宗を「田舎豪傑」とこき下ろし、とても仙台人に読ませられたものではない。後半は塩竈から石巻、牡鹿半島をめぐった印象を、相変わらずの悪口でつづり、（どこまで真実かは定かでないが…）牡鹿半島はまるで未開の地だと言わんばかりである。

しかし、半分あきれながらもさらに読み進めていくと、漁村ならではの人情味あふれる気質の叙述は、旅の目的地の鮎川の独特な近代性をもった企業風土との対比をなしていることがみえてくる。

私たちは大洋漁業へ行った。仙台からここまで、行く先々、会社も人間も、東北の人々と、東北の人々によって作られた会社であった。大洋漁業だけは、東北の人によって作られた会社ではなかったのだ。フシギなものだね。たッたそれだけで、もう、違うのだ。都会と東北の違いというものが、どことなしに会社の隅々ににじみでている。会社に働く人の大半は、同じように東北の人だろうけれども、なんとなく違う。牡鹿半島のドン底まで来て、私たちはむしろ都会を見たのであった。

（坂口一九八八、八七〜八八頁）

この時期の坂口安吾は、日本各地を訪ね歩いて、古代から現代に至る歴史を紐解き、そのいずれの地においても悪態をつきながら、その土地の印象を率直に語り、現代を生きる意味を見出そうとしていた。坂口安吾の問題作にして代表作のひとつ『堕落論』では、武士道や天皇制など、人々を拘束し続けてきたさまざまな理想や道徳を再考しながら、「生きよ」「堕ちよ」という主張によって問いを立てることで、主体的に生きるための人間性の復権を呼びかけた。

塩竈から石巻、牡鹿半島をめぐるなかで、坂口安吾が念頭においたのは、漁港文化の因習性にあった。かなり極端な言い方であるが、そのことを次のように否定する。

大漁の時はサイフの底をはたいて豪遊し、不漁の時はフンドシまで質に入れても間に合わない救いのない暗さが、街のどこにもしみついているようだ。そういう漁師の因習的なデカダニズムには救いがないね。現実と対応して工夫された新しい生活の設計がどこにもないのだもの。それをロマンチシズムとでも称するのはウソの大ウソというものさ。そこにあるものは無設計、無智、原始、愚昧ということだけだ。（坂口一九八八、九一～九二頁）

そして、これらに対し、鮎川の大手漁業資本による漁法にも運営にも近代化された漁業には「昔ながらの漁港に見られる因習的な暗さがない」として、次のように結論づけた。

鮎川はこの暗い東北でも半島の先端にとりのこされた漁港でありながら、石巻のように悲しくみじめな暗さが少いのは、漁港全体の運営に近代性があるせいだろうね。鮎川の明るさは仙台に比較しても云えることだ。東北は精神的に一つの鎖国状態なんだね。鮎川へきてホッとするのは、その鎖国に、ここだけは通風孔があいてるからだろう。鮎川には素直に東京の風が、日本の風が吹いている。仙台や石巻には、東京の風も日本の風も仙台的にゆがんで黒ずんで吹いてるだけさ。政宗という田舎豪傑の目のとどかない悲しい風と同じ風が。古い昔ながらの漁港や農村も、思いきって運営の方法を根本的に変える時期に来ているのではないかね。別に変ったことではないのさ。つまり鯨の会社のように会社にして、月給制度にするだけのことさ。（坂口一九八八、九二頁）

坂口安吾の旅の印象は、その率直さ故に終戦から六年後のこの土地の雰囲気を知ることができ、今となってはある種の資料性すら帯びている。

「鹿井写真」にみる鮎川の賑わい

ところで「鹿井写真」との出会いは、わたしの鮎川の理解に欠かせないものであった。鮎川の風景を思う会の成澤正博さんから、ともに地域文化再発見のための活動をしていくための資料として提供を受けたのである。

戦後の鮎川の賑わいと暮らしに、カメラをむけた一人の若者がいた。鹿井清介さん（一九三二（昭和七）年仙台市生まれ）である。鹿井さんの家族は、一九四五（昭和二〇）年七月の仙台空襲から命からがら逃れ、牡鹿半島の突端に位置する辺地の小集落、山鳥に居を構えた避難民であった。そこから再出発して、親子二代にわたって大工の棟梁として活躍し、住宅や作業小屋などはもちろん、「唐桑御殿」に真っ向勝負して網地島に建てた、軒の張り出したいわゆるセンガイ造りの邸宅まで、人々の信頼も篤い浜の大工である。

ひと息ついて〝お茶っこ〟中の大工の家族、沖ではたらく大謀網の網子たち、一攫千金を夢見る捕鯨船の男たち、素潜りで旬のものを採る女たち、金華山の大祭でチョーサイ！　の掛け声とともに神輿を担ぐ男たち……。鹿井さんがカメラを向けたのは、ふつうの人たちであった。当時の鮎川浜のエネルギーを、追体験できる一連の写真の魅力は、昭和二九〜三〇年に撮影された草創期の「鯨まつり」に凝縮されている。

内容は、実に盛りだくさん。特大スターマインが捕鯨船越しに上がる花火大会、爆音を轟かせる捕鯨砲の模擬射撃、鮎川浜の町ごとの婦人会の仮装行列や踊りの競演、そこに牡鹿半島の表浜、裏浜の女性たちも参戦する、手作りのミス・コンテスト、演芸大会や歌謡ステージ、軒を連ねるテキヤの物売りの呼び声。鹿井さんの写真には、数えきれない人々が同じものを見て笑っている顔が印象的である。ひとつの場を同じ思いで共有できたのは、昭和という時代の独特な文化ではなかったか。

鮎川の中心部はマチナカと言ったりしたが、荒物屋、履き物屋、酒屋、菓子店、薬品店、味噌醤油屋、魚と塩屋、電器屋、呉服屋、食堂、旅館、アイスキャンデー屋、肉屋など、生活に必要な店舗はひと通り揃っていた。そのなかに映画館、酒場、カフェー、撞球場、キャバレー、パチンコなど遊興の店もあった。港には、漁協、製氷冷蔵工場、鯨肥の加工場、テニスラケットの鯨筋《げいきん》ガットの加工場、鯨体処理場があり、周辺には肥料の干場が広がっており、湾に面して一際大きな大洋漁業と極洋の事業所と解剖場、対岸には日本水産、後の日本近海捕鯨の事業所と解剖場があった。

隣人愛と記録としての写真

東日本大震災後、筆者と大学生たちによる鹿井写真をつかった民俗展示を被災地で何度も開催するなかで、人々の多くが語ったことは、「鹿井さんがこんなに写真を撮っていたなんて知らなかった」というものであった。新聞やテレビにとりあげられても決して奢らず、ましてや写真家をきどってみせるようなこともなく、鹿井さんは展示の来場者に対して楽しげに当時を語りながら微笑む。

「鹿井写真」は、写真による芸術を目指したものではなく、また戦後社会の現実を切り取ろうというリアリズム写真でもない、現場の在りようを広く伝える使命を帯びた報道写真でもない、つまり写真行為における思想に縛られていない。奇をてらった構図や、意図的に作り出したような躍動感とは無縁な表現で、親しい隣人や家族のそのときを記録し、録った写真を焼き増しして共有するためのコミュニケーション・ツールとして、鹿井さんはカメラに親しんだ。

ここに掲載した写真引き、すなわち古写真に番号をつけ、聞書きで得られたデータを元に解説を加えたものは、東日本大震災からの一〇年の間で行ってきた調査から作成したものである。当時の鮎川の息吹や、人々の声が聞こえてきそうな「鹿井写真」から、鮎川の街並みを写したものを選んでみた。

（次頁より）

写真1

写真引き1

　鮎川の沿岸部を旧牡鹿町役場付近の丘から撮影したもの。鮎川を一望するにはこの場所が最適だったという。しかし、埋め立てなどが行われたため現在同じ景色は見ることはできない。映画館や商店、捕鯨会社などが多くみられ栄えていたことが分かる。

①**漁連の冷凍庫**　大きい氷を削って漁船に積む。

②**燃料補給タンク**　船に積む燃料。漁業協同組合が貯蔵していた。

③**映画館**　鮎川映画劇場。上映されるのは任侠ものが多かった。二階建てでスクリーンはひとつ。次第に洋画も入る。

④**粟野旅館**　木造三階建の立派な旅館。前にバス停があった。旅館内で郵便局も経営しており、そこではバスの切符も売っていた。

⑤**鯨館診療所**　二階建ての建物で、一階が診療室、二階が病室だった。ここで診察しきれないほどの怪我・病気は牡鹿病院に行った。小野先生（内科）が診療していたので「小野医者」とも言った。

⑥**役場**　牡鹿町役場の屋根。

⑦**バスの停留所**　仙北鉄道バス（現在の宮城交通）の車庫だった。

⑧**イトッコ屋**　たたみ三畳ほどの小さな店。ところてん、カキ氷など量り売りをしていた。一円飴や味のついた紙（クジ）を舐めていた。ハマグリに甘い味付けをしたものも売られていた。

⑨**海員寮**　昭和二三年に設置された極洋捕鯨の寮（極洋会館）。昭和二五年には大洋漁業が「大鯨荘」を設置。

⑩**畑**　トミジさんの家の畑。大根、きゅうり、なす、ほうれん草、肥やしを肥料にしていた。天秤棒を使っていた。

写真2

⑪公民館　二階建てで大きい。北島三郎が公演で来たこともある。

⑫郵便局　昭和三四年に粟野旅館内の郵便局から移転した。その後再度移転し派出所となる。

⑬家　カクトさんの家。

⑭事業所　鮎川の戸羽捕鯨の事業所。

⑮鮎川橋付近にあった劇場　建つ前は、バラックの建物でござの上で見ていた。

⑯牡鹿病院　外科・内科。鯨館の後にできた。二階建て。

⑰大洋漁業の解剖場　飛行場の格納庫を払い下げで移築した大きな解剖場。地域の人々は鯨をもらいに行っていた。

⑱道路　木炭バスがギリギリの道幅で走っていた。

⑲鮎川橋　一九五七（昭和三二）年に完成。鯨まつりの時に仮装行列や鮎川音頭に合わせて盆踊りが行われていた。

写真引き2（63頁）

港での日常を切り取ったある場面。コバルトライン開通後、観光客の車やバスなどが多く停まっている近くに肥料工場があった。一帯が肥料工場になっていたため、肥料の臭いが鮎川のにおいと言われるほどに満ちていた。肥料の臭いを最初は臭いと感じていたが、慣れたら大丈夫になったようだ。その臭いを「金の匂い」といって笑う人もいる。

①桟橋…捕鯨船が着く桟橋。

②看板…橋本の工場にある看板。「鯨まんぢゅう　長寿万重」の文字。実際に、ここでは鯨まんじゅうは売っていない。もともと名物を作ろうと鯨のように大きなまんじゅうを作ったのが最初。クジラ

の形をしているわけではない。鯨まんじゅうは、葬儀などにも重宝され、単なるみやげ物という以上に生活に欠かせないものであった。

③**寺**…観音寺。現在の本堂は一九六二（昭和三七）年に完成した。

④**家**…丸浄丸というミンク船を所持していた。

⑤**家**…鈴木文太郎さんの家。肥料工場を営んでいる。

⑥**船**…寿丸と銀星丸（鉄製）。

⑦**船**…船の先端にメロード漁用のアゾ木があるため、二、三月頃か。

⑧**バス**…観光客用の観光バスと思われる。

⑨**警察官**…自転車で警備中のお巡りさん。

⑩**タンク**…県魚連の油槽タンク。

⑪**墓地**

⑫**駐車場**…多くの自家用車が停まっている。たくさんの家族旅行客が、コバルトラインを通って鮎川を訪れた。

⑬**作業場**…丸浄丸の解体場。

⑭**建物**…宮城県漁港事務所鮎川出張所。

⑮**民家**…昭和四〇年代でもまだまだ茅葺き屋根の民家が残っていた。

＊コラム

牡鹿半島は、「海にひらけて世界と直接つながる」

三陸海岸は、荒波で浸食された海食崖を有するリアス海岸と海上に浮かぶ島嶼からなる。東日本大震災後、三陸復興国立公園に編入され、雄大な自然と海岸、自然の恵みと人と自然との共生が育んだ暮らしの文化。三陸海岸の南端に位置する牡鹿半島には、魅了ある生活が営まれてきた歴史があり、災害のみならず世界経済やグローバルな資源管理、国の政策と地域産業の展開など、さまざまな荒波に揉まれながら近現代を乗り切ってきた。東日本大震災後の一〇年は、復興まちづくりの一〇年であったが、その目指すところは震災の前の日を復旧することにはならない。よりよく生きるために、現在の位置からみた視座で歴史を再構築し、生活文化の再認識によってこの土地の過去と現在を結びつけ、未来を展望する土台とすることが求められている。

第二章

捕鯨の鮎川か、鮎川の捕鯨か

1 「寄り鯨」の伝統と仙台藩の捕鯨

「捕鯨の鮎川か、鮎川の捕鯨か」

鮎川では「捕鯨の鮎川か、鮎川の捕鯨か」といった自賛の言がある。捕鯨が鮎川の基幹産業であるにとどまらず、日本の捕鯨業全体における鮎川の存在感を誇るような表現で、わたしは地元の年配の方がこう言うのが大好きである。

一方でこの言葉には、日本全国を視野に語っているのと同時に、牡鹿半島という非常にローカルな地域での存在感を誇るニュアンスもある。三陸海岸における捕鯨事業の拠点として比類なき存在である鮎川、いやもっとミクロな視座で、半島内での浜ごとの独自性を誇るような意味も含まれている。この地域でさまざまな形で聞書きを重ねてきて実感するのは、浜という単位が、単なる景観の上での集落や、行政単位にとどまらない独自の文脈をもっていることである。牡鹿半島では、近代に多くの捕鯨会社が西日本から進出し、鮎川のみならず十八成浜《くぐなりはま》、小渕浜《こぶちはま》、荻浜《おぎのはま》に捕鯨基地が設けられた。それでも鮎川こそが捕鯨文化の中心であると自他ともに認めるに至ったのには、大手捕鯨会社の進出にとどまらない、独自の捕鯨業の営みが鮎川では展開してきたからである。

宮城県の東端にあたり太平洋に突き出た牡鹿半島は、リアス式海岸で知られる三陸海岸の南端にあたる。気候は東北地方としては温暖といえるが、海風は一年を通じて比較的強く、特に六から七月にかけては沖から押し寄せる霧と、寒冷なヤマセがふく。現在は半島全域が石巻市に組み込まれているが、元々半島の先端の半分は旧牡鹿町であり、鮎川は町役場の所在する中心地であった。その牡鹿町は、いくつかの集落を統合して一八八九（明治二二）年に生まれた鮎川村が、一九五五（昭和三〇）年に隣接する大原村と合併して成立した。

ヒゲクジラ、ハクジラ

ひと口に捕鯨といっても、鮎川での聞書きで語られる捕鯨は、大型クジラと小型クジラを陸揚げして解剖する沿岸捕鯨と、南氷洋捕鯨がある。クジラとイルカの仲間を総じて鯨類《げいるい》と呼ぶが、よく知られているようにその種類はヒゲクジラ類とハクジラ類にわかれる。

ヒゲクジラ類は大型で噴気孔《ふんきこう》をふたつ持ち、大きな口で獲物を海水ごと口に含む。そして海水を口から出す際に、上あごに並んでいる「ヒゲ」、あるいは「ヒゲ板《いた》」と呼ばれる部分をフィルターのようにして、オキアミや小魚の群れを漉《こ》しとるのである。下あごから喉にかけては蛇腹状に縮まっており、海水をたくさん含んだときに伸びるようになっている。この縞《しま》のように見える部分はウネと呼ばれ、ヒゲクジラ類の見た目状の大きな特徴ともいえる。

世界最大のクジラは二四メートルほどに成長するシロナガスクジラであり、ナガスクジラは一九メートルほど、長いヒゲをもつセミクジラで一六メートルほど、ザトウクジラ・イワシクジラ・コククジラなどは一三メートルほどである。鮎川で馴染み深いミンククジラは八メートルほどと、ヒゲクジラ類のなかでは比較的小型のクジラにあたる。

一方、ハクジラ類は、文字通り歯を持ち、魚やイカなどを口でくわえて捕獲する。大型のハクジラにはマッコウクジラがあり、一五メートルほどになる。脳油《のうゆ》と呼ばれる油が頭に詰まっており、一〇〇〇メートルを超える深海へと潜っていきダイオウイカなどを食する。マッコウクジラの上あごは、下あごの歯の並びに応じて凹んでおり、上あごの歯は露出していない。

一〇メートルほどのツチクジラは、房総半島の和田では大変好まれるクジラである。比較的小型のハクジラはイルカと通称して近海にみられる。バンドウイルカなど、水族館でも人気の二、三メートル程度のイルカは、魚を逃さないように鋭い歯が上下ともならんでいる。これは獲物を噛み砕くわけではなく、くわえてそのまま飲み込むのに適している。

古くはない鮎川の捕鯨

人間が生業における捕獲対象とするには桁外れな大きさを誇るクジラを捕獲するには、優れた道具と技術、そして多くの人が分担・連携してはたらく高度な組織が必要である。速い船や仕留める道具と技術は、江戸時代の三陸地域では未発達であった。

もともとクジラの利用の多くは、迷い込んだり傷ついたりして海岸で座礁するクジラを利用する「寄《よ》り鯨」によるものであった（現代の科学調査においてはストランディングと呼ばれる）。捕鯨業が莫大な富をもたらし、また技術的にも高度に発達した背景には、江戸時代後期における新田開発や商品作物の栽培、二毛作の発達などがある。灯火《とうか》・水田の虫除けなどに用いる油など、多くの利益を得られるクジラは、水平線のかなたから恵みを人々にもたらすエビスの信仰と結びつき、その来訪に感謝する記念碑が三陸海岸にも各所に残っている。

鮎川の人々は、鮎川が近代捕鯨の町として発展してきたことをよく知っている。近代捕鯨の町ということは、裏返していえば江戸時代の網掛け突捕り式のいわゆる「古式捕鯨《こしきほげい》の伝統」はないということである。昭和後期の牡鹿鯨まつりでは、強化プラスチック製のセミクジラを鮎川湾に浮かべ、古式捕鯨の模様を再現する催しが、捕鯨砲の実砲とならんで呼びものであった。そのクジラ模型は石巻市立鮎川小学校の校庭に保存されているが、それが和歌山県の太地《たいじ》を中心とする熊野灘の捕鯨を再現したものであることは、観客もよくわかっていた。

太地からは、何人もの捕鯨者が金華山沖の捕鯨にたずさわってきたし、親戚縁者、ともに働いた仲間に太地に縁のある人も多い。震災後、紀伊半島や北海道などの捕鯨の根拠地の人々を頼ったり、あるいはさまざまなものを送ってもらったりして助けられたという話をよく聞いた。実家が釧路にある人は実際に一時滞在させてもらったというエピソードもあった。

近代捕鯨の前史

しかし多くの鮎川の人々の認識とは異なり、江戸時代の鮎川、そして金華山沖の漁場で、仙台領民による捕鯨がまったくなかったわけではない。マッコウクジラの脳油や鯨油を目的とした捕鯨の漁場であっただけでなく、人々の鯨類との関わりはすでに始まっていたのである。その伝統があって、はじめて大規模な近代捕鯨の時代へと移行できたし、鮎川ならではの大企業と地元の捕鯨者の共存共栄、そして捕鯨者と漁業者の共存共栄という独特な状況が生まれるのも、素地のあることであった。

まずは、近世における仙台藩の捕鯨から、鮎川の捕鯨を紐解いてみよう。前述のように三陸海岸では、紀伊半島の熊野灘にみられたような組織的な捕鯨業は江戸時代に発達しなかった。とはいえ、仙台藩が捕鯨に対して無知であったわけではない。よく知られている江戸時代の捕鯨関係の文献に『鯨《げい》史稿《しこう》』があるが、これは仙台藩に非常にゆかりの深い書物であった。本書はひと言でいえば、日本の捕鯨技術や鯨類に関する総合的な事典である。これを著した儒学者大槻清準《おおつききよのり》は、仙台藩の藩学である養賢堂《ようけんどう》の学頭をつとめた人物であり、教育設備や運営基盤の確立、学頭への教学上の権限強化、人材育成などの改革によって学問所としての基礎を築いたことで知られる。

その大槻清準は、一八〇八（文化五）年、幕府の学問所である昌平坂学問所の仕事としてまとめ上げた『鯨史稿』を、江戸城の御文庫に一部、昌平坂学問所に一部提出した。後者は国立公文書館の内閣文庫に残されている。著名な蘭学者の大槻玄沢《おおつきげんたく》の依頼で、清準は遊学中に平戸藩生月島《いきつきしま》へ赴き、鯨組を率いた益富家のはからいで捕鯨や解剖などを実見して調査した。また、大槻玄沢も多忙な日々のなかで参考となる博物学の書物を訳述したり、参考資料を提供したりしている。『解体新書』も参照しながら作成されたという本書は、第一巻から三巻は鯨類の種類や骨格、臓物などの詳細な図を用いた博物学・解剖学的な内容で、四巻から六巻は平戸で見聞した捕鯨業の実際とその技術という構成であった。

本書を提出した清準は、その年のうちに仙台藩に召抱えられ、養賢堂で辣腕を振るうのである。捕鯨を実験しようとしていた仙台藩は、当時最先端の鯨類と捕鯨についての知識を豊富に持っていたといえる。

仙台藩による試験捕鯨

仙台藩による捕鯨の試験操業が行われていたことは、牡鹿狐崎《きつねざき》組の大肝入役《おおきもいりやく》に関する古文書「天保九年四月　鯨漁留《くじらりょうとめ》」と題した史料に記されている（現在は陸奥国牡鹿郡狐崎浜平塚家文書「天保九年金華山沖鯨漁留記録」として国文学研究資料館が所蔵）。

この史料は、戦前に常民文化研究を掲げ、アチック・ミューゼアムを主宰した渋沢敬三が、自邸内に設けていた祭魚洞《さいぎょとう》文庫の水産史研究室が収集したものである（祭魚洞文庫蔵書架票五〇九六番）。これによると、狐崎組大肝入をつとめていた平塚雄五郎は、仙台藩より鯨漁御取開方御用係を拝命し、藩から下された資金四〇〇両で捕鯨の開発することを命じられた。そして当然それでは足りないので、経費を桃生《ものお》郡大須《おおす》浜の肝入阿部源左衛門と協力して工面し、大阪から招いた淡路屋清右衛門とともに沿海の実地調査を行い、根拠地と定めた大須浜を中心に試験操業を行なったのである。

同文書では、平塚雄五郎と阿部源左衛門は、七頭のクジラに銛を打ち、雄勝の大須浜に三頭、江ノ島に一頭を水揚げしたことがわかる。そして不明の一頭は泊浜の漁師が沖で見つけて密かに肉を売り払ってしまい、もう一頭はついに見つからなかったという。

この試験操業によって捕獲した都合四頭のクジラは、解剖した上で肉を四日かけて仙台に運んだもののの、城下では「鯨肉御国元にては給馴不申候付、相用候者不足」、つまり人々は鯨肉を食べ慣れておらず、買い求めるものは少なかったというのである。仙台藩は、鯨類と捕鯨に関する知識では十分であり、金華山沖は捕鯨を事業化するには最適な漁場であった。しかし組織的に人員を統括するマネージメント面と、鯨肉等の流通・消費の面では、まったく未成熟であり、結果的に三陸海岸における捕鯨は挫折したのである。

「寄り鯨」の伝統

興味深いことは、この捕鯨の試験操業において、ある漁師が一頭のクジラを密かに持ち去ってしまったという事件があったことである。これは史料を記した大肝煎《おおきもいり》の側から見ればそういう表現になるが、漁師側から見れば必ずしも泥棒のレッテルを貼られるような行為でもなかった。

牡鹿半島には、「寄り鯨」の利用の伝統があった。長渡《ふたわたし》浜や十八成浜、谷川浜ではシャチに追われたクジラを捕獲した記録がある。座礁したクジラや沖で弱ったクジラは、有益な資源であった。もちろん鯨油や肥料の材料となるからで、漁村にとっては突然莫大な利益を得ることができるボーナスが、海のかなたからもたらされるようなものであった。「寄り鯨」をエビスと呼ぶのも、そうした人知の及ばないチカラへの畏敬の念によるものであった。

また、牡鹿公民館で津波被害から文化財レスキューされた牡鹿町誌編纂《へんさん》史料には、断片的ながらイルカ漁の史料が存在する。仙台湾に面した表浜地域で網で捕獲したイルカの所有を巡って争った記録である。三陸海岸では、牡鹿半島以外のさまざまな地域ではイルカ漁の記録があり、これまで牡鹿半島はイルカ漁の空白地域と考えられてきた。漁業の延長線上にある、ごく沿岸での鯨類の漁については、よくわからないことも多い。

前述の仙台藩による捕鯨の試験操業における泊浜の漁師は、捕鯨の試験操業で銛を打っても未熟な捕鯨技術で逃してしまったクジラを発見し、これを「寄り鯨」として引き揚げ、それを求める者に販売した。この漁師にも最終的に取り分が認められたから、漁師の言い分も慣習として筋の通るものであったと思われる。

天保飢饉からの復興

前述のアチック・ミューゼアムの同人で戦後は東北地方の民俗研究に貢献した竹内利美は次のように結論づけている。

結局、資本の不足、技術の未熟に加えて、鯨肉市場の不成立が、三陸沖の旧捕鯨を短命に終わらせた。いわば、仙台人の「鯨肉きらい」が、三陸近海を捕鯨の処女地として残し、鯨族にしばらくは安穏な月日をおくらせる結果をもたらしたのである。（竹内　一九六九、三三三頁）

この捕鯨の試験操業が行われた背景について、竹内利美は天保四、五年の連年にわたる大凶作による農村の疲弊と領民生活の困窮と、翌年の大洪水、七、八年に再び見舞われた大凶作により、藩の財政が危機的な状況にあったことを、竹内は挙げている。捕鯨の企てはそうした状況を打開するための模索の一環であったとすれば、飢饉からの復興の一打としての捕鯨業開始を目論んだと理解することもできよう。

幕末には金華山沖はすでにアメリカの捕鯨船によるマッコウクジラを対象とした捕鯨が大規模に展開していた。しかしその後、在地の捕鯨業は発展してこなかったから、本格的な捕鯨の開始は明治後期の西日本の捕鯨会社の進出まで待たなければならなかった。

2 近代捕鯨の導入と鮎川の捕鯨前史

アメリカ式捕鯨とノルウェー式捕鯨

明治時代以降、金華山沖の漁場におけるクジラとの関わりは、「寄り鯨」を利用する時代から、人間が沖合へ積極的に出向いてクジラを追う捕鯨時代へと転換した。速力ある動力船、船首に捕鯨砲をすえた捕鯨砲に代表される近代捕鯨技術の導入である。明治時代前期にはアメリカ式捕鯨(銃殺捕鯨)が試行され、次に高度なノルウェー式捕鯨(砲殺捕鯨)を導入した西日本の捕鯨会社が、東日本・北日本へと進出していった。

　幕末から明治にかけ、欧米の捕鯨船が日本近海で操業を始めたことから、日本の捕鯨は不漁続きであった。日本の捕鯨者は、外国の捕鯨船と競争するための新しい捕鯨技術を学び始め、最初に導入されたアメリカ式捕鯨は、ボンブランスという銃器（ボスカン銃）と捕鯨銃を用い、最後は銛でとる漁法であった。

　一方、ノルウェー式捕鯨は、一八九九（明治三二）年に山口県の岡十郎らによって設立された日本遠洋漁業株式会社が最初に導入したとされる。ノルウェー式捕鯨そのものは、一八六四（明治三）年にノルウェーのスヴェン・フォインが発明した捕鯨砲と蒸気船を用いた捕鯨法である。江戸時代以来の捕鯨は、手銛《てもり》による突きとり法や網で絡めて銛で突く方法であったが、泳ぐ速度のはやいクジラや、死ぬと海中に沈んでしまうナガスクジラなどは捕獲することができなかった。

　ノルウェー式捕鯨では、大砲でロープをつけた銛を発射し、クジラに突き当たると銛先に詰めてある火薬が爆発する仕組みになっている。また銛に取りつけてあるツメは、クジラに突き当たるときに縄が外れてツメが開く仕組みになっており、そのまま牽引して捕鯨船へと手繰り寄せることができる。こうして捕獲効率は飛躍的に上がり、漁場も全国の近海へと広がっていったのである。

　この時期、相次いで西日本の旧来の捕鯨地域で捕鯨会社が設立され、西日本の漁場は捕鯨船でひしめき合っていた。漁場はすぐに日本近海の全国へと拡大し、なかでも寒流と暖流が交わる金華山沖への注目は高く、ここに捕鯨会社や漁業会社が大規模な捕鯨基地を築くことになるのである。

漁業―捕鯨間で起こる紛争

捕鯨業は地元の漁業と対立することが多かった。例えば北海道の岩内に進出した大日本帝国水産会社は、地元のニシン漁業者らによる強硬な反対を受けて羽幌に移転を余儀なくされた。

青森県の八戸で起こった、漁業者との対立に端を発する焼討ち事件もよく知られている。解剖時に血や油、内臓などを海へと廃棄することによって漁場を汚すといった理由に加え、豊漁をもたらすエビスとしてのクジラへの信心も、漁業者と捕鯨の折り合いの悪さの根底にあった。

当時の技術では、海洋上でボック（ボックスとも）と呼ばれる滑車で鯨体を吊り上げる解剖方法が採られていた。肥料や鯨油の製油に必要な主要部位以外は、海洋投棄するしかなかった。しかし、湾内の桟橋にボックを設置したり、スリップウェイと呼ばれるスロープで陸上へ揚げたりすることができれば、丁寧に解剖し、クジラを余すところなく利用することができる。こうしたなかで、金華山沖の漁場にもっとも近い位置にある鮎川には、近代捕鯨の最前線基地として白羽の矢が立てられたのである。

「抹香城」への熱視線

鮎川が捕鯨の町となるまでには、まだ前史がある。山口県下関を本拠地とする東洋漁業株式会社が鮎川に進出する四〇年も前、幕末の一八五九（安政六）年、桃生郡大須浜の大肝煎格阿部源右衛門らが藩に「鯨蝋」製造の願いを出した。このとき捕鯨の根拠地の候補として挙げられていたのが気仙郡綾里浜《りょうりはま》（現大船渡市三陸町）、桃生郡大須浜（現石巻市雄勝町）、そして牡鹿郡鮎川浜であった。

また、明治二〇年代に入ると、当時「抹香城」と呼ばれ、マッコウクジラの漁場として知られていたこの海域で、当時最先端のアメリカ式捕鯨を試みる者があらわれた。仙台の村上国達を皮切りに、田代島の阿部久八郎、渡波の浜谷東兵衛、仙台の石川進といった人物が、小規模な捕鯨会社を創立し、実際に操業したが成果はあげられなかった。一九〇六（明治三九）年、寄磯浜《よりいそ》の遠藤栄四郎は金華山漁業株式会社を創立、本格的なアメリカ式捕鯨を行う金華山丸を建造し操業を始めた。『牡鹿町誌』によるとこの時期、水産学校教諭による捕鯨の講話が開催され、農商務省による金華山沖から大船渡沖にかけての調査捕鯨、水産講習所の遠洋漁業実習での捕鯨なども実施された。この漁場への注目度は、急速に高まっていたのである。

漁業資本家の台頭

鮎川は、明治維新後の水面利用において金華山の海岸線の利用権を得ていたこともあり、何人かの有力な漁業資本家が形成されていた。当時の代表的な地元資本家は、村長の和泉恒太郎、島長太郎、鈴木吉松、岡田菊之助、和泉太三郎など、漁協の有力者や村会議員といった人物であり、彼らは、外部資本による捕鯨業を導入することで経済発展の起爆剤とすることを目論み、さまざまな働きかけを行った。

　鮎川が捕鯨の町となるのは、この捕鯨の根拠地としての企業進出の誘致活動から始まる。すでに遠藤栄四郎らが寄磯浜を拠点に捕鯨の準備を始めており、農商務省による漁場調査も進んでいたから、鮎川の漁業資本家たちにはその競争に乗り遅れまいとする焦りもあったであろう。

　通常、企業が近代捕鯨の根拠地として新たに進出する地域では、漁業者との軋轢が生まれる。鮎川でも実際にそうした反対意見があったが、最終的に受け入れることになったのには、漁業資本家らの零細な漁業者の説得や牡鹿郡長の調停があったのである。

　鮎川の捕鯨業をよく知る人は、こうした捕鯨事業場の誘致活動は地域の名士たちの偉業として語り、しばしば鮎川の人々の進取の気風と結び付けられる。ただ、わたしは同時に、こうした賭けとも言えるほど積極的なアプローチを取らなければならなかった背景として、一八九六（明治二九）年の明治三陸津波と、一九〇五（明治三八）の明治三八年凶作を抜きには理解できないと考える。東洋漁業株式会社の鮎川進出は、明治三陸津波からちょうど一〇年後のことであった。加えて、東洋漁業株式会社の鮎川進出の前年までの四年間にわたり、東北では毎年凶作に見舞われた。鮎川は津波被害からの復興期における深刻な凶作に直面したのである。

明治三八年凶作からの復興

『牡鹿郡誌』は明治三八年凶作における鮎川村の被害として、まったく収穫の利益がなかった耕地の面積を三七町四反、損失額として金三〇九五円六一銭と報告している。大正期に編纂されたこの文献は、次のように当時の様子を詳細に振り返る。

当時の状況を略説すれば、三十八年三月上旬は尚多湿に失したけれども中旬に至りて気温上騰し、晴天連続せり。下旬に及びて寒風類に加わりたるも、二十三日にして温暖となる。四月晴雨相反し、気温は平年より低きこと二度三分なり。雨量は六・八粍を増加し、稲苗の育成一般におそきを憂ひたり。五月上旬にありては湿潤となりしも、南風暖かにして、晴天十七日あり。されど、気温低く、雨量は増加し、六月に至りて晴天七日曇天九日雨天十四日をを算ふると共に、低温多湿にして七月に渉れり。梅雨の期全く去らず。八月上旬に至りて曇天降雨相連続し、加ふるに東北の冷風絶えず襲来し、天候は愈変態を来し、晴雨常なく、低温多湿にして、ために稲の出穂開花を遅からしめたり。九月下旬に至て天候恢復し、気温も従つて昇騰瀬下、数日間に渉流のみにして、俄然低音冷気となり、遂に全く完熟を妨ぐるに至れり。（牡鹿郡役所編　一九七五、二六二頁）

七浜栄えるが三浜枯れる

世に「クジラが上がれば七浦潤す」というほど、寄り鯨の利益は莫大なものであった。しかし、当時はこういう言われ方があった。「七浜栄えるが三浜枯れる」、つまり、捕

＊鮎川事業場『本邦の諾威式捕鯨誌』より「陸前國鮎川事業場全景」

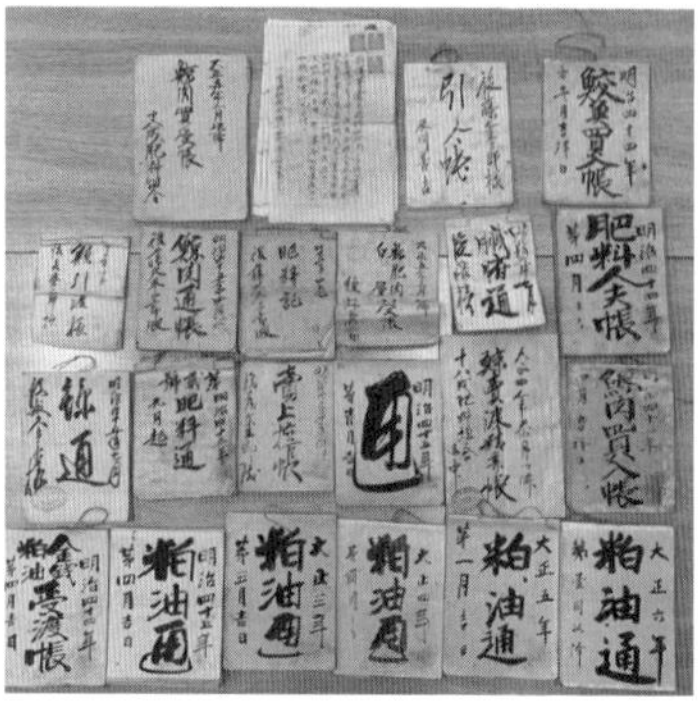

＊十八成の肥料製造に関する史料（菊地逸夫氏提供・おしかホエールランド所蔵）

鯨業がどこでも抱えざるを得ない漁場汚染と漁業者との共存という問題が、鮎川でも大きな関心事であった。

　東洋漁業株式会社が鮎川を踏査して向田《むかいだ》に事業場建設を目指して用地買収を進めていくなかで、やはり漁業や磯根での海藻や魚介類の採集に大きな影響が出ることへの懸念が広がっていたのである。宮城県と牡鹿郡、鮎川村は、積極的に捕鯨を誘致に動いた。とりわけ当時の鮎川村長和泉恒太郎は、捕鯨業がこの地域の発展に欠かせないと捕鯨会社の誘致への理解を求めて訴えた。

　とはいえ、企業誘致だけでは長期的に持続可能な地元の産業として定着させることはできない。和泉恒太郎が取り組んだのは大手企業の捕鯨業と直結する新産業の創出と、漁業との調停であった。その新産業は地元資本の入った肥料工場であった。捕鯨会社から鯨骨や皮、臓物などを購入して肥料を製造する工場は十八成浜、鮎川を中心に設置され、数多くの工場は雇用を生み出した。こうして企業からの税収に加え、雇用創出によって人口も増加、さらに解剖場から血や油を湾内に垂れ流すような公害もある程度解消でき、漁業との両立も可能となったのであった。

　また、恒久的な操業を前提とし、毎年一定の金額を鮎川村に寄付、見返りに行政は事業のために便宜を加える交渉も行われた。捕鯨会社側も、各所での漁民による捕鯨反対の運動や騒動に頭を悩ませており、地元との融和は事業の維持発展に欠くことのできないものとなっていた。最終的に鮎川村議会は、東洋漁業が提出した捕鯨事業のための「桟橋架設必要上公有水面使用出願」を、満場一致で可決したのである。

加えて、東洋漁業株式会社が毎年三〇〇円を寄付することとなり、これを事業所の進出にあたって移転させた鮎川小学校の維持にあてたこともあり、同社は鮎川に大規模な事業場を建設するに至った。その後、多くの捕鯨会社が鮎川や牡鹿半島に進出したが、企業は行政や教育、地域活動への重要な出資者となり、町の発展を大きく左右していくことになる。

西日本の捕鯨企業の進出

鮎川は明治維新の頃の人口は三〇〇人余りの半農半漁の村で、住人は捕鯨には縁もゆかりもなかった。牡鹿半島は、一九〇六（明治三九）年、東洋漁業株式会社の事業所が建設されると、数年の間に鮎川、隣接する十八成浜、荻浜、小渕浜に捕鯨の事業場が建設され、あっという間に二〇隻ほどの捕鯨船が操業する一大拠点に発展した。

当初、捕鯨に従事したのは、そのほとんどが九州・中国四国・紀伊からの出稼ぎや移住者であった。東洋漁業株式会社（山口県下関）の鮎川進出の翌一九〇七年には、土佐捕鯨合資会社（高知県奈半利）が、さらに翌年の一九〇八年には紀伊水産株式会社（和歌山県串本）と長門捕鯨株式会社（山口県仙崎）が鮎川に進出した。

牡鹿半島表浜の中部に位置する荻浜は、明治前期に一時活況を呈した。横浜—函館間の汽船による定期航路の寄港地となり、運航会社が事業所を設けるなど物流の拠点としての役割を担っていたが、鉄道や陸送に交通の主力が移っていくにつれ、こうした賑わいは急速に失われていったのである。

＊荻浜事業場『本邦の諾威式捕鯨誌』より

荻浜に石川啄木の歌碑が建っている。これは一九〇八（明治四一）年、東京での創作活動のために北海道に家族を残して上京する折に、函館から東京への航路において、荻浜に滞在したのである。滞在はわずか数時間であったが、よほど牡鹿半島の雰囲気が気に入ったのか、荻浜で出会った少女「藤野」の名前を自伝小説「二筋の血」でヒロインの名に採用した。

その荻浜に捕鯨会社が進出したのは、東洋漁業株式会社の鮎川進出の翌年にあたる一九〇七（明治四〇）年のことであった。内外水産株式会社（大阪）と大東漁業株式会社（高知県浮津）が事業場を開設し、本格的な捕鯨基地として操業を始めた。翌年の一九〇八（明治四一）年には帝国水産株式会社（兵庫県神戸）も事業場を開設。加えて、一九一〇（明治四三）年には十八成浜字清崎《きよさき》に藤村捕鯨株式会社（高知県奈半利）が、小渕浜に大日本水産株式会社（東京）がそれぞれ進出、わずか五年ほどの間に、金華山沖は捕鯨船がひしめく一大漁場となり、鮎川の人口も二倍に膨れ上がったとされている。

当時の活況について、『牡鹿郡誌』は以下のように記している。

東洋捕鯨株式会社明治四十年四月船数五、藤村捕鯨会社明治四十二年四月船数一、大東漁業株式会社大正六年五月船数二、我国に十二の捕鯨会社ありしが、其成績は国力の拡張に関するを以て政府は可及的合同を勧誘せし結果、今や藤村、大東の外は東洋捕鯨会社に合し、頗る優勢となれり。東洋捕鯨会社の船数は二十四あれども、当地にあるものは季節と漁況とにより増減せらる。捕鯨期は毎年四月初より十一月に至る八箇月間。鯨の用途は食糧搾油製肥にして、血液にては血粉を、骨格にては骨粉を製す。髭は工芸品として編物工芸に、抹香の歯は彫刻材に、顎骨似ては上等の洋杖を製す。捕獲数は当地にありて三百頭平均にして、一頭八百円と見積もれば二十四萬円は会社の利益となるなり。（牡鹿郡役所編　一九七五、二三八～九頁）

捕鯨の周縁にある仕事

ちなみに、大企業の事業所の進出は、地元にさまざまな仕事を生み出した。飲食業や旅館業などのサービス業から、荷物の運搬といった企業の捕鯨を支える仕事も生まれた。そのひとつの例がタンガイシャである。

高橋順一『女たちの捕鯨物語―捕鯨とともに生きた11人の女性』（日本捕鯨協会、一九八八）。タンガイシャとは炭会社の意味で、捕鯨船に石炭と水を供給する商売であり、大正初期にはこうした仕事が鮎川にはあったという。当時の捕鯨船は蒸気船であり、捕鯨船が鮎川港に入ると、炭船《たんぶね》と水船を漕ぎ出して、石炭と真水、日用品や食料なども含めて捕鯨船に運ぶのだという。語りのなかでは、子供時代にこの船で捕鯨船に乗り込むと、捕鯨者たちは子供たちに飴やチョコレートをくれたという思い出が語られている。

一八九六（明治二九）年の明治三陸津波と、一九〇五（明治三八）の明治三八年凶作という困難をブレイクスルーする決定的な一打であった近代捕鯨基地の受入れは、肥料と鯨油の製造という新産業の創出と結びつくことで道がついた。鮎川の捕鯨は、西日本で培われた捕鯨の伝統と、西洋の近代技術を取り入れたノルウェー式捕鯨とが結びつき、三陸海岸の漁村の文化を土台に融合しながら定着していくのである。

3 大企業の前線基地建設と捕鯨産業

捕鯨産業による地域活性化

明治末期の鮎川は、金華山の定置網の権利や季節ごとの漁業で、それなりに地域経済が維持されていた。また、金華山への参詣には鮎川や牡鹿半島の先端にある山鳥《やまどり》から渡島するのが一般的であったから、多くの参詣者が鮎川を経由したことはある程度の経済効果があった。

しかし、石巻や女川にいくつもの渡船や旅客船業者があらわれ、金華山参詣客が鮎川を経由しなくても渡島できるようになったこともあり、将来的な発展の要素に乏しく不安を抱いていた。前述の通り、近代捕鯨基地の進出は、震災と凶作からの復興の最中にあって、地域経済活性化の決定的な起爆剤であった。

捕鯨はさまざまな関連産業と深く結びついている。鮎川には鯨油の製油工場や加工場、肥料の天日乾燥場（干場《かんば》）、マッコウクジラの千筋によるテニスラケット用のガット工場などができていく。一九〇八（明治四一）年に始められた鯨肉の大和煮缶詰工場は日本初であった。

現在の鮎川は、クジラの臭いがしない。捕鯨は現在では鯨肉食の食文化と結びついた第一次産業としての性格が強くなっているからである。しかし、そもそも捕鯨業は鯨肉製造・加工に加え、製油や肥料製造、さまざまな副産物と結びついた産業であった。捕鯨基地と匂いが直接的に結びつくのはそうした第二次産業、製造加工において発生するものであった。

クジラの臭いは金の匂い

鮎川では「クジラの臭いは金の匂い」、あるいは「クジラの臭いは繁栄の匂い」という、どこか自虐的な自慢の言がある。これを語ったあと、人々は必ずプッと噴き出し、「ねぇ」と互いの顔を見合わせてまた笑う。

クジラの臭いとは、クジラの肥料工場の干場や製油の臭いであり、解剖によって海に流れ出た血や油の臭いである。あるデザインの研究者が、おしかホエールランドの建設の際に地域観光について議論する会議に招聘され、初めて鮎川を訪れた際、その臭いに絶句し「この臭いと〝観光〟がどう結びつくか」と発言したら、即座に町の重役から「これは繁栄の臭いなのだ！」と返され、二度までも絶句したという、そんな思い出話を語ってくれた。

これは単なる行政側の強弁ではない。震災後の聞書きにおいて、わたしたちは多くの鮎川の人々が、震災前の鮎川の繁栄について口を揃えて語ったことが「クジラの臭いは金の匂い」であった。これが口々に、他所から通い詰めるわたしたちに語られた背景はふたつある。

ひとつは鮎川の港湾部と町の中心部が東日本大震災によって壊滅し、目を覆うばかりの瓦礫の山となり、そこがみるみるうちに更地になってしまったことである。津波の被災地は、かつてそこにあった生活の痕跡まで失わせてしまう。更地に雑草がびっしり生えたら、もうそこに集落があったことすら想像できなくなってしまうのである。かつてあった繁栄を人々がわたしに語ろうとしたときに、真っ先に出てきた表現が「クジラの臭いは金の匂い」であったのである。

もうひとつは、国際的な資源管理の観点から商業捕鯨が一時停止されておよそ三〇年が経過し、観光資源としてのクジラ、あるいは調査捕鯨の拠点といったものへと捕鯨業が変化したことである。商業捕鯨華々しきころ、鮎川の人々が「黄金時代」と呼んで誇る一九五〇年代の突拍子もない喧騒は、失われて久しいのである。大震災後の地域の人々へのわたしたちの素朴な問いかけ、「鮎川ってどんな町だったんですか?」に対する、もっとも端的な返答、それが「クジラの臭いは金の匂い」だったのである。

鮎川事業場の位置づけ

鯨肉加工と鯨油・肥料製造を目的に鮎川に最初に進出した東洋捕鯨は、この時期に北海道の室蘭、根室、浜中、網走にも捕鯨基地を構えていた。同時代には様似《さまに》で内外水産株式会社の協力による捕鯨が、根室で大日本水産株式会社と紀伊水産株式会社が、稚内で岩谷商会捕鯨部と大日本水産株式会社とが、それぞれ操業するなど、北海道は西日本から進出してきた漁業各社等がしのぎを削る状況であった。

前項で述べたように、鮎川に最初に捕鯨基地を設けたのは一九〇六（明治三九）年の東洋漁業株式会社の進出である。一九〇四年に設立された東洋漁業株式会社（前身は一八九九年に山口県長門市仙崎《せんざき》で創立の日本遠洋漁業株式会社）は、山口県下関市を根拠地として、ノルウェー式捕鯨の最新技術やノルウェー人砲手を雇い入れ、日露戦争等で日本が獲得した捕鯨船や捕鯨工船を払下げ・貸下げされた最新鋭の大型船を保有していた。同社は、まず朝鮮での捕鯨業を成功させ、四国や太平洋沿岸での事業に乗り出した。

一九〇六（明治三九）年、同社は千葉県の銚子に事業場を構え、同社所有の捕鯨船ニコライ丸で同年六月一一日、鮎川港から金華山沖漁場で試験操業し、シロナガスクジラを初漁し、本格的に進出することとなった。同年八月には宮城県鮎川での本格操業を始めるに至る。

鮎川での捕鯨が、東洋漁業株式会社の進出というかたちで当初から最先端の捕鯨基地として開始されたのには、捕鯨に用いる船舶の充実と、事業所の設備の充実というふたつの条件がそろったことが挙げられる。

日露戦争と鮎川の捕鯨船

捕鯨用船舶の充実は、日露戦争の副産物とも言えるものであった。一九〇四（明治三七）年、日本

＊戦前の絵はがき「鬼面山より鮎川港を望む」

はロシアと朝鮮半島および満洲の権益をめぐって対立、翌年九月にポーツマス条約の締結によって講和が成立するまで、熾烈な近代戦が行われた。日本はロシアの東清鉄道を接収、ロシア太平洋漁業株式会社所有の捕鯨船ニコライ丸、解剖船レスニー丸とミハイル丸を鹵獲《ろかく》（敵の兵器や物資を奪うこと）した。

日本遠洋漁業株式会社（東洋漁業株式会社の前身）は、政府に働きかけてこれら三隻の船の貸下《かしさ》げを受けた。当初は新旧の捕鯨会社が合同でこれを使うと決めたが折り合いがつかず、紆余曲折あって日本遠洋漁業株式会社の事業を継承した東洋漁業株式会社へ、捕鯨試験調査を委託する名目で貸下げとなったのである。この時期の東洋漁業株式会社は、元々ロシア太平洋漁業株式会社が持っていた韓国での捕鯨に関する権利や蔚山《うるさん》の捕鯨基地の設備を手に入れ、日本海での捕鯨事業を拡大した。この時期、前掲の貸下船《かしさげせん》ニコライ丸に加え、傭船《ようせん》レックス丸、レギナ号、新たに買収したオルガ丸と、船舶を充実させていった。

日露戦争後、韓国での捕鯨業の成功を受けて、東洋漁業株式会社は漁場を日本全国の沿岸へと拡大することを試みる。一九〇六（明治三九）年、新漁場開拓のため、捕鯨船オルガ丸と解剖船ニコライ丸は、韓国から仙崎沖、土佐沖、紀州沖、房総沖へと向かい、陸前金華山の漁場で二二頭のクジラを捕獲し、その優良さを見出した。東洋漁業株式会社はレックス丸、ニコライ丸、オルガ丸に加え、座礁して沈没したレギナ号の代船として新造した神功《しんこう》丸、砲手オルセンにノルウェーで造船させたいかづち丸・いなづま丸、曙丸をの四隻を加え、都合七隻体制で全国の漁場で捕鯨を展開した。

鯨體解剖處理汽船ミハイル丸
（總噸數三千六百四十三噸）

諾威式捕鯨船

このように、鮎川事業場が設立当初から最前線での捕鯨基地となれたひとつの理由は、東洋漁業株式会社が保有する船舶の充実があったのである。しかし当時の鮎川港は、大型船を係留できるような港湾設備があったわけではないので、当時の写真には捕鯨船や運搬船は湾内に、サロンや労働者の宿泊施設として用いられたという鯨体解剖処理汽船ミハイル丸は沖に停泊しているのが見てとれる。沖に停泊させたミハイル丸は、巨大すぎて持て余し、通船として弁龍丸を使用していた。結局同船は農商務省に返還された。

世界最新鋭の鮎川事業場

もうひとつの要因、事業所の設備の充実について、当時の概況は次のような段階であった。房総沖の新たな漁場に可能性を見出して早速作られたのが、房総の銚子事業場と館山出張所であったが、これらでは解剖船での処理を行なっていた。海を汚すクジラの解剖に対して、地元の猛烈な反対があったからである。

一方、鮎川事業場は、陸上で本格的な解剖と処理、製造加工を行える基地として建設されることになった。東洋漁業株式会社が鮎川事業場を建設した翌年の明治四〇年、東洋漁業が操業していた事業場は、蔚山（韓国）、鮎川（宮城）、銚子（千葉）、大島（和歌山）、甲浦《かんのうら》（高知）で合計六三三頭を捕獲したとある。このうち鮎川は

＊右　ミハイル丸『本邦の諾威式捕鯨誌』より
＊左　捕鯨船オルガ丸　絵はがき集「諾威式捕鯨実況」より

ニコライ丸三七頭と曙丸五一頭の合計八八頭を捕獲した。翌年は一五七頭で東洋漁業全体の三〇％弱を鮎川事業場が担うまでになった。

鮎川事業場は、当初は桟橋で鯨体を吊りさげるボック式の解剖場を、のちに蒸気機関によるウインチ牽引の日本初のスリップウェイを備えた大規模な解剖場を備えていた。事業場の設備は、鯨肉塩蔵場、製品貯蔵所、解剖人夫納屋、精油機械場、鯨肉小切場、鯨解剖桟橋（解剖用ボックを設置）などで、海面を三〇間に渡って使用することとなっていた。解剖場から、そこからトロッコで鯨肉を運搬し加工工場へと運び、脳油や鯨骨や脂を鯨油に精製する工場、関連企業ともいえる伊佐奈商会の肥料工場や干場など、一連の製造ラインを完備していたのである。つまり、鮎川の捕鯨業は徐々に発展していった産業ではなく、最初から当時最新の技術を投入した一大捕鯨基地の建設として始まったのである。

ボックからスリップウェイへ

缶詰製造は、赤肉を大和煮に調理し、それを缶に入れて巻締めし、缶蓋に穴を開けて空気を抜いてその穴をハンダ付けして密閉し、ボイラーで加熱殺菌を行うというもので、この缶詰工場も国内初の施設であった。鯨肉の大和煮の缶詰は、呉海軍試験場で国内初の品質検査が行われ、安全性を証明して販売された。また鯨肉粉肥料と鯨骨粉肥料の成分分析も行うなどしたことは、当時としては画期的であった。

一九〇七（明治四〇）年の操業から、新たに設けられたスリップウェイ上にクジラをダブルウインチで牽引して解剖する方式が導入された。前年にボックでの吊り下げに使用していた上記ウインチを後方に移動し、海岸は石敷き、陸上は板敷きのスロープで鯨体を完全に陸上に上げて解剖するのである。これは日本初であるのはもちろん、世界初の方式であったともされている。これを研究したのは石川県出身の松中清吉という若者であった。

　これにより荒解剖《あらかいぼう》から裁割《さいかつ》、小切りという工程を組織的に行えるようになっただけでなく、肉や骨、皮など、部位ごとに分けて、それぞれを塩蔵・缶詰の製造工程や製油、肥料製造の工程へとスムーズに運搬できるようになった。この流れ作業の確立は、解剖員、作業員の分業を可能とした。

*ボック式解剖　絵はがき集「諾威式捕鯨実況」より

　一九〇九（明治四二）年、東洋漁業株式会社は、新会社、東洋捕鯨株式会社として新たな体制でさらなる事業拡大を図った。すなわち捕鯨会社六社（長崎捕鯨合資会社、大日本捕鯨株式会社、帝国水産株式会社、東海漁業株式会社、太平洋漁業株式会社、岩谷商会捕鯨部）を合併し大阪本店、東京・下関各支店、博多出張所の下に二〇か所の事業所を抱える一大企業となったのである。これにより、季節ごとに移動したり回遊したりする大型クジラを、全国規模で捕鯨船をやり繰りする体制が軌道に乗り、鮎川事業場は金華山沖漁場の操業を担う重要拠点となった。同社はさらに他社を買収して事業場や捕鯨船等の設備を拡充していく。牡鹿半島でも、各捕鯨会社が数年の間に東洋捕鯨株式会社に吸収されていくことになる。

捕鯨企業各社の牡鹿半島での活動

各捕鯨会社の概要についても述べると、まず東洋捕鯨株式会社に続いて、鮎川および牡鹿半島に進出した捕鯨会社のうち、高知を拠点としていたのは大東漁業株式会社と藤村捕鯨株式会社、土佐捕鯨株式会社の三社であった。土佐は紀州から技術が伝わった網取式捕鯨の伝統的な捕鯨地であったが、一九〇六（明治三九）年の東洋捕鯨の甲浦進出によってノルウェー式捕鯨が始まり、土佐捕鯨、大東漁業、丸三製材の捕鯨部の地元企業が誕生した。

大東捕鯨株式会社は、一九〇八（明治四一）年に牡鹿半島の荻浜と紀伊半島の太地に事業場を設置、夏は三陸沖、冬は紀州沖での操業を行なったが、翌年には荻浜から釜石へと移転した。鮎川では東洋捕鯨が紀伊水産を買収した後、そのもと紀伊水産の鮎川事業場を大東捕鯨が買収し、操業した（現在展示船の第十六利丸のある場所）。高知県の奈半利《なはり》を根拠地とする藤村捕鯨株式会社は、もともと丸三製材が東洋捕鯨の業績に刺激されてノルウェー船丸三丸を購入して捕鯨を始めた藤村捕鯨は拠点を高知県の浮津に移し、牡鹿半島の十八成浜《くぐなりはま》清崎にも事業所を設置したが、一九二八（昭和三）年には土佐捕鯨株式会社に買収された。

十八成浜の白山神社には、一九一一（明治四四）年の鳥居建造記念の寄付人名簿の石碑が残されている。東日本大震災で鳥居は倒壊し、現在は寄付人名簿の石碑だけが再建されている。これをみると、鳥居建造経費の大半の額を、藤村捕鯨が出していることがわかる。設立したばかりの会社、知らない土地での捕鯨業、漁業者との折り合いもつけなければ捕鯨事業は成立しない。地元の白山神社に、多額の寄付を行ったのには、そうした背景があったであろう。その鳥居をなぜ建設する必要があったか。この石碑の建立から一五年前に起こった明治三陸津波で壊れた鳥居の再建であった可能性もある。

その土佐捕鯨株式会社は、福志満丸で紀伊大島に事業場を設置、その後明治四〇年に鮎川浜黒崎に事業場を進出させた。鮎川では大東漁業に解剖を委託するなどしていたが、昭和三年には前述の藤村捕鯨を買収、清崎の事業場を拠点に福志満丸と丸三丸の二隻の捕鯨船で操業した。東洋捕鯨株式会社には合流しなかったが、最終的には大洋漁業株式会社となった。

東洋漁業株式会社の前身と同様、山口県仙崎から起業された長門捕鯨は、東洋捕鯨の神功丸を購入して仙崎沖、対馬、紀州沖で操業した後、三陸沖に進出し、鮎川の南地区に事業場を設置したが、大正五年に事業を廃止、東洋捕鯨株式会社に売却された。

紀州から起こされた紀伊水産株式会社は、鮎川の南地区に事業場を作ったものの一九一六（大正五）年に東洋捕鯨株式会社に買収された。東洋捕鯨株式会社の設立から遅れて参入した大日本水産株式会社は、紀伊串本・太地、北海道宗谷・小樽郡熊雄、津島豊崎、福井県敦賀、佐賀県呼子小川島、牡鹿半島小渕浜の八ヶ所に事業場を構えていたが、結局大正五年に東洋捕鯨株式会社に買収された。

群雄割拠する金華山沖漁場

明治末期から大正前期はまさに、群雄割拠、弱肉強食、栄枯盛衰の時代であった。一九〇八（明治四一）年ごろの日本の捕鯨会社は一二社あったが、東洋捕鯨株式会社はその大部分を併合して設立された。土佐捕鯨などはこの合同に応じなかった企業であるが、後に大洋捕鯨株式会社となり、東洋捕鯨株式会社の後身の会社である日本捕鯨などと渡り合っていく形となる。当時は、ダイナミックなクジラの引き上げや解剖の様子は、人々の注目の的となり、各所の名所旧跡とならんで絵はがきの題材ともなった。

ちなみにこの頃は無線の性能が悪く、船舶と事業場との連絡は伝書鳩を使うという状況であったという。鮎川は、行き交う捕鯨船が複数の会社に属していたため、陸《おか》の仕事と船との帰港前のやりとりが作業の効率と深く関わっていた。ただ、その伝書鳩も外洋までの距離を強風のなか飛ぶことも難しく、陸に近づけば猛禽類の格好の餌食となって、到達する確率は非常に低かったという。

そんななかで、唯一有効であったのが汽笛の吹き鳴らしによる伝達であった。各捕鯨会社はそれぞれ独自の合図で会社名を伝え、その後に続けてヒゲクジラの捕獲数を、そしてマッコウクジラをとればその後で、長い汽笛を加えるのだという。各社の吹き鳴らしは、東洋捕鯨株式会社は長声・長声・長声、鮎川捕鯨株式会社は長声・長声、大東漁業株式会社は長声一発、藤村捕鯨株式会社は長声・短声・長声、遠洋捕鯨株式会社はサイレン汽笛、一九二七（昭和二）年に操業を始めた土佐捕鯨株式会社は長声・短声・短声・短声・長声であったという。鮎川での聞書きでは、幼少の折にこの汽笛を聞いたのが懐かしく思い出されるというエピソードが聞かれる。古い時代の会社ごとの汽笛というよりは、大漁を誇るような汽笛もあったようで、こうした音を聞くと、多くの人がとるものもとらず港に駆けつけて捕鯨船を歓迎したというエピソードもある。なかには、晩ご飯の準備中に庖丁を持ったまま駆けつける主婦や、子守で赤ん坊をおぶったまま走ってくる女の子など、みんなで手を振って歓迎したというのである。捕鯨船の汽笛は、匂いとともに人々の心に深く刻まれているのである。

4 地元資本の「家業としての捕鯨」

「漁場性漁港」としての鮎川

東北の村々を歩いた民俗学者の竹内利美は、鮎川の印象を綴った「鯨の町」のなかで、漁港には漁場に近い「漁場性漁港」と、市場に便利な「市場性漁港」があるとして、以下のように述べている。

鯨の処理は捕らえた後、なるべく速く行う必要があり、第一丸のままの巨体では、運ぶにも厄介だし、市場にも出せない。だから、近海捕鯨では、漁場になるべく近い場所に処理場を設けなければならないし、遠洋では海上の工場としての母船が必要となるのである。山だらけの半島の突端にあって、陸上交通には全くめぐまれない「鮎川」が、東洋一の捕鯨基地にたちまちに成上がったのも、要は「鯨漁場にもっとも近い、よい船がかり」という一点にかかっており、それも金華山沖に鯨がたくさん泳いでいないことには、話にならない。普通の魚相手では、とても塩釜や気仙沼に太刀打ちできない場所柄である。昭和のはじめ、千葉県の突棒船団《つきんぼうせんだん》が遠征してきて、一時大量のカジキを水揚げしたことがあり、また石巻湾でイワシの大漁が続いたおりなどにも、鮎川にどっと陸上げしたことはあっても、ついに魚市場が物にならなかったのが、何よりの証拠である。

（竹内　一九六九、三三七〜八頁）

「産業としての捕鯨」と「家業としての捕鯨」

鮎川は「漁場性漁港」の最たる現場であり、豊かな海洋資源に恵まれた金華山沖への前線基地として形成された。捕鯨会社の統合が続いていた大正後期、鮎川には六社の捕鯨会社が進出し、事業場の数も増え、湾内に捕鯨船がひしめき合う状況になっていた。

大企業が複数併存していたことそのものは、鮎川の捕鯨の歴史の大きな特色となっているが、それ以上に昭和初期に地元資本を中心とした小型船によるミンククジラ漁が営まれてきたことが、何より大きな特徴となっている（地元資本でのミンク漁は昭和九年より。それ以前はもっぱらマッコウクジラが対象であった）。いわば、「産業としての捕鯨」と、「家業としての捕鯨」の並立である。そして、後者はミンク船として、捕鯨を営む漁業資本家のみならずひろく地元の人々にとって愛着あるものとなっており、〝わたしたちの捕鯨〟として地域のアイデンティティと深く結びついている。

この鮎川独自の動きには、どのような背景があったか。わたしは時代の雰囲気として大きな影を落としていた世界恐慌の影響が深く関係していると考える。鮎川は三陸海岸の一集落であるが、そこで始められた大規模な近代捕鯨と鯨油製造は、世界市場と直結していた。一九二九（昭和四）年の世界

恐慌に加え、当時の不漁や南氷洋捕鯨による鯨油供給過多による鯨油価格の下落が重なり、鮎川でも多くの失業者が生まれる結果となった。捕鯨会社はもろに痛手を被り鮎川経済は低迷していたのである。それに対する鮎川の漁業資本家や有力者側からの対応が、小型沿岸捕鯨の開発、現在につながるミンククジラ漁の始まりであったのではないだろうか。

長谷川親子ミンククジラを捕る

日本の沿岸のミンククジラ漁の黎明期については、実はよくわからない地域が多い。そのなか、鮎川では比較的その来歴が明らかであり、その意味でも貴重である。一九三三（昭和八）年、太地出身の長谷川熊蔵は、当時の鮎川の大型捕鯨ではまったく顧みられなかったミンククジラに注目、太地でゴンドウクジラ漁に使っていたテント船よりも、ひと回り大きな船を建造して、はるばる宮城県まで航海してきたのである。テント船とは、スピードが頭抜けて速かったため「天を渡るように速い」という意味でそう呼ばれたとされる。

当時の太地のゴンドウクジラ漁では、前田式三連銃（のち五連）を搭載したテント船が用いられ始めていた。しかし、ミンククジラの方がゴンドウクジラよりも鯨体が大きいため、前田式銃の銛先についている綱では細すぎると長谷川は考えた。そこでノルウェー式捕鯨の二六ミリ捕鯨砲を入手し、それを新造した勇幸丸に装備したのである。この勇幸丸で、長谷川熊蔵は息子の秀雄とともに紀伊半島からはるばる金華山沖の漁場までやって来

＊右　現在の太地港　＊左　勇光丸？（提供：鮎川の風景を思う会）

たのである。一九三三（昭和八）年長谷川が到着した三陸海岸は、まさに昭和三陸津波の被災直後であった。高橋順一は以下のように記している。

それは、沖に出るとまだオットセイが跳ねている早春の頃であった。三陸地方を襲った大地震のまっただ中に彼らは到着した。現地での彼らの最初の活動は、捕鯨ではなく救助活動であった。津波に洗われた島から島へ、島から本土へと、勇幸丸は被災者や救援物資を運んだ。そして救助活動が一段落ついたとき、彼らは、塩釜と鮎川で雇った二人の船員とともに、鮎川を基地としてミンククジラの捕獲を始めた。

（高橋順一　一九九二、一二二～三頁）

前田式捕鯨銃とノルウェー式小型捕鯨砲の併用

金華山沖でのミンククジラ漁を行うにあたり、彼らは前田式捕鯨銃と新たに設置したノルウェー式の小型捕鯨砲を併用するという独自の工夫をしたとされる。前田式捕鯨銃は照準をつけやすいが破壊力に欠け、当時のノルウェー式捕鯨砲は強力ながらまだ精度に欠けていた。

そこで、彼らは一番銛を前田式捕鯨銃で打つことにし、加えて綱の端に樽を結びつけた。一番銛が命中して逃げ出すミンククジラのスピードを、樽でスピードをおとさせることによって遅くするのが狙いであった。泳ぎ疲れたクジラに追いついた時、二番銛として、ノルウェー式捕鯨砲で致命傷を与えるというのである。いわば、太地で培われた古式捕鯨を近代捕鯨の設備で行うようなアイデアである。そして沈んだクジラに刺さった銛のところまで綱を伝わせてスバル（複数本ついた鉤）を鯨体にひっかけ、スバルに付けたより太い綱で引き上げるのである。

こうして仕留めたミンククジラを、勇幸丸は鮎川港に持ち込み、大型捕鯨の解剖場で解剖をした。この時、鮎川の人々は小型船舶でもミンククジラを捕獲することが可能であることを目の当たりにしたのである。長谷川熊蔵の勇幸丸を参考にしたミンククジラ漁に特化した小型捕鯨船は、四〇ミリのノルウェー式捕鯨砲を装備した動力船であり、ミンク船は、こうして鮎川で誕生した。長谷川熊蔵は、勇幸丸操業の後は、大東漁業（のちに大洋漁業）や鮎川捕鯨（のちに極洋捕鯨）で捕鯨船の船長を務め、太地の若者を多数両社に推薦し、鮎川にも紹介したという。

＊太地の漂流人紀念碑

太地では、一八七六（明治一一）年に、親子のセミクジラを追って一一一名の捕鯨者と鯨船を失う大事故に見舞われ、伝統的な網掛け突取り法は終焉を迎えた。この事故はセミ流れと呼ばれ、現在に至るまで供養祭が続けられている。その後の太地は小型船によるゴンドウクジラ漁に注力するようになるが、アメリカに渡った太地の前田兼蔵によって発明された前田式捕鯨銃は、太地における近代捕鯨への移行を決定づけた重要な技術であった。

鮎川では、その前田式捕鯨銃と二六ミリ捕鯨砲をミンククジラ漁に応用したというわけである。ここに「家業としての捕鯨」が定着し、こうして鮎川は、大型船による企業的な捕鯨、南氷洋漁場へと出向く母船式捕鯨、小型船による沿岸捕鯨という、日本の三つの近代捕鯨すべてに深く関与する地域となったのであった。

地元資本によるマッコウクジラ漁

長谷川熊蔵が持ち込んだ第一勇幸丸は鮎川の事業家が購入し、その後鮎川の地主や事業家が次々とその船に倣ってミンク船を建造し、ミンククジラ漁に参入していった。初期には鮎川の丸良商店（鈴木良吉）の丸良丸、石巻の稲井商店（稲井三治）の第二勇幸丸、松田屋商店などの参入があり、その後ミンク船の建造ラッシュとなった。

そしてこの時、再び登場してくるのが、東洋漁業株式会社の鮎川進出前夜に寄磯浜で金華山漁業会社を設立し、マッコウクジラ漁を事業化した遠藤栄四郎の孫、遠藤金蔵であった。同社は近海マグロ延縄やカツオ釣船、定置網、底曳網など、事業を拡大していたが、一九四三（昭和一八）年、石巻の事業家と共同で二隻の捕鯨船を営み、小型捕鯨を行った。終戦末期には捕鯨船徴用の憂き目にあうが、遠藤は戦後もさまざまなかたちで捕鯨を営んだ。前網浜や鮎川浜で解剖し、肉は塩竈で捌き、寄磯浜では浜をあげて鯨油製造にあたった。鮎川地元資本の代表的な会社に戸羽捕鯨がある。創業者の戸羽養次郎は極洋捕鯨株式会社の砲手として活躍し、鮎川で沿岸小型捕鯨に着手した人物であった。

また和泉恒太郎ら当時の鮎川村の有力者たちは、大型沿岸捕鯨にも乗り出していた。一九二五（大正一四）年の鮎川捕鯨株式会社設立によって地元資本のマッコウクジラ漁がはじまり、大手漁業会社による捕鯨と規模の違いはあれ、並立することとなった。鮎川ではかつてマッコウクジラの鯨肉が日常的に食されたが、その食文化はこの辺りからであろう。

第二次世界大戦が勃発すると、大手水産会社の大型船は軍事転用されるために徴用されていった。一方で鮎川の小型沿岸捕鯨船は、食糧供給のために温存され、マッコウクジラの捕獲が許可された。

鮎川のクジラ供養碑・海難慰霊碑

現在、鮎川浜字南に所在する真言宗智山派の寺院、観音寺の境内には、戦前の捕鯨会社が建立した石像物が残されている。これらは戦前の鮎川における捕鯨の黎明期と、そこから発展していく動向を今に伝える数少ない遺構となっている。

＊鮎川・観音寺に残る供養碑・慰霊碑
＊哀悼碑（東洋捕鯨保有のアヴァロン号が一九二三（大正一二）年に遭難）
＊記念碑（東洋捕鯨保有の第三東洋丸が一九二八（昭和三）年に遭難）
＊三界万霊塔（伊佐奈商会の建立）
＊千頭鯨霊供養塔（鮎川捕鯨が一〇〇〇頭目の捕獲に合わせて建立）

＊上　東洋捕鯨株式会社が 1926 年に建立した記念碑
＊中　鮎川捕鯨株式会社が 1933 年に建立した鯨供養碑
＊下　東洋捕鯨株式会社が 1934 年に建立した記念碑

終戦直後の沿岸捕鯨

戦前の小型捕鯨は、千葉県を除いて自由漁業であり、特に終戦前の一年間は食糧増産のため、大型鯨の捕獲も許可されていた。捕鯨会社の大型船がことごとく徴用されたのに対し、小型捕鯨は継続されたことは、終戦直後から地元資本の起業者たちが連続的に捕鯨事業にあたることを可能にし、その意味では昭和二〇年代後半から三〇年代前半の鮎川「黄金時代」の土台となった。

これは戦後、漁場の調整と資源保護のため、一九四七（昭和二二）年の省令、汽船捕鯨業取締規則によって大型捕鯨業と小型捕鯨業の分類が初めて明文化され、大臣許可制となった。このとき、小型捕鯨船の許可隻数は七五隻に限定され（三〇トン以下の船舶に限定、捕鯨砲は口径四〇ミリに制限）その内訳は、北海道三隻、岩手四隻、宮城一三隻、千葉一五隻、東京六隻、和歌山一八隻、高知六隻、佐賀八隻、福岡一隻、長崎一隻であった。船数は多い順に和歌山、千葉、宮城であり、根拠地はいうまでもなく太地、和田、鮎川であった。

ちなみに、小型捕鯨は、一九五七（昭和三二）年に日本捕鯨協会が定めた「北洋母船式捕鯨業の許可方針」および「沿岸捕鯨業の許可および起業許可方針」によって、当時六四隻の小型捕鯨船を整理し、そのトン数分で大型捕鯨船を整備する改革が行われるまで続けられた。この整理によって、小規模な捕鯨事業者は船を廃船、権利を大手に売却し、乗組員や労働者も他へ移籍するなどして、戦後直後のひとつのピークが終息を迎えるのである。

捕鯨技術にみる独創性

明治末期の捕鯨の黎明期から、昭和前期の確立期、そして終戦へと至る鮎川の捕鯨業の展開について、岩崎まさみは以下のように述べている。

鮎川浜における小型沿岸捕鯨業は地域外から持ち込まれた捕鯨技術や移り住んだ捕鯨者の経験が鮎川浜の住民に受け入れられ、それらの捕鯨技術や経験がさらに地域の人々の独創性によって加工され、新たな捕鯨業として内発的に生み出された産業である。（岩崎　二〇〇五、五五頁）

鮎川の捕鯨は、ノルウェー式捕鯨技術という外来の技術を導入した、東洋漁業会社という外来の企業の進出によって始まった。しかし鮎川の人々は、漁業と対立するものとしてだけ見るのではなく、そこから新たな産業を生み出したり、みずからもその技術を修得して事業化したりする、知恵と行動力を持っていた。東洋漁業株式会社の事業場開設から約二〇年後にはマッコウクジラを捕獲する鮎川捕鯨会社を設立し、肥料製造の事業を根付かせている。さらに一九三五年には太地の捕鯨者が持ち込んだ小型クジラの捕獲技術をミンククジラ漁に応用し、「家業としての捕鯨」が始まる。大型捕鯨の企業が捕獲していなかったミンククジラの小型沿岸捕鯨は、同じ設備を共有しつつ、共存することができ、この独特な体制が鮎川を捕鯨の町と呼ばれるまでにのし上げたのであった。

絵はがき①

絵はがき①

段丘上にある墓地の下から鮎川港を望む定番スポット。感覚的には明治末期～大正前期。一〇〇年前に鮎川で鯨類の調査を行なったアンドリュースの撮った写真からそう離れていない時期の風景。手前は肥料工場と干場《かんば》で、岡田源太郎鯨肉製肥場。湾内にある三本マストのひときわ大きな船は、鯨体解剖処理船ミハイル号。日露戦争で日本がロシア太平洋漁業株式会社の船舶を鹵獲《ろかく》（敵の兵器や物資を奪うこと）し、鮎川に根拠地を構えた東洋捕鯨株式会社に貸下げされた船。

絵はがき②

いまの集会所の場所から清崎方面をみた構図。当時、世界最新鋭の設備をそなえた東洋捕鯨株式会社鮎川根拠地が見えています。手前には茅葺き屋根の民家が多いなぁ。やはりもともとこの辺りが鮎川の中心で、どの家もそこそこ立派で、粟野旅館らしき屋根もある。

絵はがき②

絵はがき③

絵はがき③

昭和前期の写真。初代のクジラ博物館「鯨館」の鯨骨ゲート。元牡鹿病院、今の鮎川集会所の場所。ヒゲクジラのあごの骨と肩甲骨を用いた門。この絵葉書の裏には、鯨館のスタンプも押してある。

牡鹿半島の魅力は「多様な環境と海の恵み」

半島の漁法の多様さは、地形の複雑さと生きものの多様さのあらわれ　寒流と暖流交わる金華山沖は、魚もクジラも集まるホットスポット。波穏やかな表浜は養殖業、起伏に富む裏浜は磯根の採集や釣りのメッカ。定置網・刺し網・曳き網・アナゴの筌漁…牡鹿半島は〝漁る技のデパート〟だ。イカ釣り漁は、テンビンと呼ぶ特殊な漁具を船で曳いて捕る。もともと佐渡島の漁民が考案し、日本海側各地に伝播、津軽海峡を越えて牡鹿半島にまで伝わった漁法である。資源でつながる漁民のネットワークの賜物だ。表浜では、砂地と磯の境目でコヒキという網を沈めて曳くナマコ漁が営まれてきた。干した海産物は、捕鯨や養殖業以前の牡鹿半島の主力商品だった。漁師は潮の流れや季節の変化、海底の状態などを経験から学んできた。

牡鹿半島で営まれてきたのは「働く仲間のコミュニティ」

どの季節も途切れることのない海のしごと、男も女もはたらきもの　カキやワカメの種付け・アワビの口開け・マボヤの出荷・カキの殻剥き・四季を通じたさまざまな漁業・捕鯨船の男たち、牡鹿半島の人々をつないできたのは、ともに働く関係性。働きっぷりをみれば、人となりもわかる。「進んだ技術は北三陸からみんな来た」と語った漁師がいた。海中を覗くハコメガネ、アワビを剥がして捕るアワビカギ、磯のタコを餌をつけて引っかけるイシャリ、三陸一帯にみられる民具は、北の方から伝わってきた。世界三大漁場の最高級の産物は、商品として広く流通していく。かつては、消費地へ魚を運ぶ五十集が活躍、現代では特定第三種漁港の石巻や塩釜や、東京の豊洲市場へと出荷され、日本の食文化を支えてきた。

第三章

クジラの臭いは繁栄の匂い

1 「黄金時代」の到来と南氷洋捕鯨

戦後鮎川のクジラ景気

戦後の鮎川は、まさにクジラ景気に沸いた。突拍子もない盛り上がりの始まりである。捕鯨の町・鮎川の名は不動のものとなり、戦前からの捕鯨基地と関連工場が立ち並ぶ産業の町としての景観に加え、飲食店や旅館、商店が立ち並び、映画館やパチンコなどの娯楽からキャバレーなど夜の歓楽街としての顔までもつ、華やかな町となった。

戦後の捕鯨とひと口に言うが、その内容はいくつかの捕鯨の並存であった。戦前からの「産業としての捕鯨」（沿岸での大型捕鯨）、「家業としての捕鯨」（沿岸での小型捕鯨）、捕鯨会社経由で乗り組む南氷洋捕鯨、そして新たに加わったツチクジラ等の沿岸での小型捕鯨である。

「産業としての捕鯨」の側面は、戦後は大手漁業会社三社の並存体制が、鮎川の発展を支えた。大洋漁業株式会社、日本水産株式会社（のちに日本近海捕鯨株式会社）、極洋捕鯨株式会社である。大洋漁業の新事業場の設立、鮎川捕鯨は極洋捕鯨に吸収と、大型捕鯨業は大きく変動しながらも大手の並存という体制は続いた。日本近海捕鯨は、日本水産が一九五〇年に事業場を女川に移した跡地に、鮎川と太地の業者によって設立され、のちに大洋漁業の子会社となった。日本水産はその後魚肉ソーセージなどの加工が中心となり、東日本大震災後に撤退した。

マルハの社号で今も呼ばれる大洋漁業鮎川捕鯨事業所は一九四九（昭和二四）年に落成した。鮎川事業所は、同社が初めて陸上に小型クワナボイラー（骨などから製油するためのボイラー）を設置した最先端の捕鯨基地であった。鮎川の黒崎の丘陵には開拓村である黒崎農場があったが、ここでは大洋漁業から供給される肥料によって野菜栽培が行われた。

マルハの登場

その大洋漁業株式会社の創業者、中部《なかべ》幾次郎は一五歳のとき播磨明石林崎漁港で家業の鮮魚仲買運搬業「林兼《はやしかね》」を受け継いだ。淡路・明石では明石海峡の近海鮮魚を、大阪の雑喉場に運搬する仲買運搬業が活況を呈していた。

古来、明石の瀬戸と呼ばれる景勝地のこの地域は、「明石の活もの」と呼ばれる外洋からの回遊魚と沿岸魚類の両方がとれた。その流通は、瀬戸内と大阪の中間に位置する播磨の仲買運搬行によって支えられ、これをイケフネ（活魚船）と呼んだのである。昭和初期に大阪中央卸売市場ができるまで、天下の台所・大阪を支えたのは、堂島の米市場、天満の青物市場、そして雑喉場《ざこば》の魚市場であったが、その魚市場の鮮魚の多くは播磨のイケフネに支えられていたのである。

中部幾次郎が林兼を継いだ頃の船は、押送船《おしおくりぶね》と呼ばれる帆船であった。林兼の中部幾次郎は、五島や土佐のマグロを仕入れたり、蒸気船で押送船を曳航したりするなど新しい手法で頭角を現していった。ガソリンエンジンを搭載した和船を日本で初めて建造したのも幾次郎だといわれている。大正期にはサバの縛網や巾着網などの漁業を直営し、朝鮮や北洋の漁場へも進出、冷蔵船や加工製造など、手広く事業を拡大していった。

一九二四年（大正一三年）株式会社化した林兼は土佐捕鯨、藤村捕鯨、大東捕鯨を傘下におさめながら基盤を整えて大洋捕鯨株式会社を設立、国産初の捕鯨母船日新丸《にっしんまる》を竣工させ、一九三六（昭和一一）年に第一次南氷洋捕鯨、翌年の第二次には新たに建造した第二日新丸を加え、ディーゼルエンジンを搭載した捕鯨船（キャッチャーボート）も加え、第二次世界大戦に突入する一九四一（昭和一六）年まで継続された。

当時は大洋捕鯨二船団、日本水産三船団、極洋捕鯨一船団が操業したが、戦時下の水産統制令により一九四三年（昭和一八年）には内地水産部門と大洋捕鯨株式会社等を合併し西太平洋漁業統制株式会社に改称。戦局悪化と共に漁業用船舶を徴用された。すべて海軍の徴用を受け、連合国の軍艦によって撃沈や廃船となった。

捕鯨オリンピックの時代

終戦後、水産統制令が廃され、帝国水産統制株式会社が日本冷蔵株式会社へ、西大洋漁業統制株式会社は大洋漁業株式会社へ、日本海洋漁業統制株式会社は日本水産株式会社へ社名変更、これに日魯漁業株式会社と極洋捕鯨株式会社が加わることで、水産大手五社と呼ばれる捕鯨会社が揃うことになった。

戦後復興期、漁船を失った上、マッカーサーライン（連合国軍最高司令官総司令部（GHQ）の「日本の漁業及び捕鯨業に認可された区域に関する覚書」で決められた日本漁船の活動可能領域）の設定から、遠洋漁業・南氷洋捕鯨はすぐには再開できなかった。一九四五（昭和二〇）年一一月、小笠原での捕鯨が許可、翌年には南氷洋捕鯨の出漁許可がおり、日本は再び国際捕鯨オリンピック（捕獲頭数のみを設定したため各国が、先を競って捕鯨をすることをオリンピック方式といった）に参加、水産各社が積極的に進出することとなった。

資源管理の国際問題化

一九四〇年代は南氷洋の捕獲数はピークに達し、資源管理が叫ばれるようになった。のちに南氷洋での漁期の設定、セミクジラ・コククジラの捕獲禁止、BWUを単位とする捕獲頭数割り当てが始まった。シロナガスクジラ一頭から取れる鯨油一一〇バレルを一BWUとし、それを基準にシロナガスクジラ一頭＝ナガスクジラ二頭、ザトウクジラ一・五頭、イワシクジラ六頭という計算方法である。一九五二（昭和二七）年、マッカーサーライン撤廃、堰を切ったように北洋漁業が再開された。北洋での捕鯨は、一九五二（昭和二七）年の第一次より大洋・極洋・日水の三社共同経営の一船団が出漁、その後五社共同のマッコウクジラ漁船団も出漁した。

捕鯨会社と地域の深い関わりから、鮎川や隣接する十八成浜では、南極海へ赴く南氷洋捕鯨の経験者に頻繁に出会う。また親や親戚、友人などを含めれば、南氷洋に行った経験のある近親者がいないという人は、この地域にはいないのではないだろうか。そのぐらい、南氷洋捕鯨の思い出は身近に語られるのである。当時南氷洋捕鯨母船の事業員長という任にあった藤井さんという人物が、多くの乗組員を斡旋し、この人物に世話になった人たちを「藤井組」と呼ぶこともあったという。鮎川からは、一年に四〇〇人近い人が南氷洋へ出向いた年もあったという。十八成浜は、大洋漁業にゆかりの深い者が多く、大洋漁業の船団から南氷洋にいく者が多かったという。

南氷洋に行くためには、人の紹介など人的なネットワークに乗る必要があった。その最も確実な路線は、鮎川を根拠地とした小型沿岸捕鯨の捕鯨船で働くことだった。そこから優秀な砲手や乗組員が捕鯨会社にスカウトされていったのである。どの船団にも、母船の乗組員は牡鹿・女川の出身者が非常に多く、次に多いのは当時有力な漁場の五島列島出身者であった。キャッチャーボートに乗っていたのは太地の関係者が比較的多かったという。

南氷洋捕鯨の思い出

わたしたちの調査では、多くの南氷洋捕鯨経験者から話を聞いたが、ここでは、一九五八（昭和三三）年度の第一三次南氷洋捕鯨に母船の解剖員として参加したという一九三六（昭和一一）年生まれの男性の聞書きからその内容を紹介する。鮎川での展示に来場してくれた仙台市在住の男性である。

聞書データによると、南氷洋捕鯨には、横浜港から一一月一日、第二極洋丸を母船として出発した。社長から重役まで揃っての出航式、大桟橋から親戚らとテープを繋いで出航、テープが切れていくの

*右　赤道祭の鍵わたし　*左　赤道祭の仮装行列（左右とも山口一九六一より転載）

が印象深いという。当時の記録では、船団は一六〇〇〇トンの母船、捕鯨船九隻（第一〇、十一、十二、十五、十六京丸、第二、五、十二、十六おおとり丸）、曳鯨船二隻（第六、七京丸）、探鯨船（第五京丸）、冷凍船二隻（極山丸・極光丸）、油槽船（日東商船から）、冷凍運搬船五隻（日魯・日冷の船を含む）の合計二一隻という大船団であった。出航から南氷洋の漁場に到着するまでは、毎日がネット編みや綱を綯う作業、錨とロープを結着するなどの、準備作業であったという。

風が凪ぎ赤道に差し掛かると赤道祭《せきどうまつり》を行う。これは海の神から赤道を越える鍵を預かり、鯨の神から大漁を約束する錨を預かることで航海の安全と豊漁を願う儀式で、当日は大運動会、綱引き、逆立ち競争、ボール運び競争、福笑いなどの出しものがある。記録では、そして大演芸大会、寸劇、隠し芸、のど自慢、仮装行列、獅子舞、南太平洋の人々の仮装をした大漁踊り、二極大劇場と称して破茶滅茶に楽しんだのだという。また囲碁、将棋、トランプは毎晩の楽しみだが麻雀は禁止なのだという。過去にのめり込み過ぎたことで事故があったからだと言われている。

インド洋に入り、南緯四〇度線を越えると一気に暴風圏に入る。時化の中を突っ走り氷山が見えてくるとそこは南氷洋の漁場。流氷のパックアイスを切り進む。体制を整え、捕鯨船のトップに交代で登って休まず見張りが探鯨をする。ブロー、噴潮で鯨種を見分け、尾びれで水を蹴った時にできるリング、鳥の動きをみるトリマワリなど手がかりとして見ながらクジラを探す。キャッチャーボートはクジラを追尾して追い詰めると砲手が砲台で待機。トップバレルからの指示、ホースピー（エンジン全開）、スロー、スコースロー（少しスロー）、ハースピー（ハーフ・スピード）、ベリスロー（ベリー・スロー）、ストップエンジン（惰力のみ）などの指示を出すと、アッパーブリッジのエンジン（機関部員）が機関室と共にエンジンを操作。左はポール、右はスタボール、真ん中はミジップ、そのままはステレー、前進はゴーへーとトップからの指示で操舵手（甲板部員）が操舵する。射程に収めるチャンスがくると「チャンス良し」と掛け声をかけ、銛を発射する。命中はパンコロ、外したはドンガラ。クジラが力尽きたら捕獲し、沈まないようにエアーを入れ、船腹に抱いて（チェーンで固定し）、曳鯨船に「渡鯨」して母船にスリップウェイから引き上げられる。

連続して捕鯨を行うときには、ブイをつけて浮鯨をしてあとで拾いにいく。母船へはクローと呼ぶ挟む器具で牽引する。甲板では検尺《けんじゃく》してから解剖を行う。解剖作業は、頭や皮、骨、肉をそれぞれ切り離していく荒解剖、規格の大きさに切り分ける截割《さいかつ》、さらに細かく鯨肉・尾羽・ウネスなどを切り分ける仕立、冷蔵船へと鯨肉を運ぶ大発《だいはつ》に肉を積み込む作業などがある。冷蔵船はそれぞれ四隻ずつ大発船を搭載しており、母船と冷蔵船を行き来するのである。脂で大庖丁《おおぼうちょう》はすぐに切れなくなるので研ぎながら作業を進める。三〇分もあれば一頭の解剖は終わる。解剖で最後に残る鯨骨と脂などはボイラーに投入して精油工程に入る。甲板の下に精油工場があり、船底あたりにある鯨油タンクに貯蔵される。補給にくるタンカーは重油を積み下ろし、開いたタンクに鯨油を詰め、ヨーロッパに向けて運搬するのである。冷蔵船では、等級別に冷凍パンに鯨肉を詰め、急冷した後スライサーで形を整え

て製品として詰められる。製品が溜まってくると運搬船に荷役《にやく》作業を行い、すべて内地に送られる。

南氷洋捕鯨船の年中行事

南氷洋捕鯨では正月を南極で迎える。年の瀬に時間を見つけて餅をつき、元旦には全員集合して船団長の挨拶。司厨部が正月はご馳走を作ってくれる。内地からの慰問品も届き、安らぐひととき。二ヶ月遅れでＮＨＫ紅白歌合戦のビデオが届くので、二月にみんなで観賞会をする。マッコウクジラの初漁式もご馳走が出たという。

各船団の捕獲表が掲示されており、競争するように捕鯨を行った。第二極洋丸（極洋）、日新丸、第二日新丸、錦城丸（マルハ）、図南丸、第二図南丸（日水）がそれぞれＢ（Blue whale　シロナガスクジラ）、Ｈ（Humpback whale　ザトウクジラ）、Ｆ（Fin whale　ナガスクジラ）、Ｓ（Sperm whale マッコウクジラ）、その合計のＢＷＵ、そして船団ごとの順位である。

＊捕鯨船で働く男たち（撮影：鹿井清介）

漁を終えて帰国の途につく際には、母船では、時折レクリエーションも行われる。部署別対抗（サロン・ボーイズ、クッカーズ、パッカーズといった具合に）の野球大会は盛り上がるイベントであった。毎月一日、一五日、船団幹部らは、船内に設置の「金比羅宮」の神棚に航海安全、大漁祈願を行なう。この両日の夕食は、洋食のフルコースが振舞われ、アルコールも提供されたという。月二回のこの日は、本当に楽しみであったという。

こうした南氷洋捕鯨の思い出は、捕鯨者の武勇伝として語られる。一生に一度、あるいは数度の大冒険であり、その公開によって自分は一人前となった、船乗りの心意気、シーマンシップが自分を成長させてくれたなどというような語りである。何度も語ってきたことから、南氷洋捕鯨の聞書きは話者の独演会のように、非常にドラマチックに、そして流暢に語られるのである。八月の盆明けから準備にかかり、一〇月か一一月に南氷洋に出発、正月は漁場で迎え、四月に日本に戻るという行程においては、危険な仕事もあるが労働の喜びの物語として、その人の人生のハイライトとして刻まれているのである。

鮎川港の捕鯨船最多の時期

前述のように鮎川では、大手漁業会社による肥料や精油を主目的とした捕鯨に加え、地元資本による家業としてのミンククジラ漁が展開されてきた。主として四〇トン級の小型捕鯨船を用いた捕鯨によって捕獲したミンククジラは、鮎川港へ曳航され、即座に解剖場に持ち込まれた。鮮肉は地元で消費され、さまざまな調理法で家庭料理の食材となっていった。小型沿岸捕鯨の捕鯨船は船主が砲手を兼ねていることも多く、親方的な性分の人も多く尊敬される存在であった。

沿岸捕鯨は、鮎川沖、北海道周辺の捕鯨に加え、一九五五（昭和三〇）年ごろより五島沖捕鯨も盛んになった。『牡鹿町誌』によると、数字の上での鮎川港へのクジラの水揚げ頭数のピークは一九五〇（昭和二五）年の大型小型合わせて一万一〇五四頭である。この年、日本水産が鮎川から女川へと事業場を移したこともあり、数の上ではこの年がピークとなるわけであるが、ここから五年間程度が鮎川の経済はうなぎ登りの好景気にわく「黄金時代」の到来であった。南氷洋・北氷洋捕鯨に乗り組む人も多く、人の出入りのもっとも盛んな時期であったといえる。

この頃は、鮎川の捕鯨船の数がもっとも多い時期であった。一九五七（昭和三二）年の鮎川漁協文書によると、この時期の鮎川港には小型捕鯨船一三隻が在籍していた。

第一八竜丸・第一〇八竜丸（渡辺諭）
第一丸良丸・第二丸良丸（鈴木良吉）
第五丸泉丸（和泉諄一）
第二幸栄丸（安部幸一）
第二虎丸（島巌）
第三幸栄丸（戸羽養治郎）
第二富寿丸（和泉哲之助）

第八金栄丸（遠藤鉄之助）
第三丸浄丸・第五丸浄丸（二瓶浄）
第三丸良丸（安藤巌）

この前後は、牡鹿鯨まつりももっとも賑やかであり、順風満帆の時代であった。しかしこの時期、すでに世界の捕鯨を取り巻く状況に通じていた人の中には、遅かれ早かれ資源枯渇に直面することを案じていたという。

一九六〇年代、鮎川の事業者たちの予測は現実味を帯びてきた。大型捕鯨業者との競合から鯨油や鯨肉価格が下落、日本政府は一九六七（昭和四二）年に小型沿岸捕鯨許可を集約して大型捕鯨へと振り向ける政策によって、鮎川の小型沿岸捕鯨船は三隻のみとなった。一九六五（昭和四〇）年には極洋捕鯨株式会社が塩竈へ、一九七七（昭和五二）年には大洋漁業も塩竈へ移転し、鮎川経済の足踏みは目に見えて現れていた。ただ、逆にこの時期、鮎川の小型沿岸捕鯨者らは、捕獲効率を上げるためモーターボートによる追尾を導入、操業能率は飛躍的に向上し、縮小体制のなかで操業を維持した。

鮎川港の鯨　水揚げ記録

年次		鮎川で水揚げした鯨の数	日本の捕獲した鯨の数					備考
			沿岸捕鯨			南氷洋	北氷洋	
			大型	小型				
西暦	年号		total	total	内、ミンク・槌			
1924	大正13	476	-	-	-	-	-	
1925	14	596	-	-	-	-	-	
1926	15	586	-	-	-	-	-	
-	-	-	-	-	-	-	-	
1927	昭和2	534	-	-	-	-	-	
1928	3	381	-	-	-	-	-	
1929	4	523	-	-	-	-	-	
1930	5	435	-	-	-	-	-	国際鯨族保護会議ベルリンで開催
1931	6	255	-	-	-	-	-	国際捕鯨条約成立
1932	7	228	-	-	-	-	-	
1933	8	399	-	-	-	-	-	
1934	9	524	-	-	-	219	-	日本初の南氷洋捕鯨出漁（日本水産）
1935	10	570	-	-	-	639	-	
1936	11	710	-	-	-	1965	-	南氷洋捕鯨に大洋捕鯨も参入
1937	12	524	-	-	-	5565	-	国際捕鯨協定調印
1938	13	262	-	-	-	7550	-	国際捕鯨会議に日本が正式加入
1939	14	997	-	-	-	6971	-	
1940	15	752	-	-	-	9948	-	
1941	16	885	-	-	-	-	-	太平洋戦争始まる
1942	17	97	-	-	-	-	-	
-	18 - 20	-	-	-	-	-	-	太平洋戦争終結
-	-		-	-	-	-	-	
1948	23	408	1832	1175	361	1323	242	
1949	24	395	1681	1262	279	1645	205	
1950	25	1054	1997	1213	446	2113	306	
-	-	-	-	-	-	-	-	
1955	30	278	2383	871	685	5949	2648	
1956	31	432	3284	1210	829	6460	3089	
1957	32	344	3103	898	609	8092	3270	
1958	33	714	3631	1189	741	11830	3185	
1959	34	810	3579	1037	466	12540	3282	
1960	35	404	3029	794	400	12359	3396	
-	-	-	-	-	-	-	-	
1962	37	785	2959	887	383	14351	3992	
-	-	-	-	-	-	-	-	
1965	40	661	2340	506	-	18254	5304	
-	-	-	-	-	-	-	-	
1970	45	2178	4118	433	-	5680	6453	北氷洋捕鯨終了
-	-	-	-	-	-	-	-	
1975	50	1233	2464	-	-	-	-	南氷洋捕鯨業は共同捕鯨㈱となる
-	-	-	-	-	-	-	-	
1978	53	1054	1792	400	-	-	-	ミンク以外の鯨種の母船式捕鯨禁止
1979	54	498	1321	407	-	-	-	
1980	55	628	1499	379	-	-	-	沿岸のマッコウ枠が3%削減(890頭となる)
1981	56	324	1354	374	-	-	-	

（『捕鯨基地牡鹿町鮎川浜の歴史と現状』より。提供・鮎川の風景を思う会）

2 調査捕鯨の時代と小型沿岸捕鯨へ　―商業捕鯨モラトリアム以降―

商業捕鯨モラトリアム

一九四六（昭和二一）年、クジラの海洋資源管理を目的に、世界の主だった捕鯨国間で国際捕鯨取締条約が結ばれ、その執行機関として二年後にＩＷＣ、国際捕鯨委員会が設立された。日本は一九五一（昭和二六）年にこれに加盟した。その後、海洋資源の国際的な管理はさまざまな思想や利害と結びつき、高度に政治化していき、一九七七（昭和五二）年には北洋の捕鯨中止、一九八二（昭和五七）年、ついに商業捕鯨活動の一時停止（商業捕鯨モラトリアム）が決議されることとなった。

日本は当初異議申し立てを続けたが、南氷洋での商業捕鯨としての母船式捕鯨、太平洋でのミンククジラとマッコウクジラの商業捕獲が停止し、二〇一九年の日本政府のＩＷＣ脱退による商業捕鯨再開までの三一年間、調査捕鯨時代とも呼ばれる時代へと入っていくことになる。鮎川では、牡鹿体育館を会場に、捕鯨存続総決起大会が一九八二（昭和五七）年に開催され、町をあげての商業捕鯨再開のための運動が展開された。商業捕鯨は一〇年間停止として採択されたものであったが、商業捕鯨再開の見込みは立たなかった。日本は、一九八七（昭和六二）年に大洋漁業、日本水産、極洋捕鯨の各社の捕鯨部門と、日本捕鯨、岩手県山田町の日東捕鯨株式会社、北洋捕鯨の大型捕鯨部門が統合し、日本共同船舶株式会社を構成し、南氷洋と北洋でクジラ資源の調査研究を目的とした母船式捕鯨を行った。

ちなみに、南氷洋捕鯨の時代は、各社で肉の基準や解剖法が微妙に異なっていたが、共同船舶になっておよそ極洋方式で統一されたため、結果的に規格化が進んだ。具体的には、「尾肉」は特選・一級・二級・三級・小切れ・徳用、「赤肉」は一級・二級・三級・徳用、「胸肉」は一級・二級・三級・徳用、「小切れ」は一級・二級と等級分けされ、そのほかの内臓等はシロテ各種として肉とは別の流通にのせられた。

調査捕鯨の時代へ

日本政府は、一九八七（昭和六二）年より商業捕鯨再開にむけた科学的な調査を目的に、国際捕鯨取締条約で認められた捕獲調査を行ってきた。同条約では、海洋資源の適切な管理のためのデータを得ると同時に、調査のために捕獲したクジラを可能な限り利用する「副産物」としての活用を定めている。調査捕鯨の時期の鯨肉等の流通は、この「副産物」とＩＷＣに加盟していない商業捕鯨国、また商業捕鯨モラトリアムへ反対する立場による捕鯨国からの輸入で賄われた。当然のことながら、多くの捕鯨会社は事業の規模を縮小したり、会社を解散したりといったことが続き、一九七五（昭和五〇）年、大洋漁業鮎川事業所も閉鎖となった。

捕鯨船で働いていた人たちは、これを機に「陸《おか》に上がる」と言って転職したり事業を始めたりという人も多かったというが、なかには運送の傭船《ようせん》や遠洋漁業の漁船の監視船、目視での鯨類調査の調査船、タンカー、エビやカニ、タラ漁船など、大型船の乗組員として、引き続き世界の海を股にかけて活躍していった人も多かった。

船乗りたちの世界での活躍

こうした世代は、現在はすでに引退しているが、聞書きでは例えば、大洋漁業株式会社の伝手《つて》を頼ってソロモン諸島に渡った人も少なからずいた。一九七〇年代から、同社はソロモン諸島現地政府（当時はイギリスの植民地統治下、一九七八年独立）と大洋漁業とで、二〇〇海里水域内の豊富な水産資源による水産加工会社、ソロモンタイヨウを組織し、カツオ漁とツナ缶製造にあたった。

現地では、現地の人たちはツナ缶を米飯にかけて食べる食事を「タイヨウ」と呼んで親しまれているという。鮎川が大洋漁業株式会社の事業所進出によって大きく繁栄したのと同様、ソロモンタイヨウは水産加工による雇用の創出のみならず、インフラストラクチャーの整備や地域開発への貢献を積極的に行なった。

また大西洋西アフリカ沿岸での漁業や水産加工事業のために、カナリア諸島ラスパルマスに駐在した人物の話もうかがったことがある。一九六〇年代後半から七〇年代にかけて、ラスパルマスは大西洋遠洋漁業の拠点基地となり、複数の日系漁業会社や船舶関連会社、魚介類を扱う商社が集まり、日本人学校も設置されていた。このなかには、捕鯨で働いた経験のある船乗りも多く、捕鯨船での経験は船舶での操業に関わる多方面に置いていかせる経験であったため、活躍の場を結果的に世界中へと広げていった。他にも、アルゼンチンのフォークランド諸島沖漁場でのアカエビやマツイカのトロール（遠洋底曳網船）や、北洋のタラやカニなどに従事した経験談もある。南氷洋捕鯨へ従事した経験が、ある種の武勇伝として語られることは前に述べたが、商業捕鯨一時停止後のこうした世界の海での経験もまた、船乗りたちの世界を股にかけた豊かな時代の証言として語られるのである。

国内管理の小型沿岸捕鯨

調査捕鯨と同時に日本政府の自主的な頭数規制のもとで行われる小型沿岸捕鯨は、ツチクジラ・コビレゴンドウの亜種（タッパナガ・マゴンドウ）・ハナゴンドウの捕鯨であり、北海道・宮城・千葉・和歌山で操業されてきた。その定義は、五〇トン未満の船に五〇ミリ捕鯨砲を装備した小型捕鯨船による農林水産省の許可で行う小型鯨類の捕鯨である。これらは日本政府による資源管理の枠内で行われる日本沿岸での小型船による漁業である。

当時の捕鯨船は、時期によって変動があるが、例えば二〇〇一（平成一三）年に許可されていた小型船（四八トン未満）は九隻あったが、実際に稼働していた船は、第七五幸栄丸（鮎川・戸羽捕鯨）、第二八大勝丸（鮎川・有限会社日本近海）、第三一純友丸（和田・外房《がいぼう》捕鯨株式会社）、第七勝丸（太地・磯根崮）、正和丸（太地・太地漁業協同組合）の五隻であった。二〇〇八（平成二〇）年、戸羽捕鯨・日本近海・星洋漁業・三好捕鯨・ＴＡＩＹＯ　Ａ＆Ｆ鮎川事業所が経営統合し、現在の鮎川捕鯨（戦前の鮎川捕鯨とは別）となった。

当時は、ミンククジラはモラトリアムにより停止中であったが、日本政府による管理下にある以下のハクジラ（ツチクジラ六二頭、ゴンドウクジラ一〇〇頭、ハナゴンドウ二〇頭）の漁期と漁場は以下の通りであった。

●ミンククジラ
四月一日〜九月三〇日　網走沖、鮎川沖、道東沖
●ツチクジラ
五月一日〜六月三〇日　函館沖　第二八大勝丸、第三一純友丸
七月一日〜八月三一日　和田沖　第七勝丸、第三一純友丸
七月一日〜八月三一日　鮎川沖　第七五幸栄丸、第二八大勝丸
九月一日〜九月二〇日　網走沖　第二八大勝丸、第七勝丸
●ゴンドウクジラ（マゴンドウ）
五月一日〜六月三〇日　太地沖　第七勝丸、第三一純友丸、正和丸
七月一日〜八月三一日　和田沖　第七勝丸、第三一純友丸
九月一日〜九月三〇日　太地沖　第七勝丸、第三一純友丸、正和丸
●ゴンドウクジラ（タッパナガ）
一〇月一日〜一一月三〇日　鮎川沖　第七五幸栄丸、第二八大勝丸
●ハナゴンドウ
五月一日〜六月三〇日　太地沖　第七勝丸、第三一純友丸、正和丸

九月一日〜九月三〇日 太地沖　第七勝丸、第三一純友丸、正和丸

小型捕鯨船と乗組員

捕鯨船は、外観に非常に特徴がある。ハウスと呼ばれる船室の上に、アッパーブリッジというブリッジの上にさらに鯨が見やすいように設置されているブリッジがある。そして、舳先《へさき》の捕鯨砲へと通じるガンナーブリッジと呼ぶ橋、探鯨《たんげい》をする樽状のトップは、探鯨するための目線を高くもつための設備と、追鯨《ついげい》するためのスピードを考えた形状とを統一させた独特な船舶である。

この小型船は五〜八名ほどの乗組であり、その役割としては船長・砲手・機関長・ボースン（甲板長）・甲板員数名・通信士・ナンバン（機関助手）・コック（司厨員）で、船によっては一人が複数の役割を兼務した。船員の名称は、外国語が日本語的になって定着した特徴的なものが多い。オールハンといえば乗組員総員のこと、チョッサーは一等航海士、オッペさんは通信士、パッキンは機関長、ボースンは甲板長である。また、砲手をてっぽうさん、解剖員を庖丁さんなど、互いに呼び合う呼称には親しみと敬意があふれている。

聞書きでは、二〇〇〇年ごろの話として、乗組員の利益は水揚げ高全体の一二％程度であり、それを砲手二二％・船長一五％・機関長一五％・甲板長一五％・甲板員と司厨員八〜一〇％という内訳で分配したという。また別の説明として、砲手は三人前、機関長は一・五人前、通信士は一・三人前、コック八分（〇・八人前）という言い方もある。

ちなみに小型ミンク船と調査捕鯨船、南氷洋での捕鯨船の捕鯨砲は、それぞれ性能が異なる。以下は、鮎川の風景を思う会のまとめによる捕鯨砲の種類である。

●小型ミンク船　五〇ミリ砲

先綱一八ミリ（鎚鯨用）・二〇ミリ（ミンク鯨用）　銛の重さ二〇キログラム

射程照尺二五間＝四五メートル　通常射程は二〇間（三六m以内で捕獲）だが砲手の経験による。

●調査捕鯨・南氷洋捕鯨七五ミリ砲

先綱二八ミリ　銛の重さ四〇キログラム

有効射程五五間（一〇〇メートル）通常射程一六間から二七間（三〇～五〇メートルで捕獲する。六〇メートルの場合もある）。砲手により山なりに撃って一〇〇メートルで捕獲したこともあった。

●南氷洋捕鯨一九七三（昭和四八）年頃まで九〇ミリ砲

先綱三二ミリ　銛の重さ六〇キログラム

有効射程六六間（一二〇メートル）通常射程一六間～二七間（三〇～五〇メートルで捕獲する）。砲手により山なりに撃って一〇〇メートルで捕獲したこともあった。

●ミロク捕鯨砲

捕鯨砲は戦前ノルウエーから輸入していたが、一九三六（昭和一一）年極洋の山地土佐太郎からの注文で口径五〇ミリの小型砲を三門製作。その後七五ミリ砲などを製作。一九五〇（昭和二五）年には口径九〇ミリの大型砲を完成。

捕鯨船乗組員のことば

沿岸捕鯨は、クジラの所在を視認する探鯨《たんげい》が重要である。クジラの発見にはボーナスがあり、船から見てクジラの位置を、スタボール（右）、ポール（左）、ナニカ！（クジラかどうかは不明だが何かしら見つけた）など、声を最初にあげた人の権利となったという。

漁場ではトップと呼ぶ船上の高い台から交代制で双眼鏡を覗き、ひたすら魚群の存在を示す鳥の動きやクジラが呼吸時にあげるブロー（しぶき）を目視で探す。鯨種はブロー、つまり噴潮で見分けることができる。鳥の動きをみるトリマワリも見逃さない。白波がたつ日はクジラの手がかりが波に紛れて見つけにくい。鮎川の捕鯨者は、近海に出ても海が凪いでいるような日を「ミンク日和《びより》」という。見つけやすいからだという。

キャッチャーボート（捕鯨船）がクジラを追尾し、チャンスという追い詰めた状態までくると砲手が砲台で待機。そこで甲板長の出番である。潜ったクジラの動きや尾びれの水かきによって水面にあらわれるリングなどを頼りに、船をクジラに近づけるように操舵を指示する。船の操舵は、加速減速をスロー、ハースピー、ホースピー、ストップなどといい、また流す＝漂流させる、ステディー＝そのまま保つ、スタボール＝面舵・右へ、ポール＝取舵・左へ、アスターン＝バック、レッコー＝逃す、など、追鯨《ついげい》の現場独特な感覚の指示用語が使われる。そして船員全員の連携によって、あたかも捕鯨船が一つの大きな生き物のようにクジラを追う感覚は、捕鯨者独特のものだという。

独特な用語はまだまだある。シオ＝噴気、出る＝浮上、ヘッド＝船首の先に鯨がいる、おとなしい＝逃げない、足が速い＝移動速度が速い、下が長い＝潜水時間が長い、飛び出す＝急に逃げ出す、コスい＝ずる賢い、チャンスがなかなかできない、マケツ＝鯨の真後ろに船がいる（これで打つと爆裂で肉の大部分を損なうので打ってはいけない）、水をかぶる＝手前に落ちる、上を飛ぶ＝鯨を飛び越えてしまう、ハネモリ＝水面をはねて跳弾となる、タカマツ＝シャチなどである。こうした言葉を共有することそのものが、船上のコミュニティの一体感をもたらしている。

ミンククジラは、電波探知機の電波やボートの音に驚いて逃げる習性があり、それによって視認しやすくなるため、わざと音を立てて追いかけるということもする。昭和四〇年代からはオッカケ、あるいはボート乗り、ボート追尾といって、モーターボートでいち早くクジラの場所まで移動して見失わないようにする追尾法も行われるようになった。クジラを追うことを追鯨と呼ぶが、船上ではツケるという。モーターボートの併用を始めたのは一九六八（昭和四三）年に丸浄漁業が最初だといわれており、当初はツチクジラを、そしてむしろミンククジラ漁に有効だとわかり本格導入し、一九七〇年代には、他の小型捕鯨船も積極的に導入するようになったという。その乗組員にはボート手当が出たほど、これは追鯨に有効なのである。そして、狙いすまして捕鯨砲を発射する。南氷洋捕鯨と同じように、的中はパンコロ、失中はドンガラと呼ぶ。捕獲したクジラは、船上での解剖ではなく、鮎川港に曳鯨《えいげい》して処理した。

＊鮎川港のミンク船（提供：鮎川の風景を思う会）

小型沿岸捕鯨コミュニティ

砲手は経済的報酬のみならず、名誉ある憧れの存在であった。砲手は銛を撃つだけでなく、捕鯨作業における意思決定全体を総括する役割でもある。捕鯨船に乗る仲間は、血のつながった親戚以上のシンセキ付き合いがある。宴会や花見、飲食をともにしたり、結婚式や葬式などには近親者並みの祝儀や香典を出したりするのである。また、漁期が終わると、捕鯨船に乗る仲間と家族、解剖員、乗組員、小売業者など、それぞれの事業単位ごとに九州や京都などに団体旅行をする。こうしたことは漁業ではない独特なつながりであり、鮎川の家族のアルバムには、こうした血縁の意味での家族や親戚ではない人々が、多数うつっているのである。

こうした点は、かつて岩崎まさみが小型沿岸捕鯨コミュニティとして、日本の捕鯨の地域社会の特色として指摘した。捕鯨という生業が、社会関係を結び、それが年中行事や儀礼、贈与などによって不断に維持される小型沿岸捕鯨コミュニティは、文化としての捕鯨という側面を如実にあらわしている。岩崎まさみは、捕鯨船乗組員、解剖夫、船主、そしてそれらの家族をひとつの社会集団とみなし、さまざまな契機での贈与や信仰、労働をめぐる社会関係等を丹念に調査し、以下のように結論づけた。

第二次世界大戦の食糧難に対応すべく南氷洋での遠洋捕鯨がはじまり、鮎川浜の人々が乗組員として参加するなど、地域と捕鯨のつながりはさらに深まった。一方沿岸捕鯨では、小型沿岸捕鯨業者は大型捕鯨との競合に苦しみつつ、さらにツチクジラ漁という新たな鯨種を捕獲することにより難局を乗り切り、その後小型沿岸捕鯨の全盛期を迎えた。小型沿岸捕鯨の歴史のなかで、中心的役割を果たす人々は地域の人々であり、それらの人々が外から持ち込まれる新しい考えや技術、さらに外から入ってくる人々の経験などを積極的に取り入れてきたことにより、生まれたのが小型沿岸捕鯨業であると言える。（岩崎　二〇〇五、五五頁）

ミンククジラ漁への特化

二〇〇一（平成一三）年からは、定置網で混獲された鯨類の市場流通も行われるようになった。さらに翌二〇〇二（平成一四）年からは、第二期北西太平洋鯨類捕獲調査の一環でのミンククジラの調査捕鯨に小型沿岸捕鯨の捕鯨船が参画した。市場は縮小したもののミンククジラの赤肉等は、再び流通・消費するようになる。年により異なるが、ミンククジラ漁は四月一日より始まり、五月末あたりまでは鮎川沖での操業、その後北海道方面へとのぼって行く。水揚げは、日本政府による捕獲数の記録のため、ツチクジラとミンククジラを水揚げする港が指定されていた。船上解剖が許可されている北海道沿岸と違い、鮎川沖のミンククジラは船上解剖が禁止され、全て鮎川の処理場まで曳鯨された。

そのミンククジラは、単独行動で潮吹きも大きくないので、探鯨に難儀するという。しかし、深くもぐったり長くもぐったりしないので、一度見つけたら見失わないようにすれば良い。また音で驚くと海面に出てきて逃げ出すという行動を取るため、船足が早い方が有利である。「鯨が寄り付く船」という言い方がある。たくさん捕獲するという意味であるが、正確には鯨が驚いて逃げない船であり、速度を出しても水切りよく抵抗が少なく、またしぶきも無駄に跳ねない構造ならば、逃げにくく、追鯨している船から見ればそれは〝寄り付く〟と見えるのだという。捕鯨船は捕獲したクジラを鮎川港の処理場で解剖するために陸揚げする。かつて処理場を持たない船は一定の工賃を支払って、処理をしてもらった。市場で販売する所有権は保持したまま、解剖だけ依頼するのである。解剖が終わると、卸売の許可を持つ仲買業の卸売業者に売られ、流通に乗せられた。

東日本大震災前後の鮎川の捕鯨

調査捕鯨の三一年間は、鮎川の人々の回想のなかではあたかも空白の時代であったかのように語られることが多い。「あの頃はよかった」というとき、あるいは単に「昔はこうだった」という話をするときは、この地域では端的に一九五〇年代から七〇年代までの商業捕鯨全盛期を指すと思ってよい。それだけ華々しい時代であり、多くの人やモノが出入りし、町そのものの青春時代のようにとらえられている。

しかし、〝三〇年ひと昔〟と言ったり、一世代をおよそ三〇年で換算したりするように、調査捕鯨の時代はまぎれもなくひとつの時代であった。捕鯨は常にその時代背景と地域社会のありようによって、鮎川らしさを呈してきた。調査捕鯨の時代は、決して鮎川の人々のいうような空虚な「失われた時代」ではない。そこにある暮らしの営みに視点をおくと、その状況のなかではたらく人々の姿が見えてくる。

二〇一一年三月一一日の東日本大震災震災直前の小型沿岸捕鯨の体制は、第七五幸栄丸・第二八大勝丸（鮎川捕鯨）、第三一純友丸（外房捕鯨）、第七勝丸（勝丸捕鯨）、正和丸（太地町漁協）が操業し、ツチクジラ六六頭（網走四、函館一〇、鮎川と和田五二）、タッパナガ三六頭（鮎川）、マゴンドウ三六頭（太地と和田）、ハナゴンドウ二〇頭（太地）を捕獲していた。東日本大震災では、鮎川捕鯨は社屋、処理場、整備中の捕鯨船などを流失したが、従業員が無事で捕鯨船も操業可能な状態で発見されたため、釧路でのツチクジラの捕鯨から再開した。二〇一七年には沿岸調査捕鯨が拡大され、鮎川と釧路に網走と八戸を加えて調査を実施した。

3 航海の記憶「くじらトレジャー」と鯨歯工芸品

「くじらトレジャー」と物語

三陸海岸の南端にあたる牡鹿半島に位置する石巻市鮎川は、もともとありふれた半農半漁の海村であった。それが近代捕鯨産業と大謀網の最前線基地となり、戦後は商業捕鯨と遠洋漁業で栄え、昭和後期はクジラ観光と養殖業を中心に発展してきた。現在は東日本大震災からの復興の途上にある。

鮎川の人々は、沿海での捕鯨のみならず南氷洋捕鯨や、遠洋漁業、地球儀を一筆書きで辿るような大航海について、さまざまなエピソードを語ってくれる。こうしたときに見せてくれるのが、南極海や南太平洋の寄港地等から持ち帰ったみやげ物であり、一つひとつに、遠い地ではたらいた男たちの武勇伝が込められている。ペンギンや極楽鳥の剥製、シャコ貝やサンゴ、色うつくしい巻貝の数々、ヤシの実、極楽鳥の剥製……冷凍庫に南極の氷を持っている家もある。クジラの歯や骨、ヒゲなどの加工品が当たりまえのように飾られている。南極への往復の数ヶ月間のヒマな時間を持て余して、製作された鯨歯や鯨ヒゲの飾り物なども、多くの家の居間や玄関に飾られている。わたしはこうした鮎川の捕鯨者や漁業者の武勇を語る自慢の品を「くじらトレジャー」と呼んできた。

戦前の鮎川で建設された鯨館《くじらかん》は、のちに町立鯨博物館へと発展し、さらに調査捕鯨の時期に開館したおしかホエールランドは、震災から九年を経て二〇二〇年に再開館された。その展示では鯨類の生態に関する知識や捕鯨の歴史のみならず、日本の海洋資源利用に対する立場や課題などが扱われてきた。一方こうした捕鯨に対する科学的、かつオフィシャルな情報伝達のメディアとは異なる位相にあるのが、地域の人々のクジラ観や、船長や捕鯨者のライフレビュー、近親者の捕鯨経験のエピソードといった「物語」なのである。

鮎川における「メモリー・オブジェクト」

捕鯨産業が莫大な富を生んだ戦後の商業捕鯨の時代、商業捕鯨モラトリアムと調査捕鯨の時代、各戸の玄関先や客間、店舗や公共スペース等には捕鯨の副産物である鯨歯や鯨ヒゲを使った置物や、鯨骨などの鯨の部位の珍奇な装飾品があふれていった。鯨歯の根付やパイプ、判子などの実用的な鯨細工に対し、鯨歯の彫刻や鯨ヒゲの飾り物等の無用の造形物や、鯨類の性器や耳骨等の標本は「記念物」としての利用といえる。クジラの珍物は、話者が珍物を媒介として調査者に語ることによって「物語」を構築させる土台ともなっている。

加えて、捕鯨や遠洋漁業等の乗組員として世界を旅した証としての土産物や、珊瑚や貝殻、鳥類や昆虫の剥製もある。かつてバーバラ・カーシェンブラットギンブレットは、「文化的に意味づけられる過去」をうつす鏡像としてのモノの役割について論じ、ふつうの人が自身を意味づけたりライフイベントを象徴づけたりするために欠くことのできない数えきれないモノを「メモリーオブジェクト」と呼んだ。この議論の重要な点は、単に人がモノに思い出を重ねるといったことではなく、自身のライフレビューの構築におけるモノの役割を論じている点にある。鮎川におけるクジラの珍物も、こうした「メモリーオブジェクト」としての性格を読み取れる。

地域住民が共通した意識で過去を振り返って顕彰したり記念したりする「集合的な記憶の造形」には、神社の扁額や、顕彰碑、供養等、寺社へのさまざまな奉納物、何かを記念する石像物、建造物、文化財、祠、博物館などがある。これに対し、「家族や個人の記憶の造形」には、写真やアルバム、手紙、形見、位牌、家訓、追悼、思い出の品などがある。「くじらトレジャー」は、両方の造形に見られる。

例えば、「集合的な記憶の造形」には、鮎川・熊野神社に奉納され鳥居の横に立てられている捕鯨銛の列柱や、同社に捕鯨会社から奉納された羽衣伝説のモチーフの扁額絵馬、観音寺境内の捕鯨供養碑、沈没した捕鯨船乗組員の追悼碑などがある。鮎川ではないが、志波彦《しわひこ》神社・鹽竈《しおがま》神社（宮城県塩竈市）境内には捕鯨会社から奉納された巨大なシャコガイが境内に残されている。また牡鹿半島からかつて盛んに詣でられた善宝寺《ぜんぽうじ》（山形県鶴岡市）には、漁業会社から奉納された南氷洋捕鯨と北洋のカニ漁の大きな油絵による扁額が奉納されている。

＊捕鯨会社奉納絵馬（おしかホエールランド蔵）

玄関や居間に飾るペンギンの剥製

そもそもこうした南氷洋捕鯨の武勇を語るものを見つけ出したのは大学生たちであった。鮎川でふつうのお宅にお邪魔して、昔の暮らしについての聞書きをしていると、玄関や居間に飾られているペンギンの剥製を見せら

＊ペンギンの剥製（割烹民宿めぐろ蔵）

れるのである。

鮎川の人々の写真を撮り続けてきた浜の棟梁、鹿井清介さんのお宅にもイワトビペンギンの剥製があり、鹿井さんの奥様の兄弟が、兄弟の人数分だけ持ち帰り、仙台の鳥の剥製の製作家に依頼して仕上げてもらったものだという。このペンギン一羽と、クジラのヒゲ板で制作した帆船模型は、鹿井家で大切にされてきており、現在は「おしかホエールランド」に展示されている。

わたしたちの常宿、牡鹿半島・小渕浜の割烹民宿「めぐろ」さんの玄関先にもコウテイペンギン二羽が飾られており、マスコット的な存在でもある。二〇一八年にこうしたペンギンの剥製を企画展「クジラお宝珍物館」（会場―石巻市指定文化財「旧観慶丸商店」）にて展示した折には、多くの石巻市内からの来館者が「懐かしい」という感想を漏らした。それなりに多くの家に、ペンギンの剥製が飾られていたのは驚きであった。

戦前から戦後の南氷洋での捕鯨オリンピックの時代を中心に、南極海へ捕鯨船団に乗り組んでいた若者たちが、南極土産としてペンギンを持ってきてしまう話は、今でこそ国際的なルールで禁止されているが、当時としてはあたりまえのように行われていたらしい。南氷洋捕鯨船の気象係として活躍し、お天気についての楽しいエッセイなどを何冊も出された幣洋明さんの著書『暴風圏で鯨を捕る―南極の海にも温暖化』には、「船上でペンギンとたわむれる」という写真が掲載されている。

本文がまた面白い。なんでも作家の檀一雄（『火宅の人』など、檀ふみの父）が取材を名目に、その実、原稿とりの編集者から逃れるために、南氷洋捕鯨船に乗り組んで南極まで逃げていたとある。その壇一雄が、キャッチャーボート（捕鯨船）が捕まえてきたペンギンが弱っているというので飼育係をかって出て、自室の窓を全開にして三羽の看病をしたという。しかし、結局全部死んでしまって、檀一雄は坊主頭にしてペンギンの菩提を弔ったというのである。母船の甲板でペンギンと遊ぶ写真として、また作家、檀一雄のエピソードとしても、なかなか貴重な記録であり、彼の年譜によると、南氷洋捕鯨船に乗るのは一九五一（昭和二六）年の暮れのことらしい。

ちなみに、檀一雄は南氷洋に赴く前に、坂口安吾と同居していた。その坂口安吾が鮎川を訪れたのは同年の三月であったから、鮎川・坂口安吾・檀一雄・南氷洋は奇妙に結びついている。

*鯨ヒゲ板製帆船（鹿井清介旧蔵）

「わが家の文化財」の喪失

一方で、「家族や個人の記憶の造形」として、それぞれの家に残されてきた「くじらトレジャー」は、個人の人生の痕跡として、あるいは家族や親族の歴史として、保存されてきた。ふだんは顧みられることなく、しかし毎日の生活の場に置かれている「くじらトレジャー」は、失ってみると新たな意味を獲得するものであるようである。

東日本大震災の後、わたしは文化財レスキュー活動で鮎川の人々と話すとき、

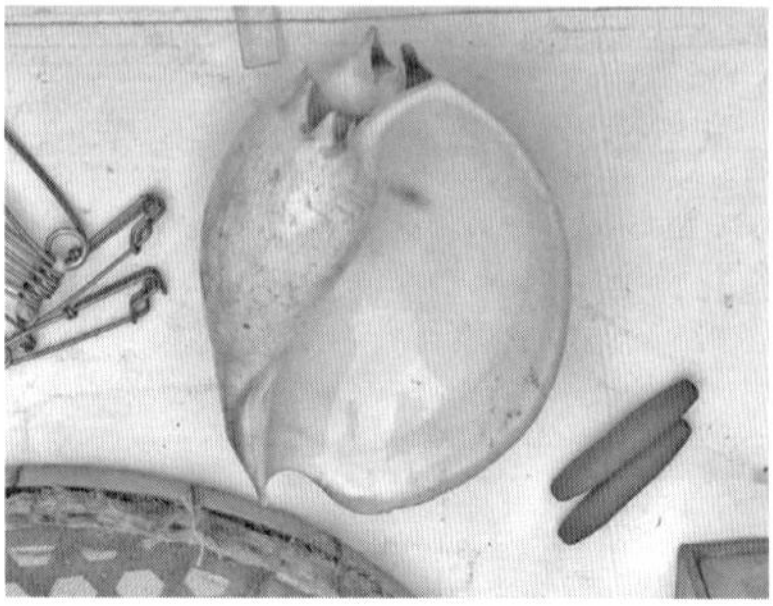

＊南氷洋土産　貝殻（石巻市教育委員会蔵）

一般の方から、「わが家の文化財」を失ったのが惜しいといったことをよく語られた。古文書や先祖伝来の刀といったものの話かと思い、「お宅にどんな文化財があったんですか？」と聞いてみると、それは冷凍庫に秘蔵していた南極の氷であったり、クジラの耳骨といった部位であったり、ヒゲクジラの顎骨で作ったひと振りの骨刀であったりする。

　わたしは、鮎川での民俗調査を始めて間もない頃、以下のようなエピソードを聞かされて面食らったことがある。

　我が家にも、〝文化財〟があったのよ。それはクジラの博物館とわが家にしかないもので、クジラのチンポと女のイチモツ。男のは干物にしてあえってひと尋くらいある。家の天井ぐらいまであったんだよ。女のはホルマリン漬けにしてあって、横に乳房があって面白い、あれは貴重なものだったなぁ。まさに我が家の〝珍宝《ちんぽう》〟だった。人がくるとね、時々〝ご開帳〟したんもんだよ。あれを津波で流しちゃったのは惜しいね。（四〇代女性）

　このエピソードを臆面もなく語られると絶句してしまうのだが、驚くことにこの同じパターンのお話をわたしだけでも三人の女性から聞いたのである。捕鯨の町について語るよりどころである鯨類の性器の標本を失い、わが家の「文化財」を失ったというのであるが、他所から来た人に対して、鮎川について語る「ひとつ話」として、こうしたものはいくつもあったであろう。そのいくつかが「わが家の珍宝」であり、「クジラの匂いは金の匂い」であり、「南氷洋の武勇」なのである。
ある日、わたしは牡鹿半島ビジターセンターで展示を行なっていた際に、散歩で立ち寄るのが日課だという地元の八〇代のおじいさんに話しかけられて、作業の手をとめてしばらく彼の語る話に耳をかたむけた。彼はニコニコしながら自分の財布を取り出し、その中に入っている古い社員証のようなものを見せてくれた。

これは南氷洋捕鯨でも鯨油の輸送船でも、この社員証を必ず持っていないと、寄港地で降りたりできない。だから肌身から離しちゃいけないんだ。それで今でも持ち歩いているわけさ。

（八〇代男性）

彼は今でも遠い海を旅しているのであろうかと、わたしは感心しながら話に耳を傾けていた。あとから聞くと、牡鹿半島ビジターセンターのスタッフはみなそのエピソードを知っていた。会う人には自己紹介のように社員証を見せるのだという。
誰にでも、自分自身の存在を証明するモノがあるはずである。鮎川では、一人ひとりのなかに、別々の捕鯨や漁業との関わりがあり、それはさまざまなモノと深く結びついた語りとしてあらわれるのである。

＊耳骨（おしかホエールランド蔵）

クジラの部位標本

クジラは海中で視覚よりも聴覚を使ってコミュニケーションをとることが知られている。ザトウクジラの歌声などの連続音など、クジラのコミュニケーション能力の高さを示すものとして紹介されることが多い。ハクジラ類は、鼻の上あたりから出す高周波の断続音によって、その音の反射で障害物や獲物の位置を知る。こうした「音」を受けとる器官が耳骨と呼ばれるものである。反射してきた音が、長い下あごを通じて耳骨に共鳴し、音の方角や距離を知るといわれている。耳骨は、餃子のような形状の鼓室胞《こしつほう》とそれが取り付いている耳周骨《じしゅうこつ》からなり、ともに骨が緻密でズッシリと重い。そのため劣化しにくく、海岸に漂着することも多い。こうしたものを、珍品として大切にしている家も多い。

クジラ工芸の伝統

鮎川には、こうしたクジラの部位を記念物として保存するといったことがある一方で、捕鯨の町ならではの鯨歯や鯨ヒゲを用いた鯨細工が製作されてきた。鯨歯工芸店を「パイプ屋さん」と呼ぶほど、昭和後期にはひとつの名物となっていた。現在でも千々松商店が、鯨歯の印鑑や根付や帯留めなどの装身具を販売しているが、かつてはヒゲ板を加工した菓子皿や楊枝、靴ベラ、鯨歯の将棋の駒や麻雀牌、ステッキなどもあった。鮎川には、昭和後期から平成にかけて鯨歯工芸品店が四店舗あった。さらに、土産物屋では大阪の象牙職人に作らせた鯨細工や鯨の腹や男性器の皮を舐めした鞄などの革製品も売られ、鮎川のおみやげの定番であった。

現在も鯨細工を製作しているのが千々松正行さんである。千々松家は、初代の儀三郎さんの時代に、佐賀県唐津市から鮎川に移住してきた家族である。同じく九州から移ってきた「古川パイプ屋さん」と親しまれた古川家とは、親戚関係にあたるという。もともと鼈甲細工や石細工の心得のある人たちが鯨歯でものづくりを始めるケースは九州ではみられ、千々松家らは捕鯨が盛んな鮎川へ工芸品の材料を求めて移住してきた家なのである。二代目の行隆さんの時代には数軒の鯨歯工芸店がさまざまな商品を作り、すっかり鮎川の看板商品となった。当代の正行さんは印章の技術資格を取得し、鯨歯による印鑑の制作を始めた。鮎川では震災による津波で家が流された人が、最初に困ったのが鯨歯の社印や個人の実印を失ったことで、震災後の正行さんは困難ななかでもこうした注文に応じつつ、百貨店の物産展に出展するなどして技術をつないできたのである。

マッコウクジラの歯の印鑑

印材となるのはハクジラならば何でも良いわけではない。マッコウクジラの鯨歯は大きく、材として使える部分を確保できるから、鯨歯工芸の素材はもっぱらマッコウクジラの歯である。材料は、かつては捕鯨会社から購入できたが、現在では新たに確保する

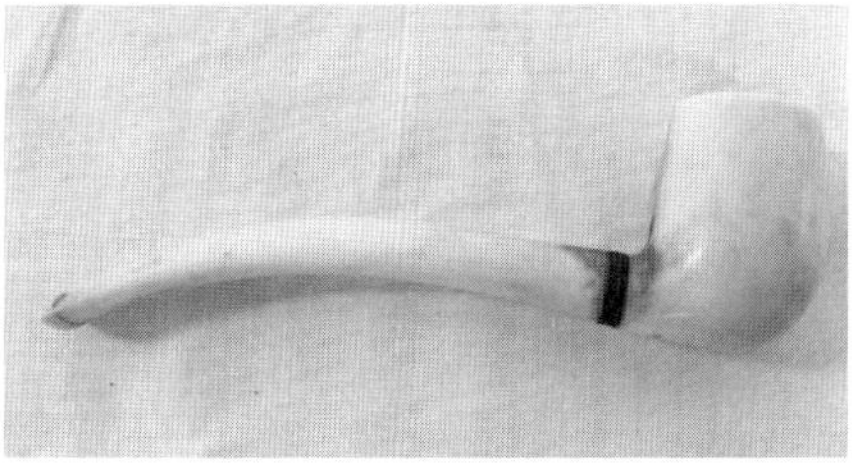

＊鯨歯パイプ（おしかホエールランド蔵）

ことができない貴重なものである。さらに、基本的には一本の鯨歯から一本の印鑑しか作れない上、鯨歯の中身が詰まっていなかったり（ガラッパ）、「虫歯」のように使えない部分があったり（八割弱が「虫歯」）で、印材に使えるものは限られる。

調査捕鯨前の商業捕鯨の全盛期には、鯨歯工芸の材料はリュックを背負って解剖場に出向き、重さいくらで購入した。先代の行隆氏の時代には、一年に五〇〇キロを仕入れた時代もあったという。

印材となる材料は、まずはきちんと中身が詰まっていること。これが大事であるという。メスよりもオスの方が大きいが、作るものによって使う歯を吟味して、それぞれの歯の特徴をどう活かしてものを作れるかをよく考えるのだという。代表的な製品として、印鑑、パイプ、ブローチや置物がある。

印鑑は、まず鯨歯の先端と歯茎に接する根っこの部分をノコギリで落とし、サンダーで荒削り、さらに粗目の紙やすりで整えていく。全体が円筒形に近づいてきたら、切り口と呼ぶ文字を彫る部分を円形に整えていく。外側に近い部分をカワと呼び、芯にいくにつれて黄色味を帯びていく。こうした色も少し考慮しながら、材の取り方を考えていくのである。こうして形を整えたら、一〇〇〇～一二〇〇番の耐水ペーパーでヒビが入らないよう仕上げていく。最後に、固形ワックスを用いてつや出しをし、完成である。行隆氏はかつて京都から仕入れたモクノハと呼ぶ木の葉の裏で研磨して艶出しを行ったという。これはムクノキの葉だと思われるが、現在は布研磨で行っている。鯨歯の印材は、歯が年輪のような層になっているため、朱肉が使うたびに染み込んで、全体がほんのり朱色になるだけでなく、文字通り年輪のような模様が浮かび上がる。使えば使うほど、良い状態に仕上がるのである。こうした点は、パイプにもいえ、使えば使うほど、こちらはタバコのヤニが染みて、飴色になっていくのである。

鯨歯工芸は、新たな材料の確保ができないこと、印鑑を彫るなど特殊な技術や知識が必要なこと、大量に販売できるわけではないことなどから、後継者確保が難しい仕事となっている。千々松さんはなかなか納得のいくものにはたどり着かないと微笑むが、そのモノづくりは円熟期にある。鯨細工は、鮎川の捕鯨文化のもう一つの側面、クジラの部位や副産物を用いた捕鯨関連産業の最後の名残である。

4 クジラのミュージアムと地域文化

捕鯨船をめぐる民俗

日本沿岸での小型捕鯨の地域では、捕鯨はひとつの産業であることにはかわりないが、一方で地域の生活や独特な宗教観と結びついた民俗としての側面を色濃く持っており、その意味では漁業との関わりが深い。それがもっともよくあらわれるのが儀礼や年中行事である。

例えば鮎川では、四月に初めてミンククジラ漁に出向く際には、捕鯨砲とタツという船玉が収められている場所にお神酒を注ぎ、トリ舵（左舷）から船の縁にお神酒を注いで一周する。また初漁では、尾羽の先を小さく切ったものを船長がタツに供えて感謝する。クジラの豊漁を、山鳥の稲荷社に詣でて祈願する人もある。海を見下ろす位置にあるからだという説明もあった。

*ミンク船「第七勝丸」

荻浜や田代島では、カツオ船の初漁の出港時に女性たちが大黒舞を舞って送り出し、これをタルイレという。鮎川ではこうしたことはないが、ミンククジラの初漁の際には金華山へ船で立ち寄り、海上でお神酒を注ぐなどして豊漁祈願をする例もある。また鮎川では、不漁の際にタルイレと称して船主の家で男女大勢集まって大宴会をしたという。捕鯨は地域の社会関係と儀礼に深く結びついており、こうしたことは捕鯨の形態が変わっても継続された。

そして、春のミンククジラの初漁祝いをウミアケという。住民がお神酒を持って捕鯨船に駆けつける。そのお返しにひとブロック（二キロ程度）の赤肉をお裾分けするのが決まりだった。そのため、酒屋は春のミンククジラの初漁で一年の大半を売り上げるのだ。これはツチクジラではやらないから、ここにもミンククジラへの特別な思いを見て取れる。初漁祝いを船主（捕鯨会社）に持ってくるのは、シンルイ（血の繋がりのないシンルイづきあいを含む）、友人知人、近所、他の捕鯨業者、町役職者、銀行や漁協、お寺などであったという。鮎川における捕鯨の歴史は一世紀あまりであり、室戸や熊野灘、西海捕鯨と比べれば浅い。しかし数世代にわたり、クジラと人々は単なる産業にとどまらない深い関わりを持ってきたため、地域文化として定着しており、地域住民はそれに自覚的である。

東北産業博覧会の「鯨館」

＊東北産業博覧会の鯨館

クジラは、近代の鮎川の基幹産業であると同時に、地域文化として他者に対して説明されるものでもあった。そのはじまりは昭和初期にまで遡る。一九二八（昭和三）年、のちの鯨館の前身となる展示が、仙台市の広瀬河畔と西公園周辺で開催された東北産業博覧会（会期は四月二五日〜六月三日までの五〇日間）のパビリオン「鯨館」である。稲井三治の回顧録『江海心―稲井三治翁の八十八年』によると、捕鯨船を模した形の「鯨館」は、博覧会会場でも注目の的であった。仙台商工会議所の協力要請に、鮎川の稲井三治は結果的に多額の赤字を負いながらも、内容的には「東北大学農学部林教授の指導を受けながら、西公園対岸の第一会場に「鯨館」を建て、展示資料は捕鯨会社各社に出品協力を得、クジラの骨格全体を館内に吊して見せるなどで人気を呼び、東京から閑院宮様が視察お出になるなど面目をほどこした」（私家版・複写資料より、一九八八年）という状況であった。

「未曾有の東北産博を見よ」と題された、わたしが所有している当時の太陽生命株式会社が製作した東北産業博覧会の案内チラシ（博覧会のついでに弊社にお立ち寄りくださいというチラシ）では、全体図の右側に仙台駅から市電で現在の西公園の第二会場に到着し、そこから橋を渡って第一会場へ至るイラストがある。そして全体図の左側には、仙台駅から電鉄で榴岡停留所のそばの榴岡公園内の第三会場の「日光館」、そこからさらに塩釜の「海の博覧会」、そして松島へと誘うイラストがある。

博覧会そのものについては、その構成について七五調で以下のように記している。

智識をひろむる博覧會
高麗式の朝鮮館
バナナの香る台湾館
高粱《コーリャン》みのる満蒙参考館
殖民發展北海道館
見ものは世界風俗館
うれしい楽園小供の國
ライオン吼ゆる動物園
新八景の一十和田湖館
捕鯨実況鯨館
馬が物いふ曲馬館
天国さながら音楽堂
藝のかずかず演藝館
寸劇見るなら野外劇場

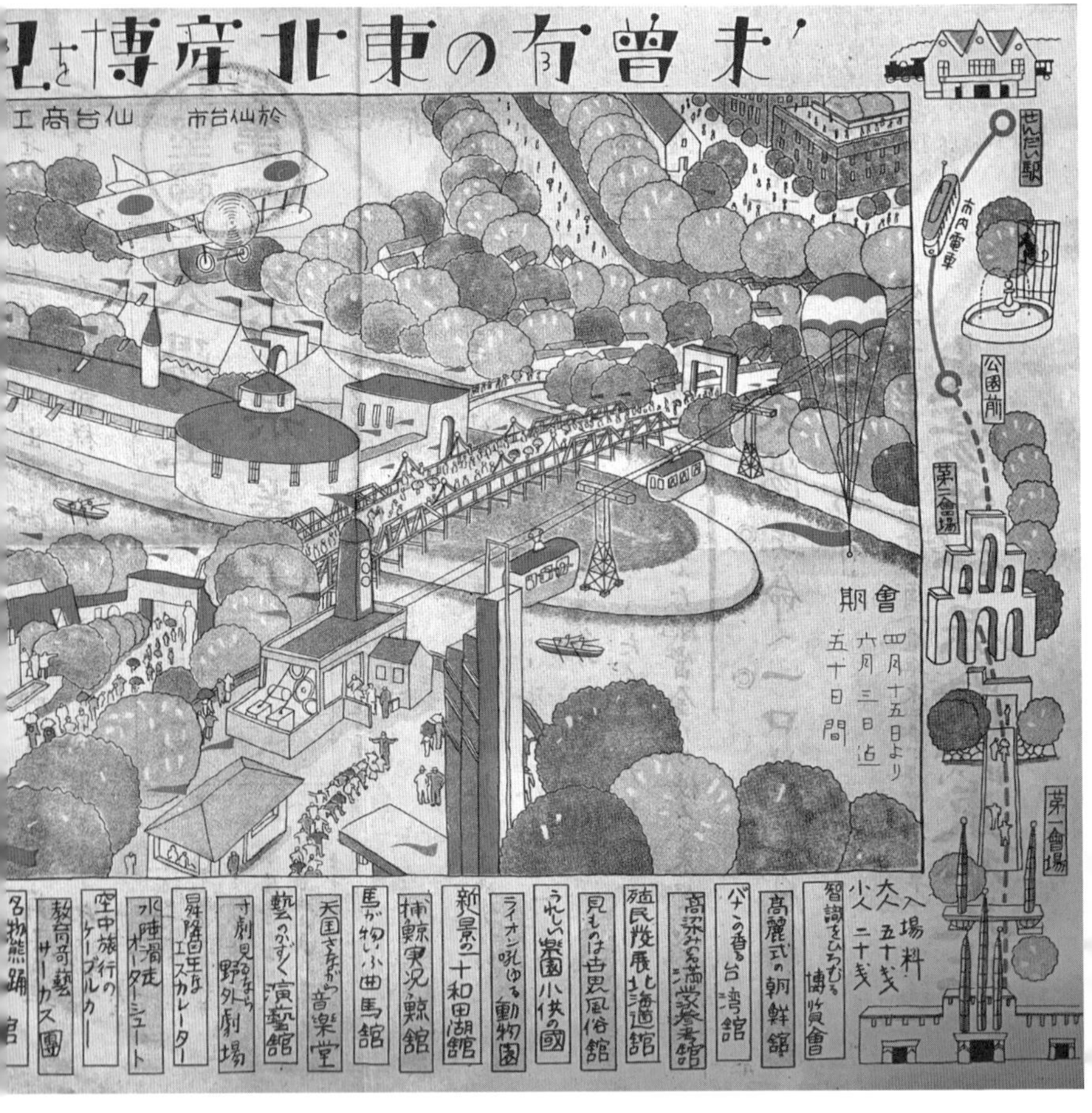

＊東北産業博覧会のチラシ

昇降自在なエスカレーター
水陸滑走オーターシュート
空中旅行のケーブルカー
教育奇藝サーカス團
名物熊踊アイヌ館
実物模型の日光館
見ても見あかぬ博覧会
　入場料　大人五十銭　小人二十銭　團体五十人以上二割引

詳細は不明だが、この展示は、鮎川の南地区に所在した稲井三治商店缶詰工場でも開催された。当時の工場は雄勝スレートの大屋根の見事な建物であり、石巻の渡波―鮎川間の金華山道路が完成したばかりでもあり目を引いた。前掲のパンフレットは仙台の東北産業博覧会の見学ルートに、塩釜・松島まで足を伸ばす設定があるので、塩釜から牡鹿半島、金華山へと観光を計画する人も少なくなかったろう。鮎川の稲井三治商店缶詰工場で、実際にどのような展示が行われたかは不明であるが、本会場での展示と同様、近代東北の新産業としての捕鯨業を紹介するものであったに違いない。

＊絵はがき「鯨館正門」

初代のクジラミュージアム・鯨館

東北産業博覧会を契機に作られた展示は、一九三〇（昭和五）年、改めて鯨館として整備され、鮎川初の恒常的な展示施設の開設へとつながっていったと考えられる。入口には大型クジラの骨を用いた門が設置され、捕鯨会社から多くの標本等を提供されて展示された鯨館は、絵はがきになるほど鮎川の名所のひとつとなったのである。

第一章で紹介した、梶野悳三の小説『鯨の町』（一九四三年刊行）は、鮎川を舞台に捕鯨船乗りの男たちと鮎川の女たちをめぐる物語である。そこに鯨館を見物するシーンがある。実際の展示そのものではないにしても、雰囲気は伝えてくれているのでここに引用する。

> それから二人は鯨館を見物した。帆船の竜骨位ある巨大な鯨の骨格が、半ば風化して鬱蒼としげった桜の下にころがっている。赤く錆ついた旧式の捕鯨砲もあった。館内に入ると、まずアルコール漬けになった鯨の臓器が鯛吉の眼を打った。とあるガラス瓶の前で、ふと足を止めた彼は、何やら奇怪な形をした瓶の内容を熱心に見ていたが、溜息つきながらこう呟いた。

「牝鯨のアレって、ばかにでっかいもんだなあ。メスでアレぐらいだったら牡の方は電信柱ぐらいあるべえもの。なア君」

ここでも案内役の音吉は、何か目に見えない絆に惹かれるように先を急ぎ、鯛吉の方はゆっくりゆっくりと見て歩いた。

網取式捕鯨時代に使用したさまざまな形の手銛や、鯨油の科学的性状を記した分析表、鯨の髭、アメリカ式捕鯨の模型その他鯨と捕鯨に関するさまざまの蒐集品が、相当広い館内一杯にごたごた並べてあった。

（梶野　一九五五、一二二～三頁）

昭和三陸津波と震嘯災記念館

その三年後の一九三三（昭和八）年、鮎川は三陸沿岸に広範囲にわたって大きな被害をもたらした昭和三陸津波を被った。高台へ避難したため町中での死者はなかったが、金華山で小屋掛けして仕事をしていた人が犠牲となった。その災害復興の過程においては、いくつかの被災集落に震嘯災《しんしょうさい》記念館という施設が作られた。避難所と生活向上のための施設を兼ねるため高台への集団移転場所に設置された。鮎川浜の震嘯災記念館は、鯨館と同じ敷地にあった旧小学校校舎を利用して設置された。牡鹿町誌編纂資料の調査メモによると、震嘯災記念館の事業は、以下のようなものであった。

・震嘯災記念日（三月三日）の記念事業に関すること

・震嘯災記念物、参考品の展覧に関すること
・講演会、講習会、青年教育等の施設に関すること
・新聞、雑誌、図書の閲覧に関すること
・活動写真会、音楽会、演芸会、の開催に関すること
・体育、武術、旅行、遠足等の主催または奨励に関すること
・生活改善に関すること
・公益質屋に関すること
・授産、職業補導に関すること
・託児事業に関すること
・医療、法律上の相談、諸種の紹介に関すること
・倶楽部、組織およびその指導に関すること
・浴場、理髪室等敷設に関すること

内容は、公民館的な事業から衛生、教育に至るまで、幅広い項目で復興事業の下支えをしたことがわかる。これは震災直後のみならず、戦後まで継続された事業も多く、公益質屋は漁業協同組合に加入していない人々にとっては貴重な資金調達手段であった。震嘯災記念館は、残念ながら一九四九（昭和二四）年に管理人の失火により焼失したとされているが、その機能は公民館や行政に引き継がれていくのである。

クジラ博物館からおしかホエールランドへ

鮎川町立鯨資料館は、一九五四（昭和二九）年に開館された。この博物館は、捕鯨会社や地域の人々が展示資料を持ち寄って作り上げた手作りのミュージアムであった。一九五五（昭和三〇）年に、牡鹿町が成立するとそのまま牡鹿町立となり、その後一九七七（昭和五二）年に鮎川港に移転して牡鹿町立鯨博物館が開館、同年漁協直売センターがオープンし、観光拠点となっていくのである。この流れは、東日本大震災後に、鮎川港に隣接する嵩上げ地に復興拠点となる商業施設と、おしかホエールランドが再建されたことと似ている。一九九〇（平成二）年、おしかホエールランドが開館、鮎川を訪れる人々が必ずと言っていいほど訪れる施設となっていたが、東日本大震災によって被災し、二〇二〇（令和二）年にリニューアル・オープンした。

戦後の商業捕鯨全盛期は、捕鯨は大手漁業会社による事業であり、人々の暮らしの基盤そのものであった。「産業としての捕鯨」に対する、地元資本による「家業としての捕鯨」も、ミンククジラ漁をわたしたちの捕鯨と誇るようなものとして定着し、初漁の祝いや鯨肉の贈与を通じて人々は深く結びついていた。

商業捕鯨の一時停止は、上記のすべてを変容させることとなった。大手漁業会社は撤退し、船舶で働く人々はそれぞれのスキルを活かして別のかたちで世界へと再び旅立っていった。地域の捕鯨は小型沿岸捕鯨が中心となり、捕鯨に直接関わるのはそれを営む人々とその周辺の人々の範囲に限定され、町全体が捕鯨業でつながっていたかつての形とは違ったものとなった。調査捕鯨は、捕鯨技術を縮小させたものとなったが、技術的には小型沿岸捕鯨と連続していたので、極端に縮小した捕鯨の営みにおいても、かろうじて技術継承のプラットホームとしての役割を保ってきた。

ところで、震災前のおしかホエールランドの展示は、鯨類そのものをテーマとした自然科学の面と、クジラの町としての鮎川の捕鯨文化の両方を扱った、地域博物館的な性格が強い。鮎川の人々にとっては馴染み深いこのミュージアムの形式は、決して一般的なクジラ博物館のものとは言えない。このクジラの町の博物館としての位置づけを強調したのは、前身の牡鹿町立鯨博物館の館長をつとめた木村宣紀氏の主張が大きく反映されていた。クジラ研究でも一目置かれた木村氏は、もともと県職員として水産製品の行政に関わった人物だが、退職後鮎川に嘱託館長として招かれ、以後クジラの生態学や標本作成で活躍した。町誌編纂委員としても詳細に町の歴史としての捕鯨を研究し、鮎川に実験場を設けていた日本鯨類研究所とも研究交流を続けた。学術と観光、地域博物館としての性格を併せもったおしかホエールランドは、この名物館長の存在があってこそのものであった。

地域文化としての捕鯨

一方、この時期牡鹿半島や仙台湾、三陸海岸の地域では、海苔などの養殖業へと転換し、捕鯨業や遠洋漁業から、定置網や養殖業などの定住的な漁業への産業基盤の転換に関心が高まっていた。加えて、クジラは観光資源としての性格を強めていき、土産物店や飲食店、水産加工品の即売店などが港には軒を連ね、多くの観光客を楽しませてきた。調査捕鯨の時代は、鮎川の人々がこぞって捕鯨に関わる状況から、多様な職業で構成される大きな町の産業のひとつとなった。

ただ、捕鯨という他の地域にはない特色ある生業であり、また依然として町の基幹産業のひとつであったため、わたしたちの町の地域文化、そしてかつて栄華を極め現在につながる地続きな歴史として、人々に深く共有されるにいたった。

加えて、戦前から地元資本による沿岸捕鯨が営まれ、ミンククジラを捕獲する「家業としての捕鯨」に発展し、それを基盤に小型沿岸捕鯨や調査捕鯨が営まれてきたことも、鮎川における捕鯨が地域文化として根付いていった重要な要因であった。例えば近接する荻浜や寄磯浜では、捕鯨会社の撤退後、あるいは捕鯨事業終了後、現在に至るまで地域文化として地域住民がクジラを挙げることはない。

また企業の製造した商品が、地域の誇りに直接結びつくわけではない。ミンククジラの刺身や鯨料理を、自分たちのソウル・フードと誇る背景には、そこに地域のアイデンティティを投影する意識が根深く存在する。人はよりどころとしているものを失いかけたとき、アイデンティティの危機を経験する。冒頭述べた鮎川における自賛の言、「捕鯨の鮎川か、鮎川の捕鯨か」は、まさに調査捕鯨の時代において意味を持つものとなっていったといえる。

牡鹿半島では「春と秋に恵みが沸立つ」

半島や離島の地形は山また山、植物に対する豊富な民俗知を育んだ。人は山の自然にバランスよく介入することで、人間にとって有用な植物を得られる。集落の周囲の山を里山としてうまく使えた時代は、山菜やキノコ採りは季節の楽しみであり、またそれを近所に分けるのも楽しみだった。里山が集落の背後に迫る牡鹿半島では、サル・シカ・タヌキ・ヤマイヌ等の動物や、キジ等の野鳥、さまざまな昆虫や植物がくらしの身近な存在であった。昔ばなしにはふつうの人々の身の丈にあった自然観をみてとれる。民間伝承によって伝えられてきた話を集めて文化の研究の材料としたり、児童文学のもとにしたりすることで、見出された埋もれた昔ばなし。牡鹿半島では戦前に、民俗研究家の中道等が盲目の奥浄瑠璃語り鈴木幸龍に聞書きして記録された。

牡鹿半島で語り継がれた、「民話が伝える自然と人」

動物にまつわる民話が多いのは、人の暮らしと山との関わりの痕跡。いつも人を観察しているサルたちが留守中に人の真似をして大失敗、網地島に棲むというネコの親玉には村人が初鰹を献上する、サルを背にのせて海峡を渡る金華山のシカ…、かつてあった心温かい生きものへのまなざし。野山の植物の知識を、遊びのなかで発見・伝承していくのが、子どもたちの世界である。食べられるもの、美味しくないもの、競い合うゲームに使えるもの、子どもの好奇心は多くの自然の特徴を発見することにつながる。

第四章

失敗しても磯からやり直せばいい

1 牡鹿半島の環境と明治期までの漁業

世界三大漁場の民俗知識

世界三大漁場にも数えられる石巻金華山沖の豊かな漁場は、牡鹿半島の豊かな漁撈文化をはぐくむ揺り籠であった。単に資源の豊富さが多様な漁業をうみだしたわけではない。三陸海岸の南端に位置するこの地域は、リアス式海岸の入り組んだ地形と複雑な海底の地形、それによって四季を通じて変化する潮流と気象など、さまざまな自然の諸条件が、水産資源と人との関係の土台となっている。

風や気象に対しての敏感さは、風に対しての名称や、ある気象が別の現象と結びついているといった民俗知識にあらわれている。浜では、海で働く人の多くが夜から明け方、そして午前中まではたらき、昼は小休止しながらぶらぶら過ごす人が多いものである。そうした港や庭先でのんびりしている男性に声をかけて聞書きをすることも多いが、彼らは実は空や波の様子や湿気、風などをいつもなんとなく気にかけている。そうした経験的な知識は、質問して明確な答えとして返ってくることのないものも多く、暗黙の知識ともいえるものである。

例えば、夕暮れの入道雲みたいな湧き上がるような雲が出ると北西風が吹くだとか、水平線に紺色をした幕を張ったような雲が低く出ると西風なので船を出せないだとか、さらにそれが切れかかっていると雨になるとか、北東の風は風下にある雲行きを悪くさせるなど、そういった曖昧な説明でしか語られない。キタッパリという風は、話者によって内容が微妙に異なるが、朝からふく北風は好天の兆しだとされる。また、西風と微妙に風向が変わるナレカゼ・ナリカゼは、波が荒れるとして警戒する。ナリカゼ、ナレカゼは、ナライの風ともいい、小渕浜ではその風を真っ向から受ける浜をナライの浜、ナラデの浜と呼ぶ。夜露がつく日は南風がやってくるともいう。北東の風はコチカゼといい、これは春に吹けば波は穏やかになる。

コチカゼは一般的には東風をいうが、牡鹿半島では北東の風をそう呼び、別名「貧乏風」といい、波が高く船が沖に進まないので、「コチカゼには船を出すな」とも言われたという。これは風そのものの名称ではあるが、コチのカザシタ、イナサのカザウエという。春から梅雨の南東風はモエナカ、南東系の風はイナサといって、その風が吹くと、風上あるいは風下が荒天となるという、連続した気象現象を言っているのだという。西風だと海が「掘れる」つまり海底まで波立って波が高くなるが、ナレカゼはウワナミ（上波）といい、表面だけが「騒いでいる」状態だという説明もあった。これは、風が起こす波が、潮流とも関係しているという感覚であり、船上での感覚と深く結びついている。北西の風は波を起こすがせいぜいウワナミであり、「ウサギが跳ねる」ようにピョンピョンと船を進めることができ、減速しなくても転覆することはない、南風で同じことをしたら壁のように波が当たって危ないともいう。「雨ひとつぶ風千石」といい、トウジカン（冬至の季節）を過ぎると、雨が少し降るだけで風が強くなるともいう。

＊小網倉浜より牡鹿半島の海を臨む

また、風は潮流と結びつく認識があり、それは水温の変化とも関連づけて理解されている面もある。水温が一度違うだけで海はまったく違う環境になってしまうというのである。また、水温の変化を東日本大震災と関連づけて説明する人もあった。「震災で海が変わり、水温が低くなって魚が南から入って来れなくなって、ミンククジラの調査捕鯨も獲れてない」「海水が上がってマグロがとれるようになったがブリが北へ行ってしまった」などといった説明である。科学的に正しいかは別にして、漁獲の状況を感覚的な風や潮流の変化と結びつけて総合的に理解する見方があるのである。

三角錐に近いかたちの離島である金華山は、風や海中の様子を考える指標になっている面もある。また山アテ、すなわち船舶での航行の際の陸地との位置把握には欠かせない。金華山はどの方向から見ても三角錐に見えるため、陸地と金華山、自分の船の位置の三角形を思い描き、波の速さや気象条件から船の操舵を考えるのだという。

沖合に出ても金華山は三〇マイル（五〇キロメートル弱）ほどの距離まで見えるので、沿岸での漁業では常に金華山が目印になるのである。また、「金華山に雲かかったら次の日は下り坂」というのは、漁師でなくても知っていることである。また、金華山を境に北と南では水温や気温が異なり、北側はコンブやアワビが豊富であり、南側はワカメがよく育つ。新山浜など裏浜の方が磯が多いだけでなく、水中の環境としてもアワビの生育に適しているのだという。

「待ちの漁業」と「攻めの漁業」

近世の牡鹿半島は、金華山沖の好漁場を控えた地域であるにもかかわらず、漁業技術に関していえば零細で未発達なものにとどまっていた。そのため、他地域や隣接地域のより高い技術を持った漁民が進出し、いわば〝草刈り場〟となり、地先の漁業にとどまる地元の漁民と、資源をめぐる争いが起こった。その高い技術を持った漁民の最たるものが紀州漁民であった。

彼らが持っていた技術はカツオ釣り溜《た》め漁と呼ばれたもので、大型の和船で沖合まで出ていき、イワシの生き餌を撒いて行う釣り漁であった。三陸沿岸の漁民が、イワシが回遊して湾内に入ってくるのを地曳網でとる「待ちの漁」であったのに対し、紀州漁民は機動性を生かした「攻めの漁」だったのである。

紀州漁民というと、黒潮に乗ってみずから外洋に漕ぎ出し、伊豆半島や房総半島に出漁して先進的な技術を伝えるなど、漁撈技術や漁民の文化を伝えたことで知られている。一方、三陸地域では、例えば盛岡藩が気仙郡唐桑村の商人鈴木家が、特殊技能を持った漁業集団として紀州藩の三輪崎浦《みわさきうら》から漁民を招致し、前述のカツオ釣り溜め漁と鰹節製造を導入しようとした。ロマンあふれる海洋のフロンティアといったイメージよりは、技術者集団を招聘し、新産業を興すといった政策的な意味合いが強いのである。

しかし、地元漁民はその導入について、賛成反対の両派に二分しての議論が行われたという。賛成派は先進的なカツオ漁と鰹節製造の新たな技術によって、豊かな資源を活用でき劇的な経済効果を期待できるという立場であり、反対派は鰹節製造に大量の薪と人夫の米などが必要なため、物価が高騰することを懸念したのである。別の懸案事項を持ち出して対立していた構図では収拾がつかないが、結果的には気仙地方にカツオ釣り溜め漁と鰹節製造が広く受容されていくこととなった。

紀州漁民と地元漁民の軋轢

しかし牡鹿半島では、こうしたいわば誘致活動によるものとは異なり、紀州漁民は海洋のフロンティアのイメージに比較的近く、一方的に入漁して地元の漁撈を圧迫した。このことを示す史料に名前が上がっている喜兵衛と徳三右衛門という紀州漁民が、どの地域の集団を率いたかは分からない。ただ、彼らがカツオ漁のみならず女川の出島《いずしま》を根拠地として捕鯨をも行い、その解剖による血や油の海洋汚染によって鮑や海藻などの磯の仕事ができなくなったとの訴えが藩に出されていることから、捕鯨で栄えた紀州・三輪崎浦との深い関係が推測される。

さらに、前章で述べたとおり江戸時代の牡鹿半島では、不定期に流れ着いたり漂流したりする寄り鯨を売却して、臨時収入を得ることがあった。この寄り鯨をめぐって紀州漁民が、「それは我々が銛を打ったが逃したクジラだ！」と主張し、結局押し切られて利益の半分を取られるということも起こった。地元漁民の紀州漁民排斥のための継続的な運動の結果、最終的に紀州漁民は撤退に追い込まれるが、紀州漁民入漁のインパクトは、地元に少なからず影響を残した。

そのインパクトの一つは、カツオ釣り溜め漁が、生き餌を使う新しい漁法であったことである。近世後期の牡鹿半島では、〆粕《しめかす》、干鰯などの肥料や魚油の製造を目的としたイワシ地曳き網漁が行われていたが、それに加えイワシ筒伏せ漁というものがあらわれる。これはイワシを生きたまま漁獲するもので、言うまでもなくカツオ釣り溜め漁の漁船への販売に供されるものである。

表浜の漁業

表浜では、田代島の鮪の大網（定置網）と、大原浜の筒伏せ漁、小網倉の地曳網が競合し、漁場争論へと発展した。地先の漁業にとどまっていた当時は、限られた漁場と海洋資源をめぐって競合するという状態が、まさに江戸時代の牡鹿半島の漁業をめぐる状況であった。

牡鹿半島の裏浜にあたる寄磯浜《よりいそはま》は、江戸時代からカツオ漁と鰹節生産を営んできたが、生え抜きの家は元禄年間に紀州の尾鷲からこの地に移住した紀州漁民を起源とする伝承を伝えている。実際、近世にはカツオ釣り溜め漁による漁獲物で熊野流の鰹節製造を営み販売までしている。技術伝播の伝承の史実としての信憑性はともかく、牡鹿半島の漁業は紀州漁民を抜きには語れないことは間違いない。

近代に入ると、水産加工品は国内で広く流通する商品となると同時に、海外へも移出されるものとなり、牡鹿半島の磯根での零細な漁業も市場との深い関わりを持つものとなっていった。また、近代捕鯨基地の進出、養殖技術の発達、動力船の普及など、さまざまな近代化の流れのなかで、豊富な資源を背景にダイナミックに動き出していった。また、牡鹿半島内部でも、環境の違いや市場との距離の違いから、漁業におけるアプローチの地域差が生まれていった。

『牡鹿郡誌』によると当時の鮎川村の漁業組合の概況について、その人口のほとんどが「漁戸漁夫」であるがカツオ漁の船のような規模はなく、多くが「懸鮑、海鼠挽、地曳網の類」として磯根と地先での漁業に留まっていた。まさに半農半漁の村々だったのである。

また明治以降、大網という全戸が株主となって利益を分け合う定置網を営んでいるが、うまく利益を上げていないとしている。明治十八年漁業法の施行とともに組織された漁業組合は、以下の漁を管轄しているとしているが、これが明治前期の牡鹿半島の漁業の概況そのものであったといえる。

【大　網】金華山二、鰹・鰤・鯛其の他
【筒伏網】鴨川、山鳥、十八成湾、各一、小鯛及び季節の魚類
【機械網】鮎川湾、山鳥水道、十八成湾に九、鯖及季節魚類
【遠洋漁撈】金華山沖　秋刀魚、鮫（発動機船）
【地曳網】沿岸に三、鮭、鯔、鰯
【流し網】近海　鮪、鰹
【旋き網】同　同
【その他】延縄、筒打、烏賊鈎、章魚鈎、懸鮑等の沿岸小漁は季節により行われつつあり。採藻季節を確定し濫採を許さず、昆布、かぢめは沃土肥料として近年盛んに採集せらる。金華山の海藻は実に多額なるものなり。

失敗しても磯からやり直せばいい

わたしたちは東日本大震災からの一〇年間で、数えきれないほどの人々に聞書きを行なってきたが、そのなかでもっとも印象に残っているのは、以下のエピソードである。

磯根《いそね》でいろいろとる仕事は、牡鹿半島でも地形が複雑な裏浜のほうが盛んだね。これはアワビカギといって、棹の先につけて箱眼鏡で海のなかをのぞいてひっかけてとる。権利さえあれば、磯でいろんなものをひろって食っていけるのさ。磯でいろいろとって、少し儲けたらイサバ（五十集）をやるのさ。みんながとったものを女川やら石巻やらへ持って行って売る。もっと儲けたら店をやるような事業を起こしたり、船を買って漁業をやったり、そうしてのし上がっていって失敗する人も出てくるでしょう。そうしたらまた磯からやり直すのさ。磯でとれるのは、アワビ、ウニのほか、アイナメ・カレイ・スエ・アイ・ボッケなどの根魚、カニ、フノリ、ヒジキ、ワカメ、テングサ。磯には金が落ちてるようなものだから、それを拾うところから再出発。震災でなーんにも無くしても、おれは何とかなると確信してたんだ。でもいろいろ、大変だったけどね。

（六〇代男性）

これは、東日本大震災で漁具や漁船だけでなく自宅も流されてしまった男性が語ってくれたエピソードである。すべてを失っても磯からやり直すことができる、いつの時代もそうしてきたのだという語りである。その背後には困難な震災後の営みがあるわけだが、それでも「磯からやり直せる」、そしてそこからのし上がっていくという、その心意気は牡鹿半島の人々の海との関わりの歴史があってこその言葉だと、わたしは考える。世界三大漁場の資源の豊富さと同時に、それらをどう利益にしていくかを考えながら、時には仕事を転々と変えながらはたらいてきた無数の人々が、牡鹿半島の漁撈文化をはぐくんできたのである。

2　漁浦における磯根の漁撈と沿岸漁業

海底の環境の違いと漁業

仙台湾に面した表浜と女川湾に面した裏浜、そして鮎川、網地島や田代島、江島などの島嶼と、牡鹿半島の漁撈文化は半島内部での地域性と多様性をもっている。表浜は、石巻や塩竈、仙台へと海を介して開けており、海産物を出荷するイサバ（五十集）が発達し、ノリやカキの養殖も盛んに行われてきた。一方裏浜は、女川や気仙沼に向いており、寄磯浜等では気仙沼のカツオ一本釣り漁船に餌として供給するための漁業も営まれてきた。寒流と暖流の潮目には大謀網《だいぼうあみ》と呼ばれる数キロにもわたる超大型の定置網が掛けられるほか、水深二七メートル以下の場所に営まれる小型定置網も各所にみら

れる。

また、岩場と砂地の境界にそってコヒキ（底曳網）を曳くナマコ漁、縄に何十もの餌入りのハモド（筌《うけ》）を延縄のように吊り提げて漬けて引き上げるアナゴ漁（この地域ではオオアナゴをハモと呼ぶ）、潮の穏やかな入り組んだ湾で営まれるワカメ・カキの養殖、新潟県の佐渡から八戸経由で伝来した天秤式のイカ釣り漁、地先の磯根で営む採集漁業などが古くから営まれてきた。また、火光利用敷網漁業は、コオナゴやイカナゴ漁のために水中に網を張り、その上に集魚灯をつけて魚群を集めて引き揚げるもので、ランプ網と呼ばれる。こうした漁業で成功した者は、流通業や民宿などの観光業に転じ、失敗した者はまた磯での零細な漁から再出発した。

【写真引き】

オオアミと呼ぶ大謀網（大規模定置網）の水揚げ作業の様子。大謀網は初代町長である鈴木良吉の家で行っていた。場所は金華山沖で、男性中心に四〇～五〇人で働いていた。定置網の統括者をダイボウ（大謀）と呼んだ。

①**大網**　乗っている人が左に寄っているため、船もその方向に傾いている。網を引くときは全員で「ヨイトーヨイトー」と言った。

②**男たち**　また八〜九割が岩手県宮古あたりの出身の人たちであり、出稼ぎのために来ていた。

③**舟**　作業用で魚を積み、エンジンのない舟を「ダンベ船」と言った。

④**服装**　鉢巻、合羽、アームカバーをしている。合羽、アームカバーに関しては海上での仕事のため、水を弾く素材だった。作業員はみな鉢巻をしている。

⑤**つなぎ**　船が離れないようにロープでつなぎをかけている。

⑥**波**　穏やかである。

『昭和三二年度農林水産基本調査結果表』によると、敷網が小渕浜（二七戸）、新山浜（一八戸）、泊浜（三六戸）、その他の裏浜（三五戸）ほか、小型船底曳網は小渕浜（三戸）ほか、採貝採藻は裏浜に多く泊浜（二七戸）、鮫浦浜（一〇戸）、前網・寄磯浜（五九個）ほか、カキ養殖は給分浜（一六戸）、小網倉浜（三六戸）ほか、ノリ養殖は小渕浜（八戸）ほかとなっている。

春が湧き立つようにやってくる

牡鹿半島では、豊富な海産資源から少なくとも磯根漁業と農業の兼業でひとまず生計維持ができるという。対象はアワビ、ウニのほか、ネウ（アイナメ）・カレイ・スエ・ソイ・ボッケなどのいわゆる根魚、カニ、フノリ、ヒジキ、ワカメ、テングサなどである。とりわけアワビは近代における牡鹿半島の特産品であった。

牡鹿半島でとれるのはエゾアワビで、磯根漁業の主力のひとつである。牡鹿半島では北海道のようにタモ網を使うのではなく、船の上から箱眼鏡でのぞきながらアワビカギ（鉤）でとる。牡鹿半島のアワビカギは、もっぱら鮫浦の阿部家が製作する喜助カギが重宝がられている。焼き入れに特色のある喜助カギは、鋭利でストレスなくアワビを岩から剥がせるという。アワビカギはもともと、箱眼鏡同様、基本的には岩手から南下して伝播した道具であるが、それぞれの地形の違いから形状の地域性が顕著である。灰鮑は干してカビ付けし、一番カビが発生した後に表面のアオカビを払い落とし二番かびを付け、カビを繁殖させる加工食品であった。表面に粉をまぶしたような色になることから灰鮑《かいほう》という名がついた。戦前は牡鹿半島の主力商品のひとつでもあった。

牡鹿半島では季節ごとにさまざまな海産物に恵まれ、食卓で一年のリズムを感じることができる。メバルやアイナメ、ソイなどの根魚は一年中おかずになる。一方、川魚はおかずとしてはあまり好まれない。海のものが豊富にとれて、しかも美味しいからである。

春にはシロウオを網で獲ることができるが、子どもの遊びでもとれるもので、シロウオ汁を食べると春を感じたものだという。学校の課外授業で全校生徒で浜に出て、ヒジキとりをすることで部活動の旅費を捻出するといったこともあり、漁業ではわざわざ中学校のためのヒジキ採取場を確保していたのである。

シャコ、コウナゴ、メロウド、天然ワカメ、メカブ、フノリ、ノリ、マツモなど、春の味覚は挙げ始めたら切りがない。とくに岩海苔をとってそれを干して自家製の海苔にしたものは、本当に磯の香が強く贅沢だという。ある話者は、牡鹿半島では「春が湧き立つようにやってくる」と詩情豊かに語ったが、それを感じるのは食卓からであった。

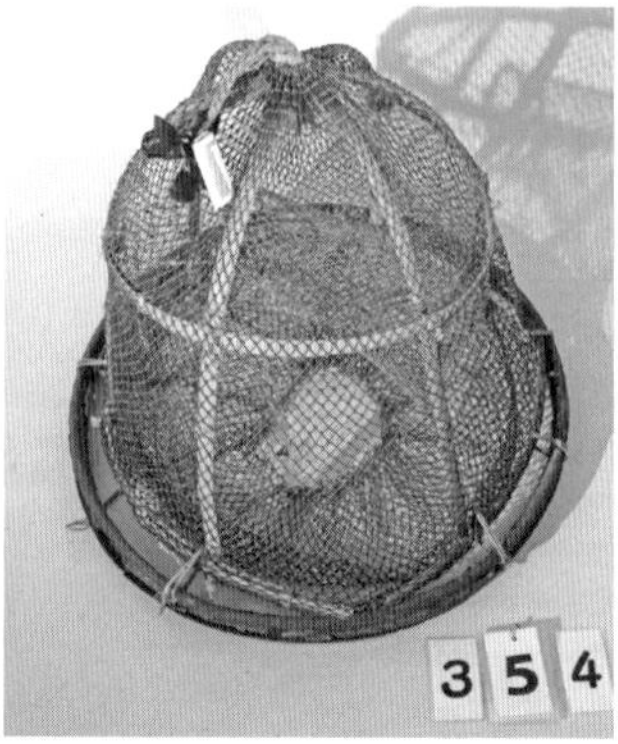

＊右　カニカゴ　＊左　イシャリ

磯根の漁業の営み

アワビやヒジキの磯の口開け、開口《かいこう》の日は、集落のすべての人に採集の権利が開かれていて、学校も休みになった。普段は足の痛いおばあさんに至るまで、家族総出で海に出て、われ先にと磯に陣取ってヒジキなどを採集するのである。これをヒジキのワレソレと言う人もあった。

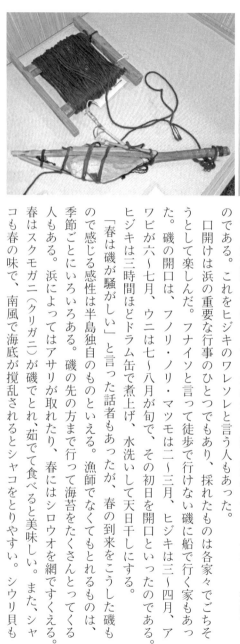

口開けは浜の重要な行事のひとつでもあり、採れたものは各家々でごちそうとして楽しんだ。フナイソと言って徒歩で行けない磯に船で行く家もあった。磯の開口は、フノリ・ノリ・マツモは二〜三月、ヒジキは三〜四月、アワビが六〜七月、ウニは七〜八月が旬で、その初日を開口といったのである。ヒジキは三時間ほどドラム缶で煮上げ、水洗いして天日干しにする。

「春は磯が騒がしい」と言った話者もあったが、春の到来をこうした磯もので感じる感性は半島独自のものといえる。漁師でなくてもとれるものは、季節ごとにいろいろある。磯の先の方まで行って海苔をたくさんとってくる人もある。浜によってはアサリが取れたり、春にはシロウオを網ですくえる。春はスクモガニ（クリガニ）が磯でとれ、茹でて食べると美味しい。また、シャコも春の味で、南風で海底が攪乱されるとシャコをとりやすい。シウリ貝も春の「磯の頃」の名物で、炊き込みご飯や、茹でて食べる。フジの花の頃にはアイナメ、夏はカレイやサバ釣り、「土用のスズキは絵に描いてでも食べろ」というほど夏のスズキは楽しみであった。

イシャリと呼ぶ、竹竿の先に石と鉤がついているものは、タコとり具である。石の槍と説明する人もあるが、意味としては漁《いさ》りである。真ん中の木の部分にエサをつけて、船の上から箱眼鏡で覗いて、海に入れ、上下に揺するとエサが生きていると思ってタコが食いついてくる。エサは、最初は大根を切ってつけ、タコがとれたらそのタコの頭の腑をとって、それをエサにしてって繰り返してく。また、カニをつけてとる人もあり、専業でやる人は名取からわざわざカニを仕入れてやったという話もある。

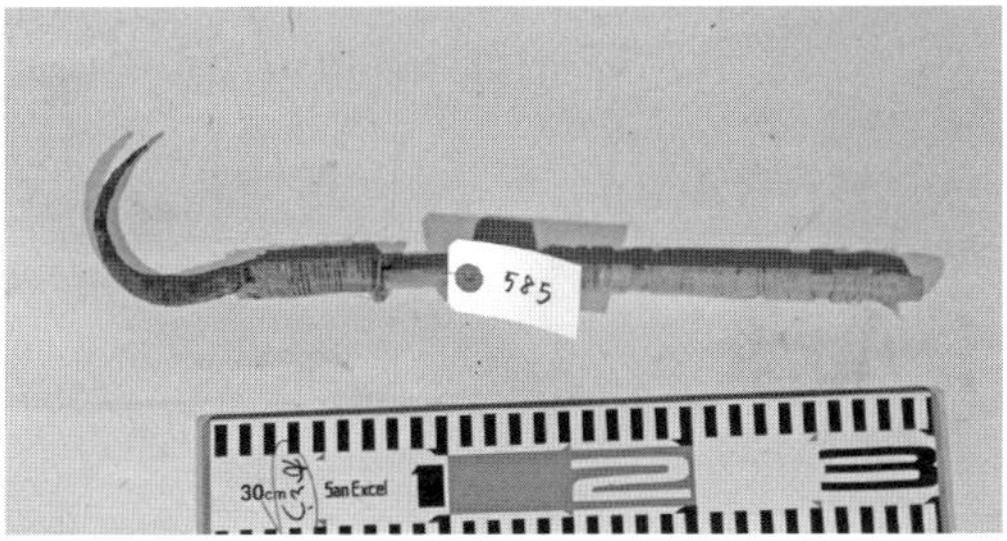

＊アワビ鉤

冬は、トウジガレイと言って冬至以降のカレイは美味しく、特に正月に食べるために煮付けにする。宮城県の年の魚はナメタガレイが有名だが、大きいものは市場に出してしまう。カレイでも、マツカワガレイは地元の人が知る美味。冬の味覚としてマダラは欠かせない。タラのあら汁、キク（白子）や卵の醤油漬けは家庭の味であった。

ヒジキは初夏を告げる海藻である。カニもシーズン終わりの夏に近づくと太って美味しい。ウニや天然のホヤも夏に向けておいしくなっていく。現在は資源保護のため漁期が限られているが、六、七月のアワビが最高に美味しくなり、むかしからの保存食であるアワビの味噌漬けは運動会のおかずの定番だった。干しアワビは出産後のお乳が出るようにと食べさせられたという。アワビの肝の煮物も美味しい。また、子どものオヤツにツブっ子という、ツブ貝の塩炊きがあり、これを持ち歩いて食べたという。夏は、カレイやスズキ、サバ、イカなどが美味しく、シイラのハンバーグは子どもたちの大好物だった。

冬の味覚は、マダラ、ナメタガレイ、アイナメなどが旬で、ドンコはとれたら近所の人に分けて大根を入れたドンコ汁にして食べるという楽しみがあった。またドンコの肝もネギと味噌で和えたら美味しい。冬のちょっとしたご馳走にクズカケを作る。キノコを入れて鍋で煮て食べるととても温まる。タラは吸い物やザッパ汁、刺身など。白子のタラ菊は酒のあて。吉次が食卓に上がれば最高の御馳走である。

南部の先進漁業――大謀網

一方、大きな資本による事業としての漁業に、大謀網の誘致がある。この大規模な定置網は岩手県から特殊技能を持ったナンブシュウ（南部衆）と呼ぶ四〇人ほどの集団を招き、テンヤと呼ぶ寄宿舎に寝泊まりしてもらいながら漁業を営むものである。集落側で招致する家はダナドノ（旦那殿か）といい、ナンブシュウの世話をするかわり利益を分配された。

ナンブシュウは、ダイボウ（大謀）の指揮のもと、現場監督であるトモス（艪を扱う人の意味）、労働者であるアミト（網人）で構成している。水揚げの際は、イオミヤグラ（魚見櫓）で魚の入り具合を確認したうえで、旗と吹き流しで陸に伝え、シドに魚を追い込みながら網を寄せて（起こすという）水揚げするタカブネ、網の底を上げるドエ（胴合）、網の口を閉じて逃げないようにするオキノメ（沖目）の役の分担によって水揚げし、漁獲物はそのまま運搬船で石巻や女川に運んだという。この大謀網は多くの雇用を作り出し、半島部を潤した。

養殖業のメッカ――牡鹿半島

さまざまな漁業によって得た資本をもとに、ノリやカキの養殖業に転じる者もあらわれてくる。戦後は栽培漁業に従事する者が増えていったのである。養殖業は基本的にイエごとに経営され、そこに繁忙期は雇い人を入れた。ノリの養殖は昭和三〇年代は盛んに行われたが、より利益を上げられるカキ養殖が主流となっていった。

そもそも牡鹿半島のカキ養殖は、近代に沖縄出身でカナダで水産事業を起こした宮城新昌《みやぎしんしょう》が、大正期に垂下式牡蠣養殖法を牡鹿半島に導入し、種ガキの北米への輸出を軌道に乗せたところから始まるとされる。その後、牡鹿郡簡易水産学校（現在の宮城県水産高等学校）で教育を受けた漁民がこの地域の養殖業を発展させていった。この時期、養殖業に転じるものと同時に、養蚕業やタバコ等の工芸作物栽培を始める者も多かった。昭和初期の牡鹿半島は、海も山も〝養〟という栽培の思考に基づく生業の空間に転換していったと見ることができる。

マガキのカキ養殖は、良いタネ（種苗）を得ることに始まり、石巻の万石浦《まんごくうら》から牡鹿半島にかけての地域は、カキのタネの一大生産地である。品質の良い、そして潮流や環境の変化に負けず大きく育っていく強いタネがなければ養殖業で利益を得ることはできない。タネハン（種半）という言葉があるが、養殖の成否の半分はタネの善し悪しにかかっているという意味である。宮城種とも呼ばれる万石浦のタネは天然採苗の高い技術に裏付けられている。牡鹿半島では、ホタテの貝殻を幾重にも連ねたものをよく目にする。コレクターと呼ばれるこのホタテ貝の束は、七〇枚を一連として、波の穏やかな内湾のイカダに吊るす。このホタテ貝の連なりにカキがつき、それを太らせていくのがカキ養殖である。カキは、春から水温を毎日足し算していき六〇〇度に達すると放卵と放精が始まるという、不思議な習性を持っている。そうして生まれたラーバと呼ぶ幼生が、ホタテのコレクターに付く。自然に付くのを待つから天然採苗である。

天然採苗の条件をもっともよく整えているのが万石浦であるが、起伏のはげしい牡鹿半島の入り組んだ地形は、それぞれの浜に良い内湾があり、カキ養殖に適している。山から川へそして海へと浸み出した養分によって豊富なプランクトンを抱える海、カキの母貝が多く生息する磯の環境は、カキ養殖の前提となる条件である。それに加え、牡鹿半島の表浜側は、南風によって波が打ち寄せられる角度にあるため、ラーバが沿岸に寄せられ、カキのコレクターに付着しやすい。そして穏やかな湾内は、干満の差を把握しやすい。

カキ筏の浮かぶ風景

さて、三月に入ると養殖業者は、前年に稚貝が付いたホタテ貝（これがタネ）を、ロープに挟み込んで吊るす作業に入る。このとき、ウキタネと呼ぶ貝からはみ出してついているものは、潮の流れで落ちてしまうのでハネる。こうして仕立てたロープは、八メートルに三〇枚吊るすのが基本で、ひとつのイカダにこれを一三〇本程度吊り下げる。イカダに吊るした状態をカキ棚と呼ぶ。カキ養殖の敵は水温の乱れ（平均より高くても低くてもよくない）と貝毒である。水温の関係で、ホタテ養殖は牡鹿半島の北側が南限である。

しかし、シュウリ貝と呼ぶムラサキイガイはよく育つので、カキ棚には大量のシュウリ貝がつくので、これを落とすために湯に潜らせるという作業もある。カキは口が固く閉じているため、一瞬の湯は通さないから、シュウリ貝や他の貝だけが死滅するのである。浜ではシュウリ貝を捨てたり焼いたりするので、この季節に浜に出向くとバケツいっぱいのムラサキイガイをタダでいただくことがある。いわゆるムール貝の一種なので、地域によっては復興商店街でムール貝丼として提供するところもあるほど美味しい。しかし、ムラサキイガイは、カキに必要な養分をとってしまうので養殖にとっては敵なのである。

夏を越したカキは、一一月から三月に収穫するが、むき身で出荷する小粒のものは早めに、殻付きカキは十分に置いて出荷する。後者の高級カキでの利益を狙う人は、一枚のホタテ貝につくタネを少なめにする。密集すると殻が細くなり身も太ることができず見栄えしないからである。形よく、身入りも良い、最高級のカキは、長くカキ棚を浮かべるため、何かのアクシデントが起こると全滅する可能性が高まる。ハイリスク・ハイリターンである。かといって、単価の低いものを量産しても人件費に見合う利益を安定的に出せるわけではない。平均水温が少し違うだけで全滅することもあるし、貝毒が出れば出荷停止になる。しかし、無事に出荷できれば、大きな利益を得ることができる。ここに養殖業の難しさと面白さがあるのだという。

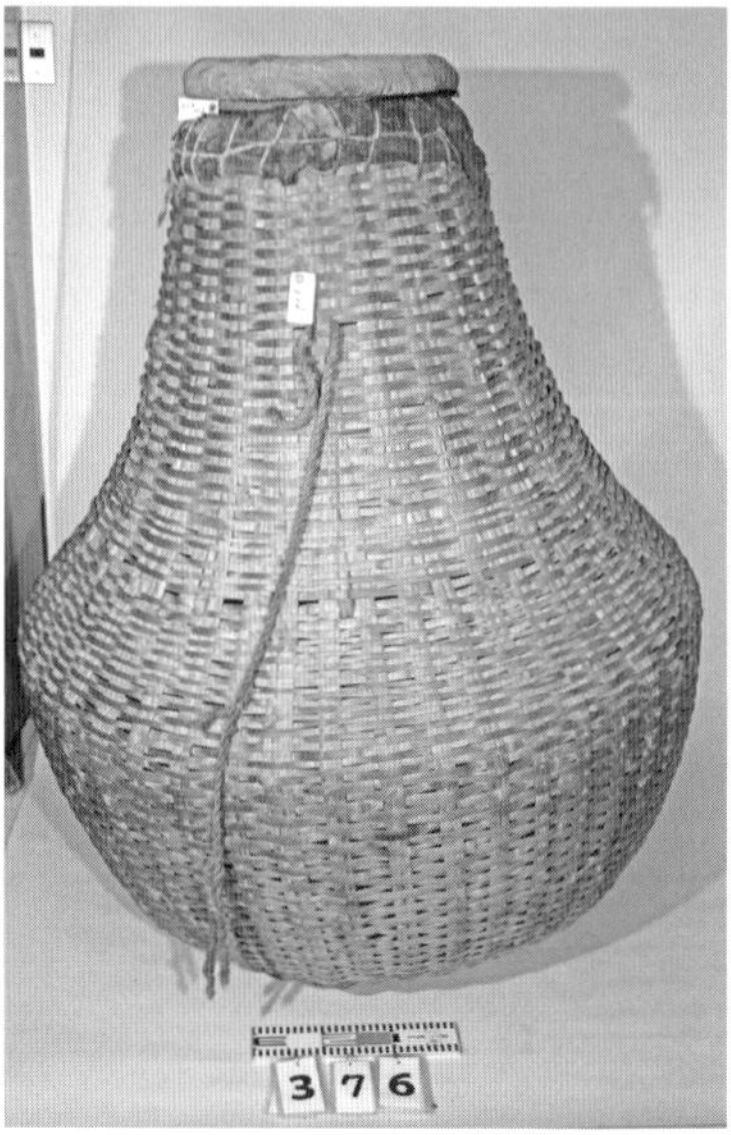

＊右　生簀　＊左上　〆カス絞り　＊左下　ハモド

科学的知識と経験的知識

カキ養殖は、水産試験場のデータや水産学校での教育など、科学的な知識が土台となった技術である。しかし前頁までで述べたような勘どころや、経営戦略によって、そのやり方は一軒一軒ことなる。生産販売は協同組合でも、養殖業は基本的に一軒ごとの家業であるから、流儀も方法も、海の状態に対する認識も、カキに対する理解も、漁師一人ひとり独自である。東日本大震災後、復興政策のなかでグループ化が試みられたが、結局は自分の流儀に対して持っている誇りが優先してうまく行かなかった浜も多い。

一方で、お互いの知識を持ち寄って企業と手を組んで共同作業を成立させた例もある。牡鹿半島の養殖業は、家業として定着しつつ、時代の流れに対応しながら、常にその販路を模索し続けてきたのである。

魚　種	1	2	3	4	5	6	7	8	9	10	11	12
カツオ						■	■	■	■	■	■	
シ　ビ				■	■	■	■	■				
イワシ	■	■	■	■	■	■	■	■	■	■	■	■
ツノサメ	■	■	■									
モウカザメ	■	■	■	■	■						■	■
メヌケ	■	■	■	■	■							■
タ　イ					■	■	■	■				
カレイ	■	■	■	■	■	■	■	■	■	■	■	■
スズキ							■	■	■	■	■	
タ　ラ	■	■	■	■	■						■	■
ア　ジ						■	■	■				
サンマ									■	■	■	
ブ　リ		■	■	■	■	■	■	■				
イナダ			■	■	■	■	■	■	■	■		
は　も								■	■	■	■	■
キ　ス	■	■	■	■	■						■	■
メロウド		■	■	■	■	■	■	■				
スルメ						■	■	■	■	■	■	
ウナギ	■	■	■	■	■	■	■	■	■	■	■	■
アワビ	■	■	■	■	■						■	■
カ　キ	■	■	■								■	■
サ　ケ						■	■	■	■	■	■	■
マ　ス		■	■	■	■	■	■	■				
ホソメ					■	■	■					
テングサ												
ノ　リ	■	■	■	■	■	■	■	■				■
ワカメ				■	■		■	■				
サヨリ									■			

牡鹿半島の漁業暦

漁業者と捕鯨者の協力

民俗学者の川島秀一は、鮎川の捕鯨を、企業城下町的な側面にとどまらない、生活や他の生業との深い関わりからとらえようとする視点をもっている。とくに、地域の零細な漁業者と小型沿岸捕鯨の捕鯨者との協力関係や返礼などの儀礼的交換、生き物の営みと多様な水産資源利用における捕鯨の位置に着目し、小型沿岸捕鯨の漁業としての側面、あるいは漁村の生業としての捕鯨業に着目している。

ミンククジラとツチクジラでは、その漁期が相違する。髭鯨類のミンククジラの場合は、春のメロウドを補食するために春先の操業であり、歯鯨類のツチクジラはイカを捕食するために、夏が操業の本番になる。つまり、鮎川の漁業暦に覆いかぶさるように、捕鯨の漁期も定まっていたわけである。（川島　二〇〇九、二一〇〜二一一頁）

川島の調査では、「メロウドに対してミンククジラと競合関係であるイケスクイの漁船が、クジラを発見したときに小型捕鯨船に連絡をして捕獲してもらう。捕鯨船では、その御礼として、イケスクイの漁師に、クジラの肉と酒を贈るという関係が保たれていた」（川島　二〇〇九、二一一頁）として、メロウド掬い網漁（牡鹿半島ではイケスクイという）の牡鹿半島の漁船と捕鯨船の間のウィンウィンの協力関係について述べている。わたしたちの聞書きデータにも、メロウドの漁師から無線で「メロウドがクジラに全部食べられてしまうから早く来てくれい」と助けを求める連絡を受けて駆けつけたというエピソードもある。

＊鮎川港の捕鯨船とメロウド漁船
（提供：鮎川の風景を思う会）

3　鯨肉食と四季の海の幸

鯨肉の流通

もともと鮎川の牡鹿魚市場は町の所有で漁協がこれを借りる形で運営しており、鯨肉卸売業者から保証金を取った上で販売していた。鯨肉の販売には、資本金のみならずこの保証金も必要であったので、資金力が必要であった。漁協は卸売業者から購入金を受け取り、捕鯨会社に振り込むが、最盛期には卸売業者からの入金が滞ることがある。この時保証金の五倍までの範囲で、返済が遅れても許容され、決算時に最終的に支払いが完了すれば良いという大らかさもあった。漁協はもちろん一定割合の手数料を取るが、その利益によってこの地域の零細な漁業の漁獲物の流通も安定的に行われるという側面があった。

卸売業者には、地元鮎川の業者、石巻の業者、塩竈の業者と鮎川の業者の共同での購入があった。ひと口に赤肉と言っても、種類によって価値が違っていた。正肉は入札で値段を決める。次肉は正肉の八割、小切れ肉は半額、剥ぎ肉、あばら肉は二割ほどの値段であった。いわゆるシロテモノと呼ばれる本皮やウネスと、内臓は、赤肉とは別の流通で、直接加工業者等が購入することとなっていた。シロテモノはウネス、本皮、雑皮、尾羽などに分かれるが、それぞれキロ当たり固定の値段であった。

地元の小売業者は、卸売業者から小分けに購入して地元への流通を担ってきた。鮎川での小売販売の値段が安いのは、地元消費だから運送経費等がかかっていないだけでなく、複数の仲買業者を介していないからである。加えて、地元の人々はクジラの卸値をだいたい知っているから、極端な利益を

＊ミンククジラの刺身用赤身肉

乗せた値段をつけることができない。また、春の初ミンクの時期、盆暮れには、馴染みの人や親戚への贈答も含めて地元民も大量に購入するため、リーズナブルな単価で販売することになる。地元の集まりや祭、消防など、町の活動に対しては、捕鯨会社や有力者、後援会などからゴチソウとして振舞われた。

クジラ商品と食品のバリエーション

クジラは多様な利用で余すところなく用いられてきたことで知られる。具体的には骨は肥料として、骨や本皮は鯨油の原料となり、石鹸やグリセリン、マーガリンやショートニングへ加工され、ヒゲ板は釣竿や皿など、鯨歯は印材や装飾品、カフスボタン、麻雀牌、将棋の駒など、マッコウクジラの千筋という硬い筋肉はテニスガットの材料となった。また、マッコウクジラの男性器の皮や胎児の皮をなめして作った革製品、骨を用いた骨刀や裁縫用ヘラなどもあった。

赤肉や尾の身の刺身、赤肉の竜田揚げ、本皮のコロやトイ汁、大和煮、缶詰、ハム・ソーセージなど、睾丸やホシ（心臓）、マメワタ（腎臓）、百尋・ウデモノなどの内臓、サエズリのボイル、下あごから喉にかけてのウネスによるベーコンや須の子、カブラ骨の軟骨を加工した松浦漬など。珍しい食べ方では、クジラの歯ケロといって、ヒゲクジラの歯茎を茹でたものは子どものおやつだったという。これは太地ではジャバラと呼び、アワビのような食感と味わいで好まれている。ナガスクジラのひげ板の付け根をヒゲネと称してかじったという人もいる。

また、ヒジキとクジラの小腸を煮たヒジキ煮もあった。捕鯨船に乗っている人とそのごく近しい人は、マッコウクジラの胸肉を捕鯨や解剖の分け前としてもらえた。刺身にして美味しく、またマッコウの佃煮は絶品だという。醤油につけて干した干し肉を焼いたステーキも食べたが、市場には出ない肉であり、これを食べたことのある人も少なくなってきた。

戦前の捕鯨は、鯨油の精油や農業用肥料の原料獲得を目的としていた。鮎川では、今でこそクジラは郷土食として人々の食生活に深く根ざしたものとなっているが、明治・大正期には馴染みの薄いものであった。捕鯨基地には、缶詰工場や冷凍工場、製氷工場などが建設され、加工製造の体勢が徐々に整えられ、鯨肉は食卓にのぼる食材となっていく。戦後の食糧難の時期に、鯨肉は日本人の動物性タンパク質の摂取の重要な食料となり、学校給食にも取り入れられていく。鮎川が捕鯨業で活況を呈す戦後復興期は、こうした加工製造、輸送技術の発展と不可分であった。

食材としてのクジラ

クジラは部位ごとにさまざまな食材となる。クジラの胴は本皮と呼ばれる皮と皮下脂肪のなかに肉がついており一般に赤肉として食される。ミンククジラの刺身は鮎川では最高のご馳走とされる。醤油と酒などに漬けて片栗粉で揚げる竜田揚げ、醤油漬け・味噌漬けのクジラステーキ（三杯漬け）は定番料理だが、大阪でするようなハリハリ鍋（水菜と片栗粉をまぶした赤肉の鍋）、九州で有名なクジ

*ミンククジラの煮凝り

ラカツなどは、鮎川ではほとんど作らない。

尾の身は尾に近い肉で霜降りの高級部位であり、庶民の食卓にはなかなか上らない。下顎から喉にかけてのウネスはクジラベーコンや、酢味噌などをつけて食べられている。ただ、九州のようにしゃぶしゃぶや刺身、茹で畝として食べることは鮎川ではない。鮎川では百尋のボイルは、好んで食べる人はあまりいないが家庭によっては食べた（西日本にゆかりのある家か）。南氷洋に行った人は、ノドチンコ（?）を食べたという。刺身のようにして食べるが美味しいらしい。

ミンククジラのニコゴリは、おもてなし料理として親しまれており、お盆に親戚が帰ってきたときの定番料理である。ゼラチンで固めたほぐし鯨肉である。近所に配ったりして各家庭の味をもとにおしゃべりするような食品である。包んで渡しやすいということもあるが、味の違いがよく出る。

顎の軟骨のかぶら骨の松浦漬けなどは、鮎川では知らない人の方が多い。舌をボイルしたサエズリは料理店などで出されて好まれているが、生をスライスした刺身は鮎川では食べない。畝の一部、スノコや赤肉の大和煮は庶民料理の定番である。内臓については心臓はホシと言って刺身で食べ、腎臓はマメワタと呼んでボイルしてポン酢などでたべる珍味である。その他の臓物はいわゆるウデモノ（茹でもの）として西日本では好まれるが、鮎川でこれを家庭で調理する人はまずない。皮は関西のようにコロのおでんダネや土手焼きにするのではなく、薄くスライスしてゴボウなどを加えたお吸い物のトイ汁が定番である。トイをカレーライスに入れる人もある。また薄くスライスした本皮の刺身は、赤身の刺身と重ねて紅白、赤白と呼んで刺身や寿司として親しまれている。頬肉にあたるカノコは味噌漬けにしてスライスして食べるが、関西のようなすき焼きはしない。ミンククジラのあばら肉の野菜炒めもある。

　前述のように鮎川では、鯨肉の食文化はミンククジラだけでなく、かつてはマッコウクジラの味噌焼きなど現在では食べられない食事もあった。また、ツチクジラをとるようになってからは、血の気の多いハクジラの特性を生かして、味噌焼き・醤油焼き、クジラジャーキーなど工夫を凝らして食べてきた。房総で見られるようなタレと呼ぶ食材は鮎川には現在に至るまで定着していない。

行事食になりつつある鯨肉食

　東日本大震災による生活の困難や人口の流出によって、鮎川ではあらゆる祭りや年中行事が中断した。しかし、復興商店街であるおしかのれん街も軌道に乗った二〇一三年一〇月一三日、「おしか鯨祭り復活祭」が開かれ、わたしも学生とともにお手伝いに駆けつけた。当日は、クジラ供養と東日本大震災犠牲者の合同供養のための法要が、鮎川の観音寺で営まれ、僧侶による読経のあと約二〇人の祭り関係者が焼香をした。そして午前一〇時から、被災した牡鹿公民館跡地の更地でオープニング・セレモニーが行われ、石巻市牡鹿稲井商工会の齋藤富嗣《とみじ》会長は「まだまだ震災前と同じようにとはいかないが、鮎川港の修復が完了すればまた以前と同じようにお祭りを開催できる」と復活を宣言した。

　ステージでは、地元の小中学生によるソーラン節や太鼓の披露、金華山龍踊《じゃおど》り、婦人会の保存会による七福神舞などの芸能が披露された。このとき、会場付近の更地では外房捕鯨《がいぼうほげい》株式会社から提供されたツチクジラの鯨肉を、役場職員らが炭火焼にしていた。これは一一時三〇分から開かれるツチクジラ炭火焼の無料配布のためである。焼きあがった肉は商工会女性部が一人分ずつに切り分けて来場者に配布、合計一〇〇〇皿をおよそ四〇分で配り終えてしまった。炙りたてのツチクジラの赤肉は、その血の気の多さがヒレステーキのような触感につながりとなって幅広い世代に喜ばれた。

翌年一〇月五日、震災後第二回のおしか鯨祭りが開催された。会場は同じ更地であったが、来場者は前年比より少し上回る盛況ぶりであった。鯨肉のなかでも、ツチクジラの炭火焼というものは、仙台市内はもちろん牡鹿半島でも提供する店はほとんどないので、珍しさから、仙台圏や石巻市内などから多くの観光客らが訪れた。鯨肉食は毎日食卓に上るものではなくなったが、仙台における芋煮会のようなイベント食として定着しつつある。

ツチクジラの炭火焼は、しょう油をつけて炭火で焼いただけのシンプルなものであるが、鮎川の人々にとっては炭火で鯨肉を焼いて食べるという行為自体が懐かしいものであるという。鯨肉については、戦後の給食で冷めた竜田揚げを食べたという世代にとっては抵抗があるという意見が多い。また、貧しさを連想させるものでもある。ただ鮎川在住の人々は、炙りたての軟らかい鯨肉の美味しさを経験的に知っており、年配の女性が「最近は家で七輪を熾《おこ》すこともなく、炭火焼を食べなくなったからおしかクジラ祭りが楽しみだ」と語っていたことが印象的であった。

鮎川の食の名物としてのクジラ

現在、石巻市鮎川では鯨肉を食べさせる店はわずかであるが、クジラを名物として売り出しているのが黄金寿司である。大将の古内勝治さんは、もともと港に近い鮎川の中心部に店を構えていたが、震災で店を流されて仮設のおしかのれん街へ出店し、現在は鮎川港近くの観光交流施設内で本格営業している。この店の看板商品は、ミンククジラを使ったクジラの握りとクジラ海鮮丼、クジラユッケ丼等である。同施設内には、黄金寿司の他、海鮮レストランなぎさ、プラザサイトー、鯨歯工芸の千々松商店、外房捕鯨株式会社の小売店くじら家が開業し、隣接地にも続々とおしかのれん街の出店者が店を出す予定である。多くのボランティアや観光客がそれを目当てに連日訪れている。

クジラ鮨は赤味と皮の握り、サエズリ（舌）、クジラベーコンの握りなどがあり、鮎川の復興のシンボルとしてメディアにとり上げられることも多い。

鮨や海鮮丼は、捕鯨基地の町で育まれた高級レシピであるが、竜田揚げと同じぐらい庶民的なレシピとして作られてきたのが大和煮である。大和煮は調理法的には甘露煮と同じで、しょう油と砂糖、生姜等で濃い目の味で甘辛く煮たものである。鮎川では前述のように戦前からミンククジラが好んで食されてきた。

主力商品のクジラの大和煮

鯨の大和煮は戦前から缶詰として商品化されてきた。現在、大和煮に加工される鯨種は、ヒゲクジラ類はナガスクジラ・イワシクジラ・ミンククジラ・ニタリクジラで、歯クジラ類ではツチクジラ・

＊クジラ紅白寿司（黄金寿司）

ゴンドウクジラがあるが、複数の鯨種を混ぜている商品が大半である。そうしたなか、近年鮎川の捕鯨会社のひとつ鮎川捕鯨ではクジラの種類別の大和煮を販売している。単にクジラの大和煮というだけでなく、捕鯨や鯨種についてより知ってもらいたいという意図が反映されており、復興商店街でも意外と人気なのだそうである。味付けはあまり変わらないものの、触感の違いを愉しむことができる。

この大和煮を用いた新たなレシピが「おしかモビーＤＯＮ」であった。これは震災後考案されたもので、温かいクジラの大和煮と温泉卵をのせた丼物である。これは、東日本大震災で被災した岩手、宮城、福島三県の各所の仮設商店街が、地域特産の食材を使った創作料理で競う「復興グルメＦ－１大会」のためにおしかのれん街が考案したものである。これは、認定ＮＰＯ法人アムダが東日本復興支援事業の一環として行っている「被災地間交流事業」のひとつで、東日本大震災の翌年三月から令和元年度までに過去一六回開催されてきた。

「復興めし」

東北太平洋側の三県の被災地で、互いの特産物を意識しながら、クジラの魅力再発見のための取り組みは、こうした交流が続いていけばさらに活性化されるであろう。こうした新たなレシピづくりの取り組みについて、河北新報では特集「復興めし」として連載するなど（二〇一五年九月一〇日から一九日まで『河北新報』にて連載）、注目を集めてきた。

そこで取り上げられた内容は、①「キラキラ丼（宮城県南三陸町）」②「釜石バーガー（岩手県釜石市）」③「サバだしラーメン（宮城県石巻市）」④「りゅうぐう蛸焼（福島県南相馬市）」⑤「ふかひれ丼（宮城県気仙沼市）」⑥「がんバーグ（岩手県陸前高田市）」⑦「女川カレー（宮城県女川町）」⑧「フィッシュ&チップス（岩手県大船渡市）」⑨「ホッキコロッケ（宮城県山元町）」⑩「復興チャレンジグルメ」（福島県相馬市）」という内容である。伝統的な「郷土食」にとらわれない、被災地の今に着目した構成となっているところに、この連載の特徴がある。現代の「郷土食」は、実際に交流のある他地域との対比のなかで自己認識を高め、交流のためのツールとして育まれている。

牡鹿半島の人々は「祭り囃子にココロ踊る」

年に一度のお祭りでは居ても立ってもいられない、ご馳走も楽しみ多くの人々が支える金華山の盛大なお祭りも、浜ごと浦ごとの寺社の祭りや家の行事も、すべて手を抜かず全力で楽しむことで一体感がうまれる。行事で受け継ぐ季節ごとのレシピも、自然と人とが作り上げた牡鹿の文化。各集落では、神輿に神さまをのせて御旅所へ渡り、力を蓄えた神さまを再び社殿に迎えてくらしの安全を祈ってきた。神輿に海水をかけたり海に入ったりする浜降りが行われるのは、海に力の源を見出してきたからだろう石巻の零羊崎神社で継承されている牡鹿法印神楽は、もともと修験者が伝えた神楽である。現在も雄勝地区で演じられているように、かつては牡鹿半島の浜や浦でも舞台が組まれ、牡鹿法印神楽を招いて演じられたという。

牡鹿半島では、「祭と海はいつもひとつ」

氏神は神輿にのって浜へ降りる、獅子舞は各戸をめぐって福を寿ぐ。それぞれの浜の行事は、獅子舞の門付けと、神輿の浜降り行事。カミは海へと担がれて、海水から得たチカラで人々を守るのだ。浜に漂着したと伝えられる仏像もある。牡鹿半島では、むかしから海に祈りを捧げてきた。神仏へのほめ詞や祝福を唱える芸として、鮎川には七福神舞が継承されている。七福神のご利益を舞と囃子でコミカルに演じる芸能で、三陸各地にみられる。もとは宴席や慶事の場で舞われる女性の余興芸である。家々の門口で厄払いや祝福のための獅子舞は、三陸では獅子振りとかお獅子さん、春祈祷などと呼ばれる。獅子頭は神聖なものとして扱われ、門口で頭を噛んでもらうと健康になるとして、それぞれの浜で親しまれている。

第五章

突拍子もないほどの賑わい

1 捕鯨業の繁栄と鯨祭り

鯨祭りの賑わい

戦後鮎川は捕鯨産業の町であると同時に、金華山へ渡る玄関口として観光志向の強い町となっていった。一九五〇年代の鮎川は若者も多く、活力に溢れていたという。鯨祭りが始まったのはそうした雰囲気のなかからであった。

そもそも最初に動き始めたのは、働き盛りの若者が中心となっていた当時の消防団であった。当初は各職場ごとに対抗のリレー大会や仮装行列で盛り上げるようなことをはじめ、それを組織だって行うようになり、のちの鯨祭りへとつながっていくのである。一九五七(昭和三二)年からは牡鹿鯨祭りとなり、各地区から漁止めをして送りお盆の供養を兼ねて行なった。行事が八月三・四日に変わったのは一九六七(昭和四二)年頃で、その頃から広く来場者を呼びかけるようなイベントに変わっていったのである。

もともと鯨祭りは、戦後復興と鮎川の繁栄を願って開始されたが、町民がそれぞれの役割を果たして実施することがもっとも重要な目的だったといえる。鮎川音頭が初めて披露されたこの祭りには、各地区の婦人会が仮装行列を行い、各社の砲手による捕鯨砲で鯨の的を撃つ「実砲実演」など華やかなものであった(砲手は憧れの職業であった)。昭和四〇年代以降は、地元団体や七十七銀行、捕鯨会社などによる踊りとパレード、歌謡ショーなどが行われ、震災前は大規模な花火大会がメインイベントの祭りであった。

鯨祭りで行われる重要な行事が、鯨霊供養である。鯨祭り以前、一九四八（昭和二三）年に大洋漁業株式会社が組織的な鯨供養祭を行なっている。一九五三（昭和二八）年の鯨祭りでは、町役場や商工会などイベントに関与するさまざまな人々が集って海難事故で亡くなった人や、魚類鯨類の霊の供養を行うという現在のあり方につながる形式が出来上がった。

鯨祭りは、一九六〇（昭和三五）年のチリ地震津波の影響で中断するも四年後には復活、小学生の鼓笛隊のパレード、古式捕鯨の海上実演などが加わり、地域住民のイベントとしての性格も強めつつ、ますます多くの来場者を招いて活況を呈した。

鮎川ロケによる映画「鯨と斗う男」

鯨祭りの賑わいは鮎川ロケで撮影された高倉健主演の映画『鯨と斗《たたか》う男』（東映、一九五七年公開）にも描かれた。本作は、田畑喜作原案、岡田豊脚本、津田不二夫監督で制作され、佐野周二、当時若手の高倉健、月丘千秋、ディック・ミネといった、錚々たる出演者で人気を博した。当時の映画館が制作したフライヤーには、以下のように書かれている。

＊『鯨と斗う男』上映チラシ

のたうつ巨鯨、燃ゆる斗魂!!

男と女、意地と恋情が荒海に爆発する!

渺々《びょうびょう》たる大海原のまっただ中、巨大な鯨に引き廻され、木の葉のように翻弄される捕鯨船。雄大な捕鯨場を舞台に人と鯨の男性的な死闘がつづく——これは大型映画の絶好の素材である。「鯨と斗う男」は鯨捕りに取り憑かれて、それに命をかける一船長と彼に挑戦する男の意地と情熱、更にその日焼けした逞しい銛撃ちに火の様に寄せる女心の激しさを津田不二夫監督が東映スコープで描くダイナミックな海洋活劇である。

「鹿井写真」のなかの鯨祭り

一九五五(昭和三〇)年前後の鯨祭りを撮影した貴重なスチール写真が残されている。本書の第一章で紹介した「鹿井写真」である。当時二〇代前半の若者だった鹿井清介さんは、自慢のミノルタのカメラで突拍子もない賑わいをみせていた鯨祭りを撮影した。記録のためでも芸術のためでもない、隣人を撮ってプリントを配ってあげたいという、ただそのために撮られた写真である。

「鹿井写真」の鯨祭りには、引いた風景と生き生きとした人物という、マクロとミクロの両方がおさめられている。引きは、さすがに大工だけあって船のマストやら塀の上やら、とにかく高い目線から全体を撮影している。それと同時に、隣人の活躍する姿を撮影している。スナップ写真は、全体もわからない、人物の表情もイマイチといった中途半端なものに陥りやすいが、「鹿井写真」はマクロとミクロしかないため、結果的に当時の様子を臨場感あるかたちで残しているといえる。
わたしたちは、たびたびこの写真を民具や文化財とあわせて被災地で展示し、その展示場に来場する人々に対して、何が写っているのかや当時の様子などを、微に入り細に入り聞書きを行なってきた。その過程は拙著『復興キュレーション―語りのオーナーシップで作り伝える〝くじらまち〟』（加藤二〇一七）を参照いただきたいが、その聞書きデータをもとにして大学生がまとめ、鮎川の風景を思う会の成澤正博氏とともに作成した報告書が「浜の棟梁・鹿井清介が撮影したくらしと祭り―鮎川浜1950年代」（加藤編　二〇一九）である。以下は、写真引きの形式で、一九五五（昭和三〇）年当時の鯨祭りについて解説をしたものであり、言葉で説明する以上に当時の活気を感じてもらえると思うので、ここに再録する。（次頁より）
ちなみに上記の古写真調査報告書は、東北学院大学図書館のウェブサイト内に設置されている東北学院大学学術情報リポジトリで、全ページを一括ダウンロードが可能であるので、ぜひご覧いただきたい（東北学院大学図書館ウェブサイト、東北学院大学学術情報リポジトリにて「浜の棟梁・鹿井清介が撮影したくらしと祭り―鮎川浜一九五〇年代」で検索）。

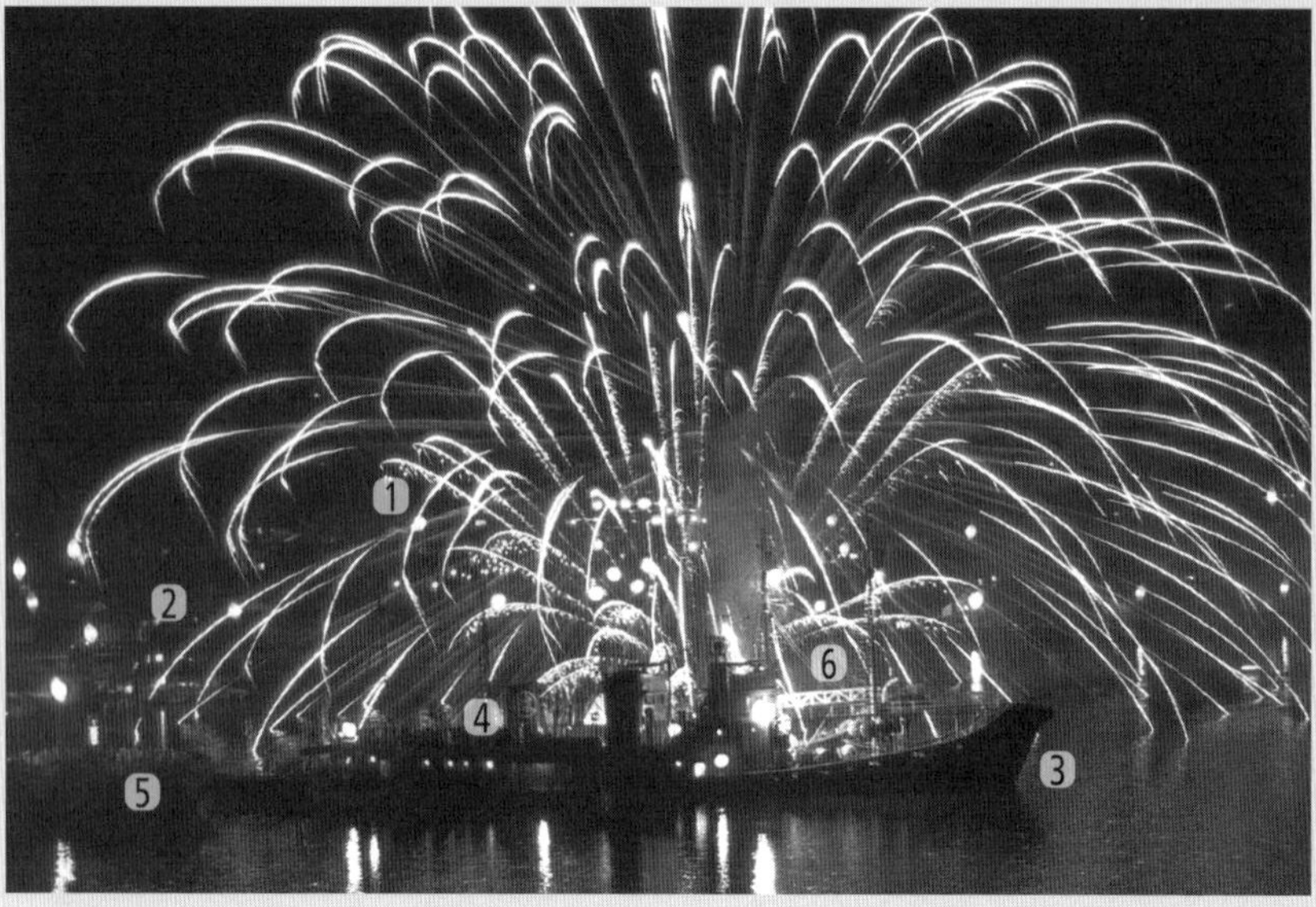

写真1

写真引き1　牡鹿鯨まつりの夜に行われる名物・花火大会。花火が始まると海岸いっぱいに人が集まった。花火大会はだいたい二時間程度で、花火は何回も船を往復させてあげていた。打ち上げ花火と一緒に水中花火をあげている。当時の鯨博物館前から湾内に向けて撮った写真で、迫力のある花火が画面いっぱいに写っている。鹿井清介さんのお気に入りの一枚。

①**水中花火**　「タネ」を水中に落とし、時間になると花火があがる。鮎川には花火師がいなかったため、花火は「芳賀火薬屋」が作っていた。花火師専用のボートがあり、それに乗って花火を海に流していたという。船は花火を落としてすぐにその場を離れないと巻き込まれてしまうので、操縦を任されるのは腕が確かな証拠だった。

②**重なる花火**　カメラのシャッターを「開放」にして、うちわをレンズに被せたり開いたりすることで、花火を何発も多重露光して撮影した。

③**捕鯨船**　大洋漁業の捕鯨船（キャッチャーボート：通称キャッチャー）隣りは極洋捕鯨の第二おおとり丸。

④**大洋漁業のマーク**　「は」と書いてある。当時の大洋漁業（現・マルハニチロ）の前身「(株)林《はやし》兼《かね》商店」の屋号のマーク。大洋漁業は北洋の鮭・鱒事業を行っていたが、南氷洋捕鯨に進出するようになった。

⑤**桟橋**　花火を間近で見ようとする人でいっぱいである。

⑥**橋**　ランナーブリッジといい、ブリッジ（船橋）と砲台に固定されたつり橋状の橋。砲台の所へ直接行ける歩道橋。砲手(通称：テッポウさん)が主に通る通路。

写真2

写真引き2　牡鹿鯨まつりで行われる仮装行列出発前に、当時の牡鹿町役場の前で撮った記念写真。クジラのかたちをした山車は中央が開いてステージになる。写っているのは仮装した婦人会の方々で、鯨を解剖する大包丁を持ったり、丸眼鏡や帽子を被ったりしている。

①**鯨のオブジェ**　紙でできている。

②**婦人会の会長**　「鈴喜商店」で鮮魚と塩を売っていた方。運送業もしていた。

③**側溝**　砂利道のためすぐに土が積もってしまうため、掃除しやすいように蓋がない。

④**女性たち**　北中地区の会社の女性だと思われる。鯨解剖の大包丁の作りものを持っている。他の女性たちは各自「阿部三商会」「鮎川港鈴喜商店」などと会社名の書かれた法被を身に着けている。

⑤学校の暗幕を借りてきた。

⑥**牡鹿町役場**　バルコニーがありモダンな建物。

⑦**万国旗**

⑧**荷車**　太鼓などの楽器を運ぶのではないか。

⑨**子供達**　運動靴とバックを持っている。当時としては珍しい。

⑩**砂利道**　傾斜で右側の方が高いのは道が舗装されていない砂利道のため。道路が舗装されるのは昭和四五年のコバルトライン開通後から。

写真3

写真引き3　鮎川橋からメインストリートに向かって撮影された鯨まつりの写真。地面はまだ舗装されていない。舗装されていないところにこれだけの人が集まれば、砂ぼこりが舞っていたことであろう。

①**撮影ポイント**　鮎川橋の上から撮影。道幅は大体七～八m。

②**リヤカヤ商店**　リヤカーの修理・販売をしていた。後に下駄や塗料も販売。屋根はスレートで、2階からお祭りを見ている。

③**住宅**　カクトさんの洋風住宅。

④**東洋館**　お酒や薬を売る雑貨屋。「菊水」という日本酒を売っていた。ミネビタールという看板が見える。

⑤**本間屋商店**　雑貨屋。石巻の「福の玉」という日本酒を売っていた。ケーキや雑誌も販売。

⑥**ヤマキ商店**（鈴木のタナ）　有名な名物おかみさんがおり、魚や塩などを売っていた。また運送業も行い、後に酒販売の許可を取って酒を販売するなど手広く商売をしていた。

⑦**鮎川電機商会**　後の牧電機。

⑧**呉服店**　平岩呉服店

⑨**洋品店**　伊藤洋品店

⑩**商店**　フジヤ

⑪**島家**　大きい蔵を持っていた。

⑫**鮎川映画劇場**　鯨まつりの日は劇場内でも出し物をしていたか。

⑬**七夕飾り**　鯨まつりのためにみんなで作った。竹は金山地区の竹やぶから取って来る。飾りはあくまでも鯨まつりのための装飾であった。

⑭**女性**　証城寺の狸の仮装をしているのは体格の良い女性。

⑮**白虎隊の仮装**　地区ごとに婦人会の女性たちが仮装をする。看板には「花の白虎隊」とかいてある。

写真4

⑯侍姿の男性　パレードの順番待ちをしているのか。

⑰演奏隊　トラックの上でアコーディオンなどを弾く。

写真引き4　若い女性たちが、三輪トラックの荷台で楽しそうに花笠を踊っている。場所は鮎川橋付近で、踊っているのは鮎川南地区婦人会の方々。牡鹿鯨まつりではいつも女性が大活躍であった。トラックの上に乗ったまま鮎川中を移動し、目的地に着くとショーとして踊り、また次の目的地まで移動する。鹿井清介さんは、三輪トラックの荷台をはっきりと写すために鮎川橋の欄干から撮ったそうだ。

①三輪トラックの舞台　三輪トラックの荷台の上。移動しながら所々で停車し、ショーを行う。周りにいる子どもと同じくらいの高さのため、それほど高さはない。

②建物　銭湯の「鮎川浴場」。銭湯はもう一か所「鈴ノ湯」がある。

③男性　カメラを持ち、橋の欄干にあがり写真を撮っている。撮影者の鹿井さんも同じように欄干に上がっているため、この男性のカメラに写っているかもしれない。

④屋根　極洋捕鯨の捕鯨船員らが集う「極洋会館」の屋根。

⑤手ぬぐい　鮎川音頭の全歌詞が入っている。

写真5

写真引き5　牡鹿鯨まつりの仮装行列の様子である。西町地区の人々が仮装し練り歩いている場面であり、後ろの方では「ミス・西町」の女性三人組がドットのワンピースを着て並んで歩いている。

①看板　「ミス・西町」の看板。「栄冠は私、応募者五〇〇〇人中から厳選　就職、嫁の口、養子」と後ろに書かれている。三人のミス・西町の女性がドットのワンピースを着て並んでいる。

②看板　「祝鯨祭り、極洋大洋捕鯨」。

③行列　楽器を持った鼓笛隊のような仮装。

④道路　砂利道。水はけが良いように道の中央が盛り上がっている。

⑤トラック　装飾されたトラック。

⑥門　サカナのイラスト。

⑦装飾　裸電球がいくつも吊ってある。

⑧屋根　別の写真と比較するとリアカーの看板がなくなっており、別の年とわかる。

⑨懐中時計　男性の右ポケットに入っている。

⑩鮎川橋　一九五七（昭和三二）年完成。

⑪仮装　チンドン屋。ノリノリである。

⑫屋根　スレート屋根の建物。屋根を軽くできるため大きな建物によく用いられた。雄勝石や井内石で作られている。

写真引き6（次頁）　牡鹿鯨まつりの仮装行列。鮎川橋前で撮影された、南地区の写真である。牡鹿鯨まつりは県内外から多くの観光客が訪れ、出店が出されるようになるとさらに賑やかなものになったという。仮装行列は各地区の婦人会がそれぞれ趣向を凝らして企

写真6

画するもので、奥に見える旧牡鹿町役場からスタートした。仮装行列で練り歩くルートは日によって異なり、テーマもその時々で違ったという。中央にうつる女性は当時流行していたトニー谷の仮装で、こうした仮装で使う物は全て自分で調達していた。第一回鮎川鯨まつりに参加した人の話では、家一軒から必ず一人仮装行列に参加しなければならず、全員で作り上げるイベントといった雰囲気があった。

①**看板**　「祝鯨まつり」とある。

②**女性**　当時人気だったコメディアン「トニー谷」の仮装をしている。みなみ荘の女将さん。

③**仮装行列**　女性達が仮装をし、小太鼓などを鳴らしながら町を一周した。地区ごとに仮装のテーマは異なり、年によっても変化していた。当時は鮎川の住民だけではなく、牡鹿半島の表浜地区・裏浜地区の人々も参加した。

④**前掛け**　船の帆と同じ生地が使用されていたため「ほめかけ」（帆前掛けの意）と呼ばれていた。「宝城製菓」という石巻市の金昆羅通りにある菓子屋の名前が書かれている。電話番号は1929とあり、当時は四ケタだった。

⑤**そろばん**　仮装の道具。「トニー谷」はそろばんを楽器のように鳴らす芸風であったため、仮装として大きなそろばんを持っている。そろばんは、この女性の娘が通っていたそろばん教室のものを拝借したという。

⑥**笠**　仮装の一部。笠の上に白い旗がたくさん刺さっている。

⑦**旧役場**　当時の牡鹿町役場。仮装行列のスタート地点。

⑧**ナトリ自転車**　自転車屋。リヤカーも販売していた。のぼりには

「最高の品質」という文字がみえる。

⑨**女性達**　花笠を被っている。前の女性達とは格好が違うため別の地区の団体だと考えられる。のぼりに書いてあるのは「大漁花笠」か。

⑩**お立ち台**　ここで出し物を披露か。

⑪**提灯**　「金兜」という酒の名前が書いてある。金兜は石巻で醸造され、鮎川では本間屋・寿屋・菅井商店で販売していた。

⑫**日傘**　日差しが強いと思われる。影が短いことからもお昼ごろだと予測できる。

⑬**子ども達**　大勢いる。母親などが行列に参加しているのか。

⑭**観客**　県内外から多くの人が訪れていた。そのため宿泊業もかき入れ時だった。

⑮**万国旗**　当時は運動会などイベント時に必ずと言っていいほど使われた。

⑯**洗濯物**　祭りの最中でも、いつもと変わらない日常風景。

⑰**子ども**　建物の二階から祭りを見学している。

写真引き7（次頁）　毎年恒例の八月の牡鹿鯨まつり、午前中の鯨まつりの仮装行列の様子。一九五〇年代なかばの栗野旅館前広場の写真である。子供や大人たちの和気藹々とした雰囲気が伝わってくる。影がはっきりと地面に写っていることや女性が日傘を差していることから、とても天気が良い夏の一日だったことが窺える。中心で目立っている三輪トラックには手作りの様々な装飾がなされており、大きなタコを中心に鯉のぼりのようなものや万国旗が吊るされている。トラックの側面には波と魚のイラストなどが描かれておりとても派手でにぎやかである。スピーカーも付いており、そこから音楽や鮎川音頭などを流しているのだろう。周りには多くの人が集まっており、車を誘導する役場職員・消防団員・商工会員の人達が正面に写っている。

①**藤屋商店**（サイトウさん）　看板には「パンと喫茶」の文字。二階は住まいで、一階では和菓子か洋菓子を販売していた。鮎川では、まだクリスマスケーキが普及するまえからこうした店舗でケーキが販売されていた。奥津商店よりも古くからの店だといい、後に肉屋・惣菜屋となる。

②**三輪トラック**　ヤマキさん（魚屋）のトラック。鮮魚と塩を売っていた。肥料工場、運送業も行っていた。鮎川では、こうした運送業者や工場で、早くから三輪トラックが行き来していた。

③**倉庫**　ミンク船（地元の人々が操業するミンククジラの捕鯨船）の船主だった島さんの石蔵。塩釜石でできている。

④**道路**　右側には金華山の一の鳥居（女人禁制の時期からの遥拝所）への道。舗装路以前の砂利道だった。

⑤クジラ館診療所　鮎川の診療所の看板。診療所は公民館の裏にあり、もともと戦前に作られた鯨館（展示施設）の場所に立っていたためこの名がある。

⑥消防団員　お祭りの警備をしている。消防団員の他にも役場職員や商工会員の人達が祭りの警備をしていた。

⑦飾り　タコは婦人会の手作り。足に持っている扇子には「大漁」の文字。

⑧ふきながし　七夕のふきながし。裏の通りにもふきながしがあり、お祭りに合わせて装飾。仙台七夕にならって、にぎわいを生み出すために牡鹿鯨まつりでも派手に飾られた。

写真7

⑨壁文字　「劇場」の文字。これは映画館で、町として栄えた鮎川の娯楽として人気を博した。劇場としても使われ、牡鹿鯨まつりでは歌手のショーや演芸が催された。

⑩引率　沿岸の観客が出てこないように警備をしているのか。

⑪男性達　三人の男性。人が多いからか、家の二階から見ている。

⑫男性　人混みで何かに乗って仮装行列を見ている。

⑬荷台　三輪トラックに装飾をつけて荷台に人が乗っている。

⑭スピーカー　アナウンスを流しながら仮装行列を先導していた。

⑮足　人影があるためトラックを誘導している。警備員が周りに多くいる。

⑯旗　魚の形。こいのぼりを転用か。

⑰万国旗　運動会の万国旗。

⑱絵　波と魚のイラストが描かれている。

⑲トラックの上の男性　鮎川電機商会のオヤジ。

写真8

写真引き8　牡鹿鯨まつりの仮装行列の様子である。山車の船に「北中丸」と書いてあるため、北中地区の出し物だとわかる。捕鯨船を模した三輪トラックの上には乗組員の格好をした女性たちが乗っている。普段は男性の仕事である捕鯨を、仮装として女性たちが真似しているのだろう。

①**女性**　水夫長役。さか井の女将さん。ボースン（船の甲板長）の役になりきっている。

②**装飾**　捕鯨船を模した出し物。「北中丸」と書いてある。

③**門**　この祭りのために用意された。

④**女性**　婦人会の人が車をひっぱっている。

⑤**女性**　砲手役。

⑥**女性**　船長役。

⑦**男性**　上の障害物を避ける係。

⑧**男性**　漁師をしていた清松さん。

⑨**国旗**　国旗は学校からの借り物。

⑩**日傘**　晴れている。かなり暑そうだ。

⑪**男の子**　頭から顔まで包帯を巻いている。お祭りが好きで無理して来たのだろうか。

⑫**男性**　モダンな帽子を被っている。旧家の旦那か役場の助役さんか。

写真9

写真引き9　牡鹿鯨まつり、映画館近くでの仮装パレードの様子である。近くに粟野旅館がある。映画館は鮎川の中心部にあった。

①**七夕飾り**　各自の店や、鯨まつり実行委員会で作成したものか。

②**看板**　映画のタイトル。看板には「大菩薩峠」と書いてある。菅原都々子さんが二回程訪れた。石原裕次郎時代の映画。

③**仮装している人々**　踊りながら移動している。ハタ屋の娘もいる。

④**窓から覗く人**　学生帽を被っている。中学生か。

⑤**場所**　写真10（次頁）と同じ場所。

⑥**男性**　鮎川に一軒の船大工。

⑦**男性**　ハシモトさん。消防団幹部、鮎川捕鯨社長の和泉恒太郎さんの息子さん。

⑧**女性たち**　大漁踊りを五十集（イサバ、魚売り）の服装で踊っている。

⑨**男性**　島さんの弟。ミナトパーマの旦那。

⑩**看板**　「パン　喫茶」の文字。フジヤさんの店。

⑪**子供**　こちら側に子どもたちが集まっている。

⑫**建物**　七十七銀行鮎川支店

写真10

写真引き10　牡鹿鯨まつりの仮装パレードは南地区・金山地区・北下地区・北中地区・西町地区など地区ごとに行われた。この写真は南地区婦人会の方々の様子を撮ったものである。箱に魚を入れて売り歩く五十集の仮装をし、「民謡ばやし大漁道中」に合わせて踊っているようだ。奥に見える三輪トラックには「御囃子部隊」が乗っている。

①**トラック**　ヤマキさんのトラック。三輪トラックは鮎川に二台のみ。

②**男性**　チョウロクさん。

③**男性**　鮎川に一軒の船大工さん。

④**飾り**　南・金山・北下・北中・西町の地区ごとに仮装行列を行う。南地区のパレード。太鼓が乗っている。

⑤**建物**　七十七銀行。昭和二五年に七十七銀行鮎川支店に昇格した。

⑥**男性**　ブンタロウさん。肥料工場の方。

⑦**飾り**　ふきながし。

⑧**おはやし部隊**　トラックの荷台に乗っている。

⑨**消防団員**　警備をしている。地下足袋の人と、革靴を履いてる人がいる。

⑩**広場**　この場所は通りが少し広くなっており、パレードは一旦ここで止まって踊りなどを披露する。写真の画角が高いため、この通りにあった粟野旅館の二階から撮った写真だと考えられる。

⑪**子どもたち**　女の子はおかっぱ、男の子は坊主とぼっちゃん刈。

⑫前列には、チヨちゃん、アサちゃんや、後列にはモトコさん、フキさん、ウサちゃん、タケコちゃんが躍っている。

写真11

写真引き11　昭和30年頃の鯨まつりの写真。高い位置から撮影されており、障害物が全くないことから、鮎川漁協前の岸壁に停泊していたミンク船の上から撮影されたものと思われる。当時船には、地元の人であれば自由に乗ることができたそうである。

①鮎川魚市場　二階には事務所がある。鯨まつりの様子を見ているのは、漁協関係者の家族などではないか。

②鯨館診療所の看板　パレードのトラックの幕で隠れている。小野先生が診察していたため、小野医者と呼ばれていた。診療所は別のところにありこれは看板のみ。小野先生はスクーターに乗って、町内を回診していたそうだ。

③奥津まんじゅう　製菓店。鯨まんじゅうを販売していた。中にはぎっしりあんこが入っていた。網地島の人たちが鮎川に来た時にお土産、贈答品としてよく購入していった。

④ミス西町のパレード　一〇代くらいの女子が当時かなり珍しいミニスカートをはいて、踊っている。よく見ると、シニア世代の女性もミス西町として乗っている。

⑤西町パレードの警備　消防団の人で、法被、もんぺ、地下足袋を身に着け、警察官の帽子をかぶり警備をしていた。法被には「おしか」の文字が入っていることから、この写真は昭和三〇年の牡鹿町合併後の写真と思われる。

⑥パレードを見物している観衆　下駄を履いている人が多い。当時サンダルはハイカラなもので、下駄が主流だった。また日傘をさしている人も多い。写真の手前側は海になっており、岸壁ぎりぎりまで人が立って見物していたようだが、海に落ちる人はいなかったそうだ。

⑦ゲート　通常「歓迎」の文字が書

かれているが、鯨まつりに合わせた仕様になっている。昭和二八年の写真にはゲートは映っておらず、それ以降に設置されたものではないかと思われる。ゲートの柱には魚の絵が描かれている。

⑧焼き鳥友ちゃん（酒蔵）　友ちゃんが経営しているお店。

⑨電柱　昭和一六年に鮎川に変電所ができて以来、一般家庭にも電気が普及した。木の電柱は防腐剤替わりにコールタールが塗ってあり、触るとべたっとして手が黒くなった。木の電柱は平成に入ってからもあった。電柱には防犯灯がついていて、町が管理をしていた。各行政区で防犯強化費が徴収され、球が切れたりするとこのお金が使われた。

⑩仮装した女性　おそろいの法被とはちまきを身に着け、しゃくじょうを持っている。どや節を歌っていた。

写真引き12（次頁）　昭和三四年頃に海岸通りで撮影された鯨まつりの写真である。南国にあこがれた女性たちのハワイアンの仮装を収めた一枚。写真に写る子どもたちの服装がとても都会的であることからも当時の好景気がうかがえる。

①丸本組の鮎川事務所　その後飲み屋などへ店舗が変わっていった。

②中華料理店上海楼　鮎川支店の看板が見える。本店は石巻市横町（現在の住吉町あたり）。今の店主は横浜中華街で修行してきた。半チャンラーメンがおすすめ。「波の音」の看板（石川酒造店）が見える。

③今留《こんとめ》商店　クジラの買い付け、小売りを行っていた。クジラが揚がるとブロックで鯨肉を買い付けしてきて、店で一晩中小分け作業を行っていた。昭和六〇年代まで小売りを行っていた。ここの前は粟野旅館の近くに店があった。その前は粟野旅館の斜め向かいの空き地でポン菓子をやっていた。

④鈴吉汽船の荷捌き場　石巻から来た荷物をリヤカーで配達したり、受け渡しを行っていた。今でいう宅配収集センターであった。鈴吉汽船は今の石ノ森漫画館の向かい側に船着き場があって、そこから船が出ており十八成を経由して鮎川と石巻を行き来していた。荷捌き場のところにパチンコ屋の看板があるが、パチンコ屋は荷捌き場の裏にあった。パチンコ屋は元々「すずのゆ」という銭湯であった。

⑤鮎川釣り具センター　スズキの代理店でもあり、自転車の修理をしながら釣り具も売っていた。奥の方に「ヨコハマタイヤ」と「ブリヂストン」の看板も見える。

⑥かきあめの看板　喜栄で売っている。かきあめは高価であった。カキエキスが入っている。他にも大玉でカラフル

写真12

なザラメがついた飴玉もよく食べていた。

⑦**万国旗**　鯨まつりのための装飾。

⑧**女性**　ハズレ（屋号）の奥さん。

⑨**女性**　鮎川電機商会の奥さん。

⑩**女性**　チヨちゃん。

⑪**阿部喜のスタンドのマーク**　鯨歯工芸店の千々松さんの家の隣で本店は女川にあった。船へ向けて重油を売っていた。防波堤のところにパイプがあって、そこに船を横付けして、燃料を補給していた。氷も売っていた。

⑫**八竜丸漁業の解剖場**　八竜丸は牡鹿町長も務めた渡辺諭さんが創業した。ミンク船や旋網をやっていた。

⑬**パレードを見物している子どもたち**　下駄などではなく、運動靴を履いている。服装も都会的である。

⑭**見物人**　足が見える。二階から見物する人がいたようである。

⑮**少年**　水風船を持っている。出店で買ったものか。

⑯**ハワイアン**　南国にあこがれた女性たちの仮装。

＊鮎川七福神舞の第一世代（提供：鮎川の風景を思う会）

鯨祭りと七福神舞

鮎川で継承されている地域芸能の七福神舞は、実はあまり古い歴史はない。しかしそのこと自体が鮎川の戦後の歴史と深く関わっている。戦後復興期の捕鯨による活況は、一九五三（昭和二八）年にひとつのピークに達しようとしていた。地域活性化のために地域住民一丸となって取り組む一大イベントとして、鯨まつりが企画されたのである。

当時を振り返る鮎川の人々は、その時代の桁外れな賑わいと、イケイケドンドンで上昇気流に乗ったような町の雰囲気、人々のやる気と一体感を振り返る。鯨まつりは、最初から仙台や石巻はもちろん隣県からの来場者も詰めかける状況だったので、地域住民からは少しでも楽しませようと、さまざまな主体がそれぞれエンターテインメントを企画して、それらがすべて鯨まつりに集約されるようなかたちをとっていた。

そうしたなかで、婦人会の活発なメンバーたちが考え出したのが地域芸能の創生であった。鮎川七福神舞は、田代島から鮎川に嫁入りしていた人が、田代島に伝わる大黒舞に倣って鮎川でも正月など

＊鮎川七福神舞

に舞われたのが発端だという。鮎川の七福神舞は、もともと鮎川の南地区で営まれてきたので、南地区七福神舞と称した時期もあったという。

この大黒舞や七福神舞は、三陸海岸ではいくつかのかたちがあり、牡鹿半島では寄磯浜、前網浜で子どもたちによる伝承がされている。多くは大漁祈願や豊漁の祝いのために踊られるものであり、遠洋漁業の盛んな時期には、久しぶりに帰ってきた男性たちを部落みんなでねぎらう宴席で、若奥さんたちが舞うコミカルながらちょっと色っぽさもある芸能でもあった。鮎川では、これを鯨まつりや金華山の初巳大祭《はつみたいさい》で、来場客に披露するためにアレンジが加えれらた。形式としては神に奉納するかたちをとるが、最初からエンターテインメントとしての要素が強くあったのである。

七福神舞の伝統文化化

こうして始まった七福神舞だが数年すると少し熱意が落ちてきたこともあり、あまり披露されなくなっていったという。一九七一（昭和四六）年、地域観光の起爆剤として、女川と鮎川を結ぶ牡鹿コバルトライン（宮城県道二二〇号牡鹿半島公園線）が開通する。鮎川には団体バスが列をなして訪れるようになり、毎日が鯨まつりのような活況を呈する。このとき、当時の婦人会が七福神舞の再生をはかり、地域芸能として舞われるようになったのである。

鮎川の七福神舞は、エビス大黒だけでなく、七福神すべてが同等に舞を披露する。七福神とは、大黒天、毘沙門天、エビス、寿老人、福禄寿、弁財天、布袋尊の神を総称するもので、七難即滅、七福即生、すなわち七つの災難を除け、七つの幸せを授かるとされている。この七つの神が順番に、平等に舞を披露し、舞手も全員が練習の成果を存分に見せられるという形式になっている。これが婦人会が芸能の構成を整えていく過程で落ち着いた形式であり、田代島から伝わった大黒舞とは異なる、独自の芸能として確立していったのである。

しかし、こうした熱意も担い手の変化やモチベーションの低下から、再び下火になってしまった。一九八六（昭和六一）年、牡鹿町は七福神舞保存会を結成。牡鹿公民館の活動や婦人会の活動として行政が下支えしつつ、継承されるものとして再構成された。この頃から、鮎川の七福神舞は伝統芸能としての性格を強くし、文化財保護行政の枠組みで保存活動が行われるようになった。三陸の女性らしい元気な芸能は、牡鹿鯨まつりだけでなく、さまざまな機会に舞われるようになり、民俗芸能大会に招かれて三重県など県外で披露されたり、石巻の川開きまつり、敬老会、サンファン館（宮城県慶長使節船ミュージアム）のイベントの常連となったりしていった。金華山の初巳大祭でも奉納されるのが常となり、これは現在に至るまで続けられている。

人々をつなぎとめる七福神舞

そうしたなか起こったのが二〇一一年の東日本大震災であった。震災で多くの人々が仮設住宅や転居して散り散り状態になってしまうなか、七福神舞を舞う意義も変化していった。震災後、婦人会と石巻市立鮎川小学校は地域活動に位置付けていくかたちで、子ども七福神舞をはじめた。婦人会による七福神舞が披露する機会に子ども七福神舞の披露も行うようになったのである。

これを始めた婦人会の意図は、子どもたちが成人した後、鮎川をふるさとと思って帰ってきてほしいという願いからであった。鮎川小学校の児童数が右肩下がりに減少していくなか、地域に誇りを持ってもらうための活動が、小学校の銀鱗太鼓であり、子ども七福神舞であった。

＊子ども七福神舞

活動は八年以上経過し、小学校では全校生徒をあげての活動にしないと維持できないほど児童数の減少に歯止めはかからない現状である。一人の児童が演じる部分は大きくなり、披露する機会も牡鹿鯨まつりと学芸会に加え、新しい施設のオープニングセレモニーなどますます増えており、児童の芸は目覚しく上達している。震災から一〇年、子ども七福神舞はこうした大きな葛藤のなかで、次の段階に移行しつつある。

七福神舞を披露する前には、芸としては特に訓練しないと良い演技ができないというわけではないが、顔を合わせて練習をすること自体がイベントに向けた打ち合わせにもなるため、一度か二度集まるのだという。また月に一度程度集まって練習をしてきたが、東日本大震災後は居住地がバラバラになり、集まることが難しくなったという。復興イベントで披露する機会がある時などは、個人練習をしてぶっつけ本番ということもあったが、衣装をつけて鳴りものを鳴らしてお客さんの前で踊ると、頭で考えなくても体が動き、無事に公演することができたという。現在はメンバーは一三名で、なかなか新メンバーの加入はなく、今後維持が難しくなるかもしれない。

小学生たちは、それぞれにやりがいを持って取り組んでいる。学校での練習を重ね、夏の牡鹿鯨まつりでは多くの来場者の前で、秋の学芸会で地域の人々を前に披露するのである。児童はできるだけ体を大きく使って七福神のキャラクターを表現できるようにとか、お客さんの顔より少し上を向いて堂々と見せるとか、それぞれに工夫をしているという。婦人会の、大人になったら再び鮎川に戻ってきてほしいという思いは確実に届いており、更地と工事現場となってしまった地域に対して抱くことのできる数少ない誇りとなっている。

2 家の行事と暮らしのリズム

正月の年中行事

鮎川の一年は元旦の元朝詣りに始まる。元朝詣りには必ずお神酒を持ってお参りし、御幣束や輪通し縄を持っていく家もあった。家によって違いはあるが、鮎川・熊野神社に詣でる人が多く、丁寧な人は一番先に一の鳥居で金華山を拝み、八幡神社、熊野神社、山の神様とめぐる。初日の出を拝む人は、黒崎の馬頭観世音付近で日の出を待ち、漁師は金華山を船で一周めぐる。元旦は、お年始廻りで、昔はほとんどの家を廻って年頭の挨拶をしたものであった。玄関で挨拶を交わす程度から、座敷に上がって酒の肴などでもてなされることもある。

家々では、若水汲《わかみずく》みといって、山の湧水で「新しい水」をくみ、歳神《としがみ》に供え、雑煮を作るにも用いた。かつて、水道が通っていない時代、また各家まで水道管が伸びていない時代には、土間の水瓶の水を空にして、正月に新たな若水を組むという家もあった。若水汲みのためには、大晦日に臼伏《うすふ》せと言って水汲み用の桶を伏せた臼の上にあげておく。

新しいわらぞうりの鼻緒に白い紙を巻き、若水汲み用として用意する。若水汲みは年男が汲むといい、いない場合は家長が行い、正月五日まで毎日続けるのである。元日から三ヶ日は、朝は雑煮餅にお神酒を添えて神前に供え、雑煮を家族揃って食べる。夕食は白米の飯に焼魚、ナメタガレイの煮付け、刺身など、そこに吸い物、煮しめ、塩鮭、筋子、数の子等、おせち料理が楽しみだった。雑煮の出汁は家によって違うが、干したホヤ、アナゴなどを用い、タナゴ（ウミタナゴ）を入れる家もある。

鮎川独自の正月行事に名刺交換会がある。これはいわば捕鯨会社間でのお年始廻りである。交換会の会場は公民館であったが、戦後はとくに、大洋漁業、日本水産、極洋捕鯨等の事務所では、名刺交換会の会場とは別に、テーブルに酒の肴を用意して、年始廻りの客をもてなし合った。

正月二日は書き初めで、書道の上達を祈って家ごとに行った。また、一年で最初の洗濯を洗い初めという。商店では買い初めとして、二日の朝から店を開き、物の買いはじめとして景品を添えた。また、一番早く行くと景品が沢山貰えるというので、われ先に出かけたという。仙台でいう初売りである。

牡鹿半島は、民俗芸能が低調な地域である。かつて行われた、嘉永元年創設と伝えられる小網倉浜の牡鹿神代神楽や各集落の春祈祷の獅子舞の多くは、東日本大震災を契機に、あるいはそれ以前に途絶してしまったものが多い。集落によっては実業団や契約講が主体となって春祈祷の獅子舞（獅子振り）が行われるが、鮎川では獅子を振ると火事になるといわれて、長らく行われていない。

一月四日は臼おこしとして、四日の朝に伏せた臼を起こし、臼の中に入れてあった洗米で粥を煮て、臼の上に置いてあったお供えの餅を焼いて粥に入れ、神棚に供えて家族で食べた。一月六日は若木むかえとして、小枝や茅を混ぜた束を三把作り、これでかまどで煮炊きをした。正月七日は七草粥だが、一般的なセリ・ナズナ・ゴギョウ・ハコベラ・仏の座・スズナ・スズシロの七草は寒くて揃わないので、セリやダイコン、カブに、ヒジキやフノリ、ワカメなどの海藻なども入れて七草にして食べる。七草粥のために前日は海苔・フノリ・ひじきの口開けでもある。海に餅をひとつ持っていって、今年の大漁を願って流し、冷たい海に入り、とってくるのである。畑のニンジン、ゴボウ、大根、菜っ葉をとり、海から海苔・布海苔・ひじきをとり、全て足すと七草になるようにする。七日に井戸掃除をする家も多かった。

一月八日はお八日講《ようかこう》があり、この日に神様が山へ登り、お正月様が降りてくるということで、朝に団子か餅をついて供えて休み日とした。一月一〇日は金毘羅講、講中が当前の家を宿として集まり、金毘羅様の掛図を掛け、神前には灯明やお神酒と赤飯に酒の肴を添えて供膳し、海上安全と大漁祈願をした。また部落内に建ててある金毘羅様の石碑にも同じようにしてお参りをした。以前は米と会費を出したが会費制となった。一月一一日は藁仕事始め、農始め、ノウハダテで、農家の人たちは簡単な藁仕事や農仕事をした。

一〜六月の年中行事

一月は行事が目白押しである。一月一二日には、山神講《やまのかみこう》があり、山の神様は、子どもがほしい家族や妊婦のお産の神様であるため盛んに行われた。お嫁さんだけの講で、四二歳になるまで入っていた。山神講は一月、三月、一〇月の三回実施し、順番で宿を決めて集まって米と会費を集め、料理をつくって神前に供えた。宿では「山の神」と書いた掛け軸を掛け、灯明をあげて、膳を供えた。また、部落の山の神の石碑にもお参りした。

一月一四日は女の年取り、嫁が実家へ帰って休み、家庭でもこの日一日は女の休養日とされていた。またハラマシギと言って、一三日に山からカツヌキを切ってきて、一四日に長さ四〇センチメートルくらいに切り、右上から螺旋状に三段の削りかけを施したイエモスギ（祝い申す木）、またはニボスと呼ぶものを拵えて神棚に供えた。十四日の夜一二時を過ぎると子ども達や青年たちがこの棒を持って神棚を「祝い申す」、「祝い申す」と唱えて叩き、その後に家々を廻って寝ている人にも構わず「マメになれ、祝い申す」とお尻を叩いて歩いた。叩いてもらうと厄払いになるとも言った。前述のように、この日は女の年取りとして休養日であったが、なかには青年団の男子がいたずら半分に家々を廻って歩き、お目当ての女子にしつこくちょっかい

＊熊野神社に残された旧天王社の扁額（おしかホエールランド蔵）

を出して、その家の人と喧嘩になったこともあったという。この棒は一二月の煤掃《すすは》きまで神棚に飾られることとなる。チャセゴ、カセゴは、子どもたちが何人かで組を作り、夜になると柄杓を持って近所の家々を廻り、銭を貰ったり、米や餅を貰って歩く行事である。米や餅はおかゆにして食べた。後に米や餅の代わりにお菓子やあめなどを貰うようになった。

一月一五日は、門松おろしで、この日の朝はあかつき粥として、神前に供えた餅を焼いて小豆粥に入れ、それを神棚にも供えてみんなで食べる。あかつきかゆは、餅に小豆粥をからめたようなものである。門松おろしは、一五日の早朝に神様に膳を供え、年男が門松や神棚の松飾りを下ろして、鮎川・西町の山の神様と熊野神社に納め、十八成浜《くぐなりはま》では秋葉山に納めた。現在はどんと祭と称して公民館の駐車場で焼いた。その火にあたると、病気やけがを防ぐとも言われている。注連縄《しめなわ》は、この日におろす家と七草粥の時に下ろす家とがある。

また、お松（門松）を屋敷の裏手の塀に立てかけて一年間雨ざらしにして枯らしたという例もある。屋敷に蛇が入らないと言われている。なかには田んぼに行く時に、お松の藁を抜いて持って行き、蛇除けにした人もあったという。一月一六日は大斎日《だいさいにち》で、朝早く竿竹の先に幣束《へいそく》をつけたもので鳥追をする。この竿に使うために門松の部品を取っておく家もある。子どもたちはそれを持って、「ヤーホイホイ、ヤーホイホイ」と大声で叫びながら竿竹を叩き、田に害鳥がこないようにと豊作を願う。

一月一七日は観音講で、講中には五〇歳から六五歳までの女性が入っていた。順番で決めた宿で、観音様の掛け軸を掛けて拝み、精進料理で会食したのである。

一月一八日は、オズハチヤ（お十八夜）で昔は女性は朝から精進し、炉に塩をまいて清めてから煮炊きした。お十八夜の小豆餅をあげないうちは、正月のお精進あげをしないものであった。縁側に飯台を出してお灯明をあげ、お神酒を供え、線香もあげて小豆餅を供えるのである。昔の人はお十八夜を拝むと婦人病を患わないとして、厳格に守る女性が多かったという。同じことは、五月、九月の各一八日にも必ず行った。一月二〇日はエビスコ（恵比寿講）で、エビスを祀る日であった。ご馳走を作ってお神酒と共に神前に供える。小豆粥や小豆餅を食べる。十八成では二〇日焼きといって、一升枡を伏せた底にヨモギやモグサを乗せて火をつけ、その煙で頭を撫でたり、病んでいるところを撫でたりして、病気平癒や無病息災を祈った。

一月二一日は弘法サマ（弘法講）で、この日と五月二一日の縁日に、講中のおばあさんたちが寺で弘法大師に念仏をあげて供養する。米の他に銭を出し合って精進料理を作った。また、庚申講（初庚申）は男の年寄りたちの集まりで、部落内にある庚申塚にお参りをした。これも宿を決めて講中で米を持ちより、会費を集めて酒の肴のご馳走を作って供膳した。一月二四日は地蔵講、地区内の地蔵様を拝む。四月、六月、八月、九月も同じ二四日に拝むのである。ちなみに鮎川には、三陸海岸の地域社会の中核的な組織である契約講が、早くに活動を停止している。今も契約講や実業団はないが、震災前には地区内の数件の家で死者があった場合に奉仕活動をするといったかたちでその名残がみられる。

二月一～三日は小正月と言い、正月と同じように餅をつき、家によっては門松を建てて供膳をした。年重ねの厄払いも二月一日で、とくに四二歳の男性は厄払いをしなければならないと意識されている。厄年の者が神社でお祓いをしてもらい、小豆飯を炊く例や、餅をついた。これを四九歳の人は食べてはいけないというタブーもある。女は三三歳で同様に祝う。男女とも、親類を招いて祝う場合から、家内で祝い餅を食べるだけ、あるいは本人が食べるだけと、家によって異なる。祝い餅は、いろいろな味付けをすることで、この祝いに招かれることは楽しみでもあったという。祝い餅には、雑煮、大根おろし餅、小豆餅、ゴマ餅、納豆餅、クルミ餅、じゅうねん（エゴマ）餅、砂糖醤油餅などの味付けがある。この厄除けの行事を年重ねというのは、一年余分に年をとったことにして厄を逃れようという意味からであった。

　三月三日は桃の節句で、草餅をついたり購入したりして、桃の枝を神棚に供えてご馳走を振る舞う。三月一二日は山神様の女講中が山の神にお参りする。翌一三日は、念仏講による初念仏で、お寺で経をあげた。三月一七日は、春の彼岸で、墓を掃除して団子やボタ餅を備える。彼岸の中日に墓参する家が一般的である。奇数月の二四日に、赤ん坊の夜泣き封じのための祈願を行なったという話もある。これは小網倉浜《こあみくらはま》にある虫喰い地蔵の信仰で、地蔵の石像に子どもを連れて供物を捧げて疳の虫を封じてほしいと願うのである。もともとこの地蔵は、かつて子どもが病気で多く亡くなった年があり、その供養として建立されたと言い伝えられている。

　四月一日の春のミンククジラ漁解禁前の三月中頃、捕鯨船が揃って豊漁祈願のために金華山黄金山神社へ詣った。また漁期のあいだ、捕鯨船員の妻はしばしば山鳥稲荷神社に航海安全を願って詣る。また、捕鯨に関わる人のなかでも信心深い人は、この山鳥のお稲荷さんにお参りに行った。油揚げとゆで卵に鯨肉、酒なども供えて毎日のように豊漁祈願をしたという。四月八日は花祭り、釈迦祭で、念仏講で寺に集まって念仏を唱えて供養する。お寺では甘茶を用意し、子どもたちでお釈迦さまの像を乗せた輿を巡回させた。

五月五日は菖蒲《しょうぶ》の節句で、四日の夕方に家の軒に三カ所または一カ所、菖蒲と餅草（ヨモギ）を刺し、風呂にも入れて菖蒲湯で入浴する。男児は菖蒲を鉢巻にし、女児はカンザシにして頭にさす。神棚にはお神酒とボタ餅を供え、灯明をあげて家内安全を祈願した。五日には餅を供え、鯉幟を立てたり武者人形を飾ったりする。五月のもっとも大きな行事は、初巳から七日間に渡って金華山・黄金山神社初巳大祭が催行される。

六月一日は麦の朔日、歯がための節句ともいい、ハガタメ餅と呼ぶ正月に供えた重ね餅の乾かしたものを保存しておき、この日にこれを焼いて家族で食べた。これをこの日に食べるのは、この日に食べるというより、六月以降にハガタメ餅を残してはいけないとされているからである。また六月一日はノミの舟という行事があり、ゲロッパ（オオバコ）の実を前日の夜に寝室に撒いたり、一日に舟で海や川に流したりする。

七〜一二月の年中行事

七月のもっとも重要な行事は天王さんである。鮎川の熊野神社は、元々あった天王社に幾つかの神社が合祀されて一九一四（大正三）年にできたが、合祀前の行事が熊野神社の行事に引き継がれているのである。旧暦六月の夏祭りは、各家庭で河童にキュウリを奉納する。このとき酒や餅を持参する。キュウリを二本持って、一本を神社に奉納、その後もう一本は海に投げて、海難事故や健康を願う。川に投げる家もあるというが、だいたい家ごとに毎年投げる場所は決まっている。主だった家は、家

＊右　鯨供養祭　＊左　金華山龍踊り

長が神社で行われる直会に参加するのである。

八月一日は八朔の朔日で、小豆飯か小豆餅をカヤの箸を添えて神棚に供えて、それを家族で食べる。この日は仕事をしてはならない休み日でもある。盆までの行事としては、墓掃除を八月七日までに済ませ、八月七日の七夕に竹を切ってきて色紙で短冊、鎖、吹流し、くずかご、巾着、着物、折鶴を作って庭先に立て、八日の午前中に海へと流した。八月六日の夜はうどんをご馳走として食べ、柳の枝の皮をはぎ、盆箸を作って干して準備をする。

八月一二日はマチタシ（市達）あるいは盆マチと言い、この日に盆用品の買出しに渡波や石巻方面に船で出かけた。盆の真菰、レンゲの花と実、生花その他、お供え物を買うのである。それを佛壇や、佛壇の前に作る盆棚に真菰の盆ゴザを敷いて位牌を並べ、両側に葉のついた竹を立ててボンメ（細目昆布）を張る。その脇に提灯や盆旗を下げ、佛前には畑物（ナス、キウリ、トウキビ、ホオズキ、サツマイモ、桃李、お菓子等）、麩、うどんを供える。盆棚とともに、無縁仏の分としてお膳を上げるが、これをアゲホゲ（上げ祝ぐ）という。また、四十九日を過ぎない新仏には別に供養した。新仏のある家は、三回忌までは家の前に灯籠柱を立てる。一三日の夜、盆火を迎え火として焚く。盆火は松の木を細く割っておきこれを焚いた。これは一五日まで焚いた。この盆火をまたぐと風邪をひかないといい、隣家の盆火でトウキビを焼いて食べると病気をしないといった。盆火は、だいたい同じ時間にどの家でも焚

＊右　鮎川熊野神社例大祭で御輿を担ぐインドネシアからの漁業研修生
＊左　鮎川熊野神社例大祭の餅まき

くので、子供たちには楽しい行事だった。

かつて八月一三日の夜から一四、一五、二〇日の夜に行われた盆踊りは、海岸の広場に櫓を組んで、賑やかに囃して踊り続けたという。八月一五日の墓参りには、洗い米（賽の目に刻んだナスを混ぜ、お茶をかけたもの）をツバキの葉に盛り、花、線香、果物、お菓子等と共に、お墓に供えて拝んだ。親類の墓にも参る。八月一六日はお寺参りで、このときお中元の礼としてお布施を持っていき、寺では茶菓子の用意をして迎える。昔は一五日の午後から本家に集まり、小麦の藁で作った盆舟に各家庭の盆中の供物を積み込み、海に流した。供物は蓮の葉やカボチャの葉で包み、海に流した。ただ、東日本大震災で港から海に降りる階段が壊れて降りられなくなり、そのために行事そのものが行われなくなってしまったという。また、灯籠流しは昭和初期に行われていた行事で、一六の夜から送り盆の夜までの適当な日に行った。多くの家は二〇日の夕方に行った。一九六四（昭和三九）年からは、施餓鬼《せがき》供養が行われるようになった。これは海岸に祭壇が設けられ、祭壇には、鯨霊、魚霊、海の遭難者の供養牌、万霊供養牌等をあげ、和尚の読経に続いて、念仏講中の念仏、焼香のあと、灯籠を流して供養をするものであった。二〇日盆では、仏壇に精進料理とうどんを供えた。家によっては八月二九日が送り盆で、精進料理とうどんを供えた。

九月九日は菊の節句で、餅や赤飯を作り神棚に供える。仕事は休み日となる。九月の旧八月一五日はお名月さまで、縁側に机を出し、ススキ、ハギ、実のついたガマズミ、クリの小枝などを花瓶に活け、果物、畑の物（大豆、サツマイモ）、団子を供え、灯明をあげて月を拝んだ。九月二〇日はエビスコで、正月と同様に祝う。フナを二匹生かして丼に入れて供える点が正月と異なる。一〇月には旧暦の九月九日に鮎川の熊野神社の例大祭があり、豊漁への感謝と祈願のために若者が神輿を担いで巡行する。かつては小学生が菊の花を持って稚児行列に参加するために多くの児童が小学校を早引きするというのが恒例だった。一〇月一〇日は大根の年取りで、この日にダイコンの折れる音を聞くと死ぬと言い、大根畑に入ることを禁じ、この日より以前にダイコンの収穫をしてはいけなかった。一〇月二〇日は二〇日エビスコ（エビス講）と言い、正月、九月よりも盛大にエビスコを行うのは丸良や今留といった漁業会社やミンク船による捕鯨を営む人々であった。こうした事業所では、従業員に足袋や下駄を店主が贈る習慣もあった。また、商店では取引のある家を招待したり、餅を配ったりもして賑わった。

一一月一五日は油絞めと言って、菜種、ゴマ、ツバキの油を絞め、油絞め餅と呼ぶ餅をついて神棚に供えた。この日は女性の休み日であった一一月二三日はお大師様で、一一月の三日、一三日、二三日を三日大師、または三大師と呼び、それぞれ初大師、中大師、仕舞大師と言った。このとき供える団子には、ハギの枝で長い箸を作って添えた。

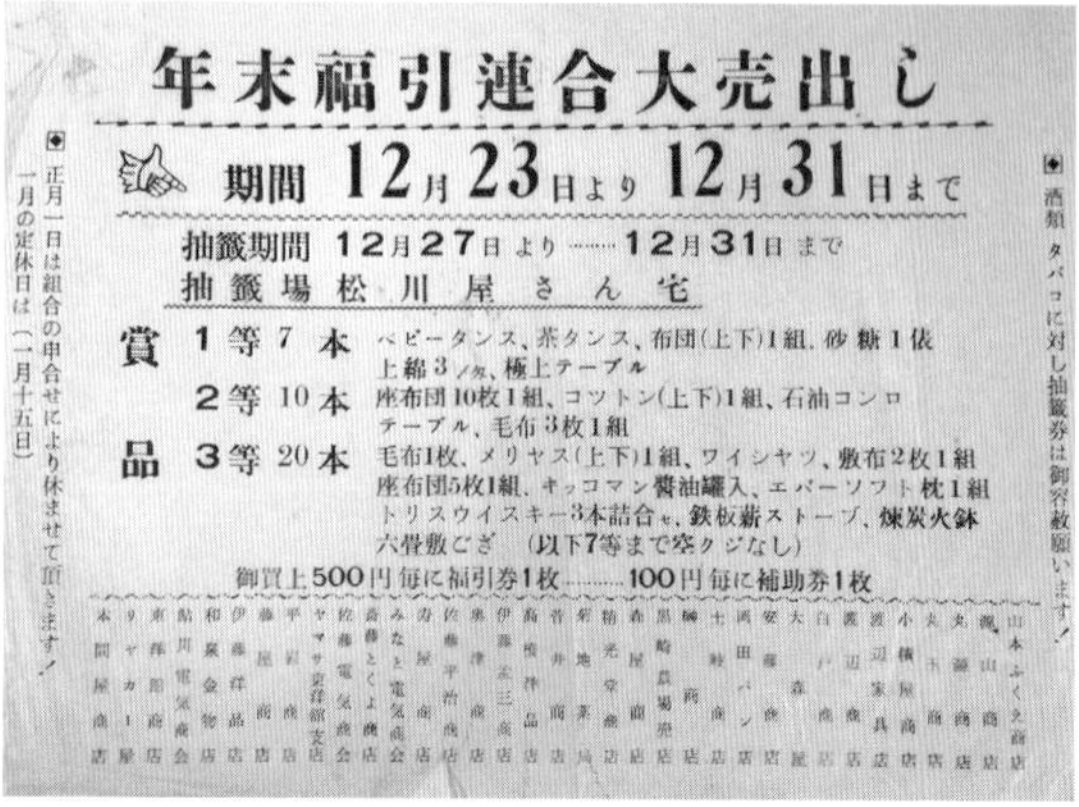
年末福引連合大売出し
期間 12月23日より 12月31日まで
抽籤期間 12月27日より……12月31日まで
抽籤場松川屋さん宅
賞品 1等 7本 ベビータンス、茶タンス、布団(上下)1組、砂糖1俵 上綿3/匁、極上テーブル
2等 10本 座布団10枚1組、コツトン(上下)1組、石油コンロ テーブル、毛布3枚1組
3等 20本 毛布1枚、メリヤス(上下)1組、ワイシヤツ、敷布2枚1組 座布団5枚1組、キッコマン醤油罐入、エバーソフト枕1組 トリスウイスキー3本詰合せ、鉄板薪ストーブ、煉炭火鉢 六畳敷ござ (以下7等まで空クジなし)
御買上500円毎に福引券1枚……100円毎に補助券1枚
◆酒類タバコに対し抽籤券は御容赦願います！
◆正月一日は組合の申合せにより休ませて頂きます！
一月の定休日は（一月十五日）
＊年末大売出しのチラシ（提供：鮎川の風景を思う会）

一二月一日は、水こぼしの朔日とよび、ケッパリ（川払い）餅をついて神棚にそなえ、家族で食べた。この日は、火伏《ひぶせ》（防火）のためとして、囲炉裏の四隅に豆腐を四角に切って串に刺して立て、水をかける。そしてその豆腐は翌日以降、家の外の石の上に乗せておきカラスに食べさせた。これを八月一日にも行う家もあった。一二月八日はツメ八日として、神さまが山へ登り、お正月さまが里へ降りてくる日と言われ、団子や餅を神棚に供え、休み日とした。一二月八日は止め念仏でもあり、女性たちが大数珠を回し百万遍の念仏をあげた。一二月一〇日は大根の嫁入り、大黒様の嫁迎えなどと言い、この日は普通の大根（黒大根）と股大根（女大根）を選び、股大根を嫁大根と呼んで、紅白の水引を結んで大黒天に供えた。また、大豆を炒って一升枡に入れ、「大黒大黒耳あけ、オガダ（お方？）取ったのしらねのが」と三回唱えて豆を撒く。一二月二〇日にもエビスコがあり、戦前はこの時が捕鯨の漁期の終わりの祝いでもあり、砲手らは観音寺に詣ったという。

年越しの年中行事

年越しの準備は、一二月一三日以降に始まる。この日は煤はらいで、ササの枝を取ってきて竹の先に結び、天井の高いところの煤をはらった。一二月一八日はお十八夜さま、二二日は冬至南瓜として、カボチャ粥を食べると中風にかからないと言われた。小豆とカボチャで小豆南瓜を煮て食べるのも冬至の日の楽しみだった。また正月の買い出しに行くマチタシ（市達）も行い、神様用の新しいお膳や、水引、ローソク、若水桶用の新しい桶・柄杓と草履、付け木、下駄、足袋、塩鮭《しおびき》、昆布、野菜類を購入した。マチタチを松を断つという意味のマツタチと考えるひともいる。一二月二八日は餅つきの日で、二九日につく苦餅《くもち》を避けた。重ね餅のほか、ついた餅でメダマギ・メエダマ（繭玉）も作り、エノキ、ミズキ、クヌギ、ケヤキ、クリ、ナラなどを用いて小さく丸めた餅をつけて餅花とした。昔は正月用の餅は一俵も二俵もついたという。お松迎えは二七日頃の吉日を選んで山に門松の松を切りに行く。このとき切り餅を持って行き、枝を切るアカマツに供えた。クロマツは「苦労を待つ」として語呂が悪く、縁起が悪いと考えた。三階松という、枝が三段になっているところを選ぶ。

大晦日には、家の神棚に新しいお札を入れてメダマギ（繭玉木）を供え、家長は早朝に風呂に入って身を清めてから注連縄や幣束を飾り付けた。正月の神をお正月様と言って座敷に棚を作って別に迎える。大きな家では、この部屋自体に注連縄をめぐらし、正月中はこの室で食事をしたという。井戸やミョウジンさま（屋敷神）にも注連縄を張るのは家族総出で行う。また、農家を中心に臼伏せといって、玄関の庭にむしろを敷き、枡に洗米を入れて臼を伏せ、注連縄を張り、ホシノダマの紙（いわゆる玉紙）を敷いて重ね餅を飾る。そこには、マチタチで買った若水汲み用の新しい桶と柄杓、藁草履の鼻緒に白い紙を巻きつけた草履も乗せる。また、正月に食べるために、メバル、スエ、ネウなどの生魚を塩漬けしたり干物にしたりして準備をするのである。こうして家族がそろって、また正月を迎えるのである。

＊金華山

3 修験の道場から開かれた聖地へ　―金華山信仰―

修験の聖地・金華山

金華山は修験の聖地といわれてきた。現在は荘厳な黄金山神社が祀られ、漁民の信仰のみならず東北地方一円からの参拝者が毎年たくさん訪れるが、江戸時代は金華山大金寺《だいきんじ》という一山寺院を形成していた。一山寺院とは、修験のひとつの聖地を中心に形成された寺院の集まりで、金華山の場合は大金寺をはじめ四八の坊という道場のような寺に多数の修験者が日々修行に取り組んでいたのである。

東北地方の修験は、平安時代に最澄が伝えた天台宗が、空海の真言密教の影響によって密教化して天台密教として隆盛になり、その修行の場を陸奥国にまで広げていったことから浸透していったとされる。藤原氏の時代には、紀州の熊野三山を崇拝する熊野信仰が東北各地に広がり、その後出羽三山の羽黒修験も勢力を進出させていった。修験者は各時代の権力者からの外護を受けながら、東北各地に聖地を切り拓いていった。

修験はもともと山岳に分け入り、心身ともに極限まで厳しい修行をすることによって験力を獲得し、それによって人々の宗教的な要望に応えようとするものである。彼らは本来、定住するよりも諸国の霊場を巡り歩いて自分の験力を強めることをもっぱらとしたが、江戸時代に入ると幕藩体制の強い統制下におかれ、定着を余儀なくされていった。修行者は、前述の一山寺院を形成して修行の場を確保したり、権力と強く結びついた主要な寺院の傘下に入ったりしていったのである。一方で、修験者は仏教的な知識だけでなく、動植物や自然に対する知識やそれを利用する知恵も心得ていたから、江戸時代には里修験として村人のさまざまな相談に応じたのであった。

修験道の支配と金華山

江戸幕府は修験道法度を制定して、修験を京都・聖護院を本山として熊野三山を拠点とする天台系の本山派と、京都・三宝院を本山として大和の吉野山から大峯山にかけての金峯山《きんぷせん》を拠点とする真言系の当山派に分けて統制した。江戸時代の牡鹿半島は、修験の寺院そのものがあまり多くないが、遠《とお》嶋《しま》と呼ばれたこの地域に勢力を伸ばしていたのは本山派《ほんざんは》の寺院であった。牡鹿半島の表浜に位置する給分浜《きゅうぶんはま》の見明院《けんみょういん》は、鎌倉時代に羽黒派の修験院として開かれ、遠嶋総先達職を安堵されたが、天正年間に本山派良覚院配下へとかわり、本山派修験としてこの地域の中心的な役割を果たした。

これに対し、金華山は一山寺院として勢力を持っていった。金華山大金寺の古文書は大半が過去の火事によって失われて修験の活動の詳細を知ることは難しい。大金寺を含む四八坊は藤原秀衡《ひでひら》によって造営され、中世には奥州総奉行として有力な鎌倉御家人の葛西氏の庇護を受けたがその没落により一時荒廃してしまった。大金寺を再興したのは下野国岩倉の成蔵坊長俊《ちょうしゅん》という修験であった。修験は山岳に入峰して修行を重ね、山頂や岩山に登拝して自然の力を獲得しようとする。金華山には山頂の護摩壇や各所の登拝地はそれを物語るものである。また、修験道においては修行で験力を得た過去の修験への信仰がある。成蔵坊長俊は、山中の洞穴において修行のなかで入滅したという伝承がある。のちの時代の修験にとっては、そうした場所も聖地として修行の重要な場としていったのである。

ちなみに、金華山を牡鹿半島側から遥拝する場所が、一の鳥居である。現在は木が生い茂って金華山の島全体を見渡すことはできないが、かつてはここで遥拝し、山鳥《やまどり》の渡しから島へ渡ったのである。この山鳥には法印墓地とされる場所がある。金華山は島全体が聖域であると認識されていた神体島である。そのため、島内には墓地を作ることはできず、亡骸を対岸の山鳥まで運んで埋葬したのである。山鳥の法印墓地には、金華山大金寺の法印を埋葬した墓碑が残っている。現在、成蔵坊長俊について語る人は少ないが、わたしたちの聞書きのなかでは、山鳥と金華山の海峡を通過する船は、赤い旗を立てて渡るというデータがある。海峡の潮の速さによって生まれるその周辺の潮の流れが緩慢な場所は好漁場であるが、そうした場所で安全に航行するには成蔵坊長俊に失礼のないようにしないと、魔法のような力で船を止めてしまうのだという（九〇代男性）。

ミロク信仰と金華山

金華山大金寺は、仙台藩の仏教統制において大崎八幡宮の別当寺であった龍宝寺の末寺に位置づけられたが、距離的にも遠隔であり、また離島での一山寺院《いちざんじいん》という形態を持っていたことからも、独自性を持っていた。それを特徴付けるもののひとつに弁財天信仰を中心とした金華山信仰の展開である。弁財天は水にゆかりが深く、七福神のひとつに数えられ、戦勝などの得をもたらすと信じられていたことから、福神、豊漁、蓄財の祈願対象として漁民から商人、農民に至るまで幅広い信仰を集めた。三陸海岸には弁財天を祀る小祠が随所にみられるが、その拠点が金華山で、大金寺の法印らは出開帳《でかいちょう》を行うなどしてこれを普及した。

ミロク信仰の研究で名高い民俗学者の宮田登は、三陸沿岸や内陸の農山村の巳待ち講と弁財天信仰が結びつき、この巳待ち講が金華山講へと発展して金華山へ登拝するのが金華山講の起こりと説明している。巳待ち講とは、月待ちのひとつで暦の巳の日の晩に集り、掛軸を拝んで直会をする農村の行事であるが、巳の日は弁財天の縁日でもあり、その祈願は豊漁であったり養蚕の成就であったりさまざまであったが、いずれにしても広範な地域の農山漁村に金華山講ができたことは、近代の観光化の土台ともなったといえる。

金華山の観光化

近代に入り、明治政府による修験道禁止と、神仏分離によって神道を推し進める政策は、金華山の神道化を進めることとなった。巳（＝蛇）の日にゆかりの深い弁財天と、神の使いや神話にゆかりの深い蛇とが、どのように結びついたかは定かでないが、いずれにしても毎年多くの参拝客が訪れる初巳大祭や、龍（蛇）踊り奉納といったかたちで、蛇は現在の金華山信仰においても重要視されている。

金華山の観光化は、明治中期にはすでに観光マップが作成され、山鳥や鮎川は金華山への玄関口としての性格を持っていった。女性の参詣は認められていたが、信心深い人のなかには昭和中期まで金華山に渡るのをはばかられたという人もある。大正から昭和初期の参詣は、金華山へ詣る前に必ず山鳥に建っている一ノ鳥居をくぐってからでないとご利益がないとされていた。のちに、塩竈や石巻、女川から海路で金華山へ行く観光ルートも開け、その意味合いは薄れてしまったが、もともと参詣者は早朝に石巻を出て徒歩で半島の先まで行き、夕方にようやく山鳥から金華山を望むことができた。山鳥か鮎川で一泊し、翌日金華山にわたるため、鮎川には常に多くの人が行き交うことになった。

こうして島へ渡るには、新品の草履が必需品であった。船をおりる時には、新しい草鞋を履いて上陸するのである。そして、参拝が終わって離島する際には、再びその草履をぬいで桟橋のところに置いて行かなくてはならなかった。足についた砂を持ち帰ってはいけないからである。

黄金伝説とイメージ

金華山のイメージは黄金と結びついている。万葉集で読まれた大伴家持《おおとものやまもち》の句「天皇《すめろき》の　御代栄《みよさかえ》むと　東《あづま》なる　陸奥山《みちのくやま》に　金花咲《こがねはなさ》く」、すなわち黄金花咲《こがねはなさ》く金華山のイメージである。実際には金華山から金が豊富にとれたわけではないが、とりわけ江戸時代の旅はこうした歌枕の地を訪れ、その情景を思い浮かべるという教養に根ざしたものであったから、金華山は修験の聖地であるとともに歌枕の地として一度は遥拝したい場所に挙げられていたのである。

江戸時代前期の俳諧師、松尾芭蕉の紀行文『おくのほそ道』では以下のように書かれている。「こがね花咲とよみ奉たる金花山、海上に見わたし、数百の廻船入江につどひ、人家地をあらそひて、竈の煙立ちつづけたり」、芭蕉は石巻から望んだとあるので、そこには実際には金華山の島かげを拝むことはできなかったはずだが、奈良時代へと思いを馳せる風景に出会えた時点で芭蕉の目的は達したのである。江戸時代の旅とはそういうものであった。

江戸時代後期に東北を旅した落語家、船遊亭扇橋《せんゆうていせんきょう》も、紀行文『奥のしをり』に次のように記している。

金華山辨天　陸十三里、海上十七里　海中の島也
聖武帝天平二十年自當山始メて出黄金を國司より京師ニ献之、金海鼠名物也、山の奥に水晶の大石有リ、高サ五丈六稜三抱と申すこと也、仙人澤其外見所多シ、山中一面に金色砂也、土ばくと

いうたくひなるへし、海の岸より海中をのそけハ水中一面に金色也
瞳の奥に　咲くや黄金の　花の山　いつの頃より　ひらきそめけん

ガイドマップとガイドブック

近代に入り、金華山観光のガイドとして使われたのは地図とガイドブックである。一八九四（明治二七）年の『陸前国金華山明細図』は、銅版のモノクロ地図で、牡鹿半島の突端に位置する山鳥渡しおよび一の鳥居から遥拝するかたちで金華山を描いている。周囲には塩竈からの蒸気船のほか多くの手漕ぎの渡船が往来しているのがわかる。

境内の社務所から本殿にかけてを誇張して表現し、そこから山頂の大山祇社《おおやまづみしゃ》までのルートに沿って、観光客を誘うようにそこここに人影が描かれている。個々の名所旧跡は別枠にイラストを掲載している。描かれているのは、「頂上大山祇社」、「天柱石」、「胎内潜」、「大浪超」、「千畳敷」、「大箱崎」、「小箱崎」、「燈臺」、「山雉渡之景」、「大寺海岸」であり、山頂までのルート上に、「滑石」、「水神社　當山水ノ源流」、「孔雀池」、「飛石」、「天狗角力場」の名称がみえる。この地図は折りたたんで袋に入れて携帯できるようになっている。これをもって島内をめぐることができるのである。金華山・黄金山神社の拝殿は「東奥の日光」とも称されたが、一八九七（明治三〇）年に焼失し、その後約一五年かけて再建され、現在に至る。本図には焼失以前の拝殿の面影を見ることができる。また、「金華山新

築拝殿真図」および「金華山拝殿　六〇分の一縮図」は、再建当時の状況を知ることができる資料である。

また、金華山を名所として紹介した代表的な図書に、一八九八（明治三一）年刊行の伊達萬次郎『金華山小誌』（正気堂）がある。これは上記の地図よりは遥かに詳細にそれぞれの名所旧跡について解説を加えている。多くは修験の修行や仏教的な縁起と結びついた遺跡としての記述であり、金華山の由緒をまとめあげるかたちとなっている。

大正二年の金華山地図「陸前国金華山真景明細図」（黄金山神社社務所発行）は、多色刷りの鮮やかな地図である。こちらは同じく一の鳥居から金華山を遥拝した風景として描き、島の周囲には多くの漁船とみられる帆船が帆を広げている。描く形式は前図と同様だが、水平線を際立たせ、空も滲ませて雲を表現するなど、遠近法による風景としての洗練度が挙がっている。別枠で描かれた名所も修験の聖地を数多く連ねるのではなく、「燈臺」、「千畳敷」、「頂上大山祇神社」、「天柱石」、「千人沢」、「大函崎」に代表させ、観光ルートとしてよりコンパクトに楽しめる構成となっている。加えて「石巻市街」と「牡鹿郡全図」を掲載し、より金華山の位置や魅力が伝わりやすい構成となっている。

神　号　　黄金山神社　　　　　　　　其　周　囲　　六里餘
祭　神　　金山比古命・金山比売命　　其　面　積　　一万八百餘坪
初巳御神事　　陰暦四月初巳日　　　　山内名所巡拝路程　　四里餘
大　祭　日　　陰暦九月廿五日　　　　塩釜を距ル海上　　二拾餘里
山高サ海面ヲ抜ク事　　四拾六丈　　石　巻　江　　拾里餘

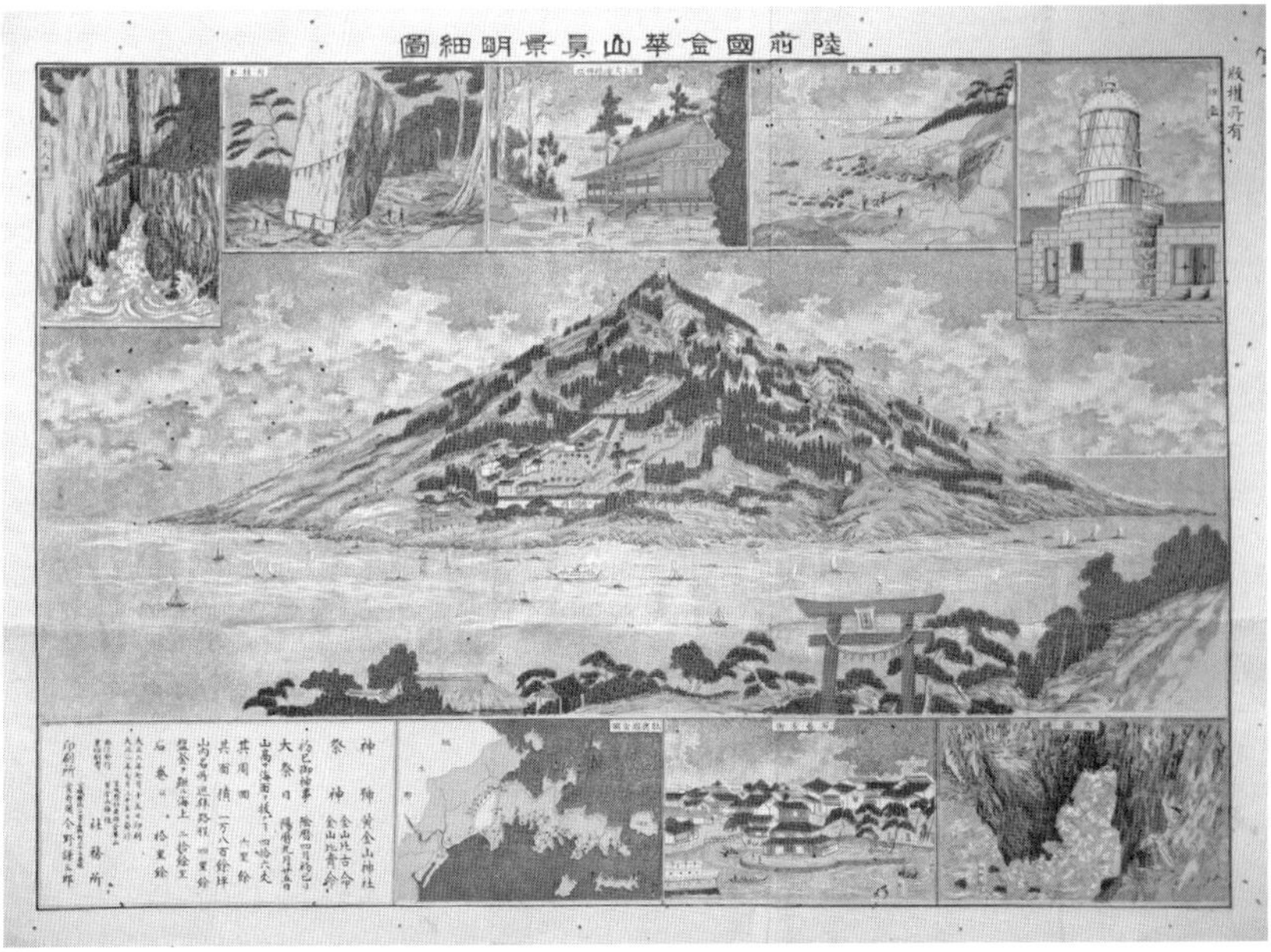

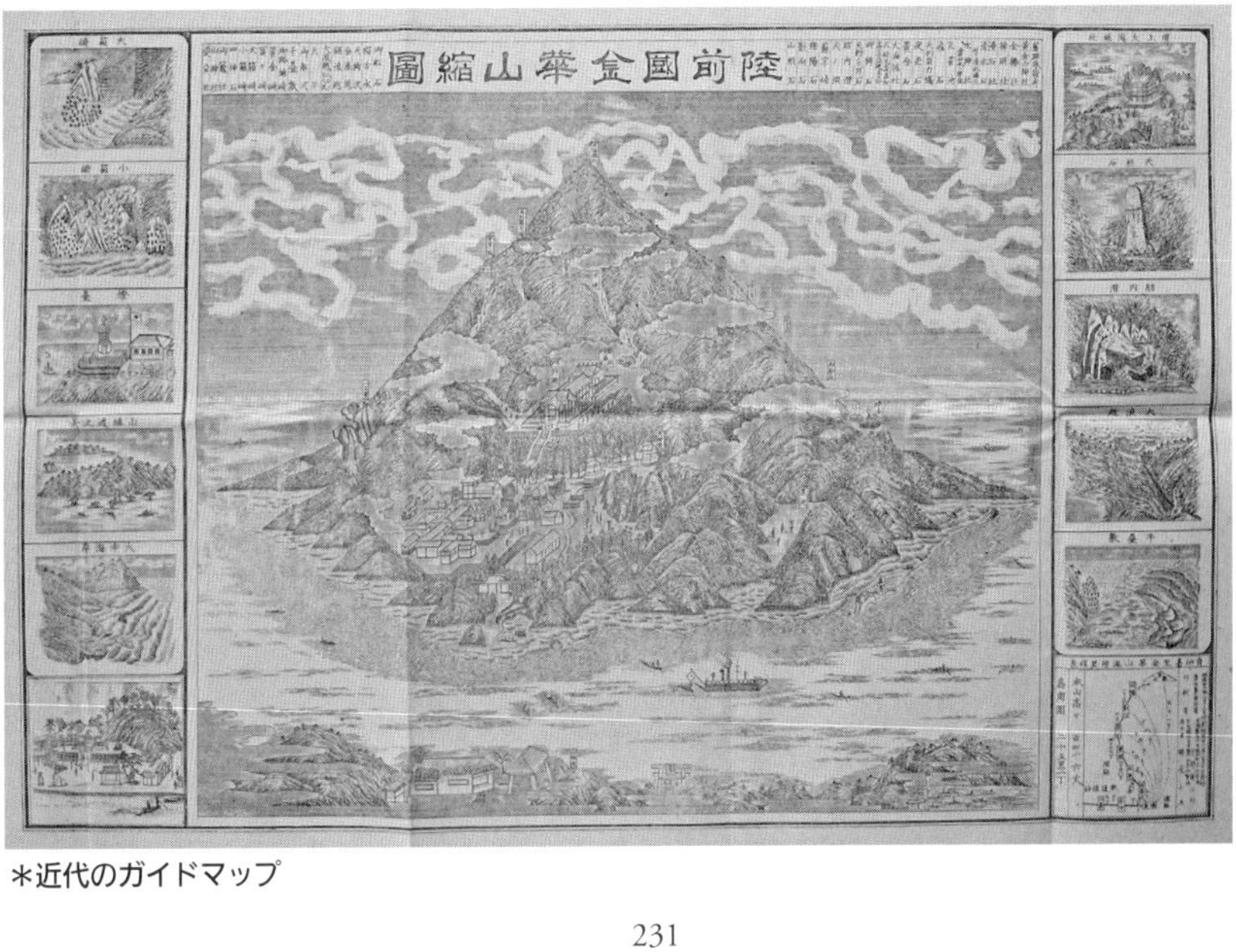

＊近代のガイドマップ

＊金華山戦前絵はがき

この時代、旅の目的地は歌の情景を思い起こす風景ではなく、実際の自然の地形や警官のダイナミックさや、そこに登山して得られる達成感や、人間のスケールを超えた大海原を断崖絶壁の頂点から展望することにあった。また、当時最新鋭の設備を誇った金華山灯台のように、テクノロジーの粋を集めたような構造物・人工物も、重要な観光資源であった。戦前の絵葉書には、こうした絶景としての金華山名所旧跡や、金華山灯台、蒸気船などがモチーフとなっているのである。本図の端には、祭事や金華山の島そのものについて、以下のように記されている。

金華山への玄関口としての鮎川

金華山詣では、江戸時代は渡波で船主と個別交渉してチャーターし、金華山まで往復してもらう形をとっていたが、天保期にその船賃が船主によってバラバラで、なかには横暴な値段を取るものもあった。大金寺側からこれを統一してもらいたいという願い出があり、船賃の目安が示された。船の大きさや人数によって金額が設定されたのである。

しかし、その船賃も惜しい一般の参詣者は、山道を徒歩で山鳥まで来たのである。

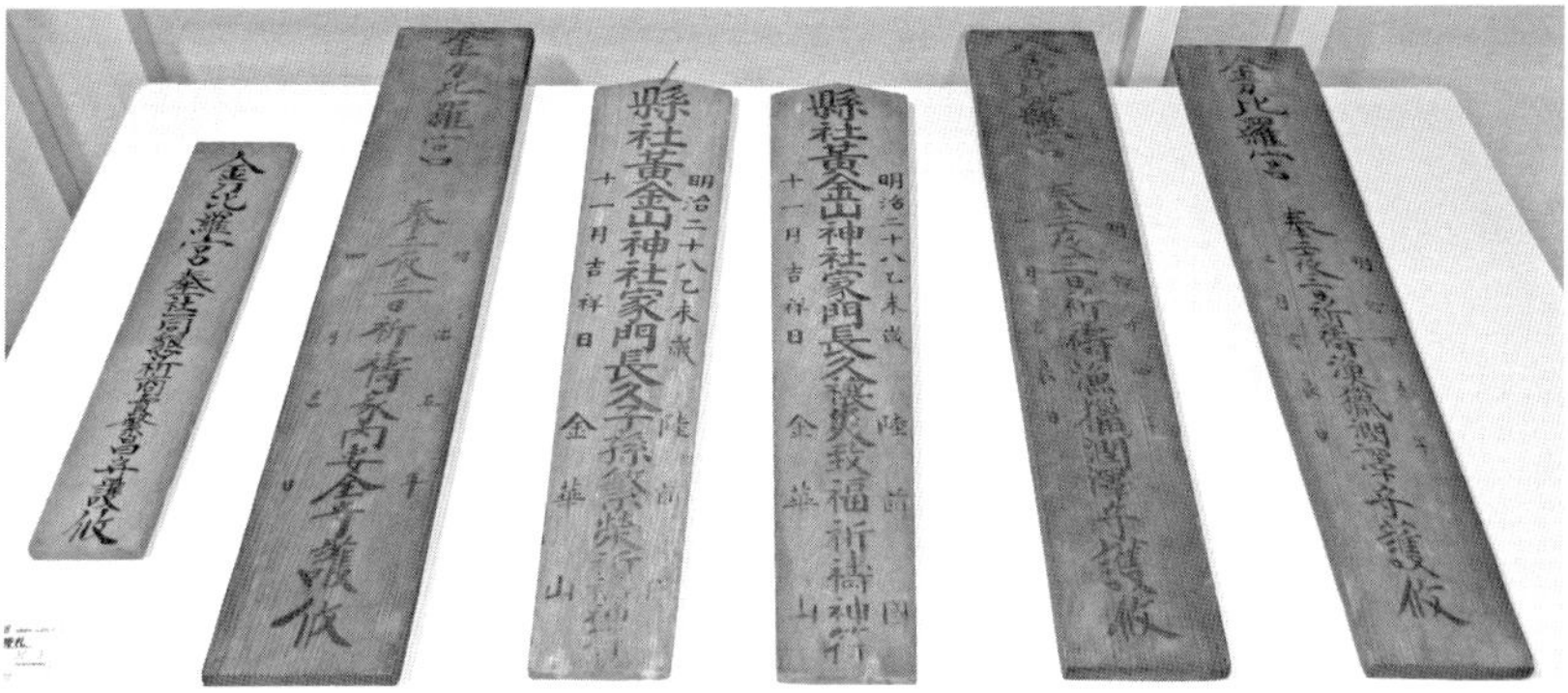

＊金華山祈祷札（石巻市教育委員会蔵）

近代に入ってからは、牡鹿半島の陸路の開発が進んだため、陸路での参詣は減らなかった。半島の仙台湾側を通る表浜街道は、渡波《わたのは》から万石浦《まんごくうら》の入江を越えて山道へ入り、小積峠《こづみとうげ》を経て大原浜に出る。そこから鮎川までの道のりを大正期には表浜街道と称した。これは半島のメインルートであったから、渡波町外三箇村道路町村組合が組織され、開発されたのである。現在もワインディング・ロードが残る半島の表浜の道の直線化工事は続いている。

一方、裏浜街道は、渡波から女川の浦宿《うらじゅく》に出て、そこから鷲神《わしがみ》、小乗を経て新山《にいやま》から山越えで鮎川に出るみちで裏浜路ともいった。陸路の参詣道を劇的に発展させたのは、いうまでもなく牡鹿コバルトラインであった。女川の浦宿から牡鹿半島の中央部を貫通するかたちで鮎川までを結ぶ県道で、一九九六年に無料開放された。観光バスが列をなして鮎川を訪れ、金華山への定期船が満員の乗船客を乗せて何往復もしたのである。

海からみた金華山と漁民の信仰

海から望む金華山は壮麗である。牡鹿半島の漁浦の人々は、島そのものを崇拝対象としてこの聖地への信仰を深く抱いてきた。例えば、カツオ漁の漁師は、沖へ出た時に金華山の島の稜線が水平線に三分の一沈んだ辺りをサン

＊金華山を臨む一の鳥居（撮影　鹿井清介）

ノゴテ（三の御殿）、二分の一沈んだ辺りをニノゴテ（二の御殿）とよび、とうとう小さな三角の点になってしまうほど離れるとニオボシ（乳星?）、そしてヤマナシ（山無し）というふうに呼んだ。そして、沖から見える金華山に灯明をあげて航海安全を願ったのである。イワシやアジ、サンマなど、とれた魚を数匹金華山の横で海に返すとか、不漁が続くと金華山の周りを三回船で回ってお神酒と洗米を海に入れて豊漁祈願をしたとか、そういう儀礼が現在でも聞くことができる。

柳田國男は、一九三四（昭和九）年に著した『一つ目小僧その他』および、「片目の魚」（『日本の伝説』所収）で金華山にまつわる信仰について触れている。それは、黒潮に乗って北上するカツオについて、金華山の沖でとれるカツオは、左の眼が小さいか、潰れているという話である。それはカツオが南の方から金華山のお社の燈明の火を見ながら泳いできたためで、それを漁師たちはカツオの金華山詣りと呼んでいるとしている。『日本の伝説』では、これを伊達政宗や山本勘助などの片目のヒーローと関連づけ、日

写真引き

一九五三（昭和二八）年一月に撮影された、一の鳥居から金華山を拝んでいる写真である。金華山はもともと女人禁制であったため、女性はここから参拝した。近代以降は解禁されたが、この頃はまだ島に渡るのを遠慮する女性も多かった。

①**人物**　左から叔母、従兄弟、叔母の従兄弟。

②**縄**　正月に注連縄をかける。

③**景色**　当時は立木がほとんどなく金華山がよく見え、三六〇度景色が見えたという。周囲は黒松の松林であった。

④**扁額**　「金華山」とある大きな扁額。

⑤**地面**　東日本大震災以降はとくにシカの生息域の拡大によってヤマビルがいたるところに潜んでいる。

⑥**島影**　海峡を挟んで臨む金華山。

本人が片目に対する特別な意識を持っていたことを指摘しているのは面白い。

4　牡鹿半島のむかし話

『旅と伝説』昭和五年五月号

一九三〇（昭和五）年五月刊行の『旅と伝説』（三元社）に「牡鹿半島の昔話」という調査報告が掲載されている。執筆したのは中道等《なかみちひとし》。東北地方の民俗を訪ね歩いた在野の研究者である。この雑誌は日本民俗学の確立にもっとも重要な役割を果たした、かの柳田國男が指導的な役割を果たしながら、彼のもとに出入りしていた萩原正徳が編集発行人をつとめた月刊誌である。鉄道省の補助も受けて発行された本誌は、郷土の資料を共有する楽しみと同時に、旅を通じて各地の文化にふれる喜びを普及する狙いもあったであろう。

「牡鹿半島の昔話」は、中道等の家を尋ねて八、九日滞在した、奥浄瑠璃《おくじょうるり》の語り手、鈴木幸龍《こうりゅう》から聞いた話をまとめたものである。本書によると、鈴木幸龍は石巻に在住で、もともと牡鹿半島・寄磯浜の出身であるという。奥浄瑠璃とは宮城県を中心に伝承されてきた浄瑠璃であり、現在はほとんど聞くことのできない芸能である。浄瑠璃とは、扇拍子《おうぎびょうし》や三味線を伴奏に浄瑠璃語りの太夫《たゆう》が詞章《ししょう》を語る舞台芸術である。詞章とは節をつけた独特な物語で、座頭の坊、あるいはボサマと呼ばれる盲人の専業芸能者によって語られてきた。別名、お国浄瑠璃と呼ぶ。

中道等は、この『旅と伝説』刊行の前月、民俗藝術の会の催しとして東京で鈴木幸龍による奥浄瑠璃の公演を行った。牡鹿半島の昔話は、その一連の付き合いのなかで聞書きしたものであろう。ちなみに、民俗学史では有名な渋沢敬三の邸宅増築と早川孝太郎の大著『花祭』の刊行を祝って渋沢邸で上演された花祭りも同時期であり、國學院大学にて催された静岡県の西浦田楽《にしうれでんがく》の上演も相まって、民俗芸能のひとつのブームのなかにあった。東北地方でも、この前年に仙台放送局が民間伝承や郷土研究の連続ラジオ講座を開催し、柳田國男ら著名な研究者がラジオを通じて講義を行なった。後に『東北の民俗』として刊行されるが、郷土にあるものに関心が高まった時期であることは間違いない。

「牡鹿半島の昔話」

さて、中道等「牡鹿半島の昔話」では、さまざまな口頭伝承が記録されている。牡鹿半島中部の旧大原村鮫浦から塚浜へとこえる道にあるカムラ森は、〝鏑森〟の意味であり、八幡太郎義家がここで弓を試し撃ちしたという伝承地だという。その時に放った矢が女川湾の一つの島を貫いて穴を開けたという伝承から、半島各地に残る安倍貞任《あべのさだとう》ゆかりの地名を紹介している。

地元では有名な話であるが、給分浜《きゅうぶんはま》の後山《うしろやま》に鳥海《ちょうかい》弥三郎が戦から敗走して身を隠したという伝説がある。地元の人々はよく世話をしたので、その礼にと大謀網《たいぼうあみ》の仕掛けや知識が伝えられたと言われている。定置網に魚を追い込む技術は、敵を誘い込む兵法に由来すると言う伝説である。その後山には現在十一面観音堂がある。これは安倍貞任の守本尊であったものを北上川に投じて、最終的に田代島に流れ着いた。それを島民は拾わずに海へ返してしまう。それがこの給分浜に流れ着き、現在のように祀られたとされている。十一面観音立像は、現在は国の重要文化財に指定されている。

田代島は現在、ネコに親しめる「猫島」として知られているが、もともとカツオ漁などの漁業が盛んなこの島には、巨大なネコの大親玉の話が伝わっている。そのぐるりをネコの眷属が取り巻いているというから大したものである。島の人々はマグロの初漁の際には「初物」として丸のまま大親玉に差し出すが、その場所は誰も語りたがらないというのである。

サルの話も出てくる。旧大原村の寄磯浜・前網浜では、森にサルの世界が栄えて、人里近くに住んでいたという。このサルたちは常に人間の行動を見ていて、家が留守の隙に忍び込み、人間の真似をして威張っているのだという。ある時、サルの集団が家に入り、親玉がドンブクを着込んでキセルでタバコをくゆらせて部下にいろいろと命じる。しかし、若いサルは鍋を空焚きして南瓜を煮ようとしたり、自在鉤をうまく使えなかったりと、埒が明かない。家の者が帰ってきてそれに気づくとしばらく見ていた。サルたちがあまりに失敗をするものだから、主人はカラカラと笑い出し、サルは慌てて逃げていく。猿の世界と人間の世界が交錯する、コミカルな笑い話である。

ただ、別のサルは、実際に鈴木幸龍の父親の剃刀を持ち出し、人まねをして髭を剃ろうとして血を出して死んでしまったという、笑うに笑えないエピソードまで入っているのである。

中道等は、この報告を次のように締めくくった。

「牡鹿半島の話は、なかなかに盡《つ》きぬ。」

盲目のボサマの語り

これらの牡鹿半島の昔話を語った鈴木幸龍は、名の知れた浄瑠璃語りであった。石巻市で英語教師をしながら民俗芸能を追究し、六〇〇頁あまりの大著『陸前浜の法印神楽』（本田　一九三四）をまとめた本田安次は、同著の序文で鈴木幸龍にふれている。中道等が「牡鹿半島の昔話」を描いた翌年の昭和六年、小寺融吉、北野博美、西角井正慶の三人の著名な研究者を石巻に招いた本田安次は、彼らに牡鹿法印神楽を見せた後、その夜石巻市新田町の鈴木幸龍宅を訪ね、奥浄瑠璃「牛若東下り」の一節をともに聞いたと記している。

鈴木幸龍が語った「牡鹿半島の昔話」では、サルやネコの共同体の逸話がじつに興味深い。人間が野生動物や自然現象をどうとらえていたかをあらわしているのと同時に、野生動物や森や自然現象が人間をどうとらえている（と人間がとらえた）か、そして風や気象に対する知識をどうとらえていたかなど、複雑な内容を含んでいる。そうした想像力は、奥浄瑠璃のボサマという芸能者の語りを通じてひとつのエンターテインメントとして語られ、中道はそれを記述した。

わたしが興味を抱くのは、盲目の職業人が多くの物語を蓄積していくということである。かつて、民俗学者の宮本常一は、昭和三〇年頃に土佐の檮原《ゆすはら》村の橋の下で、粗末な小屋に住む盲目の老人が語る人生の回顧を、老人の語り言葉そのままに書きしるした「土佐源氏」というものを書き残した（『忘れられた日本人』）。宮本常一は岡本太郎、深沢七郎との鼎談において、この「橋の下の乞食」のモノローグについて、盲目の人は多くの話を聞きあるくだけでなく、聞いた物語を自分自身の中で何度も繰り返しおもいをめぐらせ、独特なかたちで蓄積していくということを述べている。（鼎談「残酷ということ」『民話』第一八号　一九六〇年）

昔話というのは、一般の人々にたくさん聞書きをしていけば集められるというものではない。中道等が、「牡鹿半島の昔話」をまとめることができたのは、鈴木幸龍という盲目の浄瑠璃語りとの出会いの賜物であったと、改めて思い至るのである。

＊コラム

牡鹿半島では「働く分だけ飯がうまい」

海と山の恵みは季節ごとにかわり、それに合わせて仕事もかわる。牡鹿半島では、労働と食がコミュニティをはぐくみ、ワカメやカキの種付け、アワビの口開け、春のミンク漁など、海の仕事と年中行事が深く結びつく。働く仲間とは、親族以上のシンセキづきあい、旬の食材を贈りあう。牡鹿半島はカキ・ワカメ・ホヤの養殖の先進地で、かつてはノリ養殖も盛んだった。カキ養殖を戦前に伝えたのは、沖縄から北米に渡った移民の実業家で、栄養豊な海で稚貝を育てたのが始まり。今では基幹産業となった。漁村では、乱獲や密猟から海産物を守るため、古くから口開け（開口とも）というウニやアワビの採集の解禁日と決めてきた。漁業権で厳しく管理されるが、共同体のルールで浜の女性のおかず取りだけは認める例もある。

牡鹿半島は「季節の移ろいを映す鏡」

山がそのまま海に落ちる半島、季節のうつろいは食卓で実感する。食の愉しみは四季折々。春は海藻、夏にかけてウニやホヤ、アワビ、秋から冬はマガキやノリ。そこに春のミンクや夏のハモ、秋から冬のサバ。かつては山菜やキノコ採りも楽しんだ。浜の四季は、食卓でこそ感じられる。おせち料理や祭りや儀礼の食事など、人が集まったときのごちそうを行事食といい、浜によっても家ごとでも違いがみられる。鮎川では、お盆に帰省する人やお参りに来る人を、ミンククジラの煮こごりを作ってもてなす。冷凍庫がない時代、鯨肉の保存方法は乾燥させるか塩漬け、味噌漬けしかなかった。クジラの味噌漬けは、保存もさることながら味付けにもなり好まれた。赤肉はステーキに、頬肉のカノコは刺身で今でも親しまれている。

第六章

復興10年と地域文化のこれから

1 文化財レスキューで残された民具コレクション

文化財レスキュー活動のはじまり

東日本大震災当時、宮城県内では五〇か所以上の博物館や収蔵庫などで被災文化財等救援委員会による文化財レスキュー活動が行われ、その後数年にわたって、被災したコレクションや文化財の保存修復が行われてきた。今回の震災で行われた文化財レスキュー活動では、指定文化財だけでなく、地域の古文書や考古・民俗資料、写真資料や図面などの二次資料、動植物や昆虫、化石などの自然史標本、行政の現用文書、図書館の図書資料など、文化的な資源と見なされるものすべてが対象となった。その結果、救援の対象となる資料数は膨大な数に膨れ上がり、歴史資料ネットの活動や、自然史系博物館や美術館の全国的な連携、応急処置作業への市民や学生ボランティアの動員が、地域の文化資源の復旧に重要な役割を果たした。

宮城県における文化財レスキュー活動は、東京文化財研究所に本部が置かれた被災文化財等救援委員会の枠組みで進められ、国の機関や学会、博物館関連団体など、救援委員会の構成団体から、多くの文化財の専門家が現地本部（仙台市博物館）に集まり、そこから毎日各地の現場へとレスキュー隊が派遣された。被災地での活動は、行政、消防、警察と連携しながら、被災前の文化財等の所在情報をもとに被災した博物館、収蔵庫、公民館、学校等の建物に立ち入り、状況確認の後に一時保管施設へと移送するものである。

この枠組みのなか、わたしは当時勤務していた東北学院大学の大学博物館で、被災文化財等救援委員会からの指示によって、石巻市鮎川収蔵庫に保管されていた旧牡鹿町収集の考古・民俗資料を一時保管することとなった。現地でのレスキュー活動には、津波で屋根まで水没して壊滅した収蔵庫に、専門家で構成するレスキュー隊が入り、瓦礫と文化財をより分けながらレスキュー活動を行い、隣接した牡鹿体育館に資料を仮保管した。大学博物館へは、二週間に一度、合計八回にわたり、四トントラックの美術品専用車で被災資料を運び、そこから学生たちによる保全作業が開始された。

牡鹿公民館の収蔵庫資料の応急処置

わたしが担当して大学生たちとともに応急処置を行うこととなった資料は、考古資料テンバコ六〇杯、民俗資料八〇〇件（破損した部品、約四〇〇〇点の状態）という規模であり、すべて塩水による水損を被りほぼ全ての資料が破損、あるいは破片にバラバラの状態であった。これらの資料の保全作業の技術指導は日髙真吾氏（国立民族学博物館人類基礎理論研究部・教授）が行い、現場の作業コーディネートを学芸員である筆者が担当、現場監督的な役割を大学博物館学芸研究員（大学院生）が担当、多くの大学生が実際の作業を行った。被災資料は、まず屋外のテントに収納し、風通しを良くして乾燥させた。そして、表面が乾燥したものから豚毛ブラシを用いてドライクリーニング（極力水を使わない洗浄方法）を行い、ひとつひとつ泥を落としていった。一度クリーニングした資料は収蔵室に保管し、カビが発生したらエタノール噴霧で殺カビ処理を行い、カビが発生しなくなったら、二回目のドライクリーニングを行った。すべての資料のドライクリーニング作業には二年間を要した。

牡鹿公民館の収蔵庫（石巻市鮎川収蔵庫）のコレクションは、津波の直接の被害を受けたため、すべての資料が海水につかったうえ、現地で救援されるまで二ヶ月以上も海水を含んだ土にまみれた状態にあった。この塩の影響が如実にあらわれるのが鉄製品であり、塩の影響で著しくサビが進行していた多くの民俗資料の脱塩処理も、学生たちが作業を担うことになった。

民具の脱塩処理は、ふつうは大学生のような素人が行う作業ではなく、水漬け後にどこまで塩を抜いて、どの段階で引き上げるかの見極めは、専門家にしか判断することができない。そこで、民具を水漬けした後、定期的に国立民族学博物館に脱塩水槽の水サンプルを郵送し、イオンクロマトグラフィで塩分濃度等を検知してもらい、水交換や経過観察、乾燥など、必要な作業の指示を受け取る体制で作業を進めることにした。また、脱塩処理とともに殺虫処理の作業も学生の手で行ってきた。これらの作業は、震災三年目から二年間かけて行い、脱塩処理を終えることができた。

「はたらく棒」を探し出す

石巻市鮎川収蔵庫の被災資料の困難さは、破損状況がひどいことにあった。そのため作業の当初に、バラバラの部材を、それぞれ個別のものとしてドライクリーニング、脱塩処理、殺虫殺カビ処理、防錆などを行い、安定化が図られたのちに部材を集めて修復するという方針を立てた。カビや虫害の再発が収束し、脱塩処理によって錆対策に一定の目途が立ってきた震災四年目は、学生たちもこれとあれが同一の民具の部材ではないかとパズルをするようになった。

とはいえ、同じように見えるバラバラの民具の破片から元の姿を想像し、それらをつなぐ作業は学生には困難である。しかし、筆者を含め、民具研究の心得のある学芸員は、ひとつの棒きれを見て何の民具の部材かをある程度推測することができる。そこで実施したのが「はたらく棒」プロジェクトである。これは民具研究者の宮本八恵子氏とともに企画したもので、牡鹿公民館のコレクションを修復し、もとのコレクションの姿へと戻していく作業であった。「はたらく棒」という言葉は、今は被災して単なる棒きれに見えても、もともとは生活のなかで人間とともに働いていた棒だということからつけたタイトルである。

具体的には、破片を広い教室にならべ、そこに招いた何人かの民具研究の専門家の指示を受けながら、学生たちがパズルのように民具に組み上げていくというものであり、この作業によって高機や糸繰り具、桶類をはじめとする多くの民具が組み上がった。また、組み上げてもとの姿を取り戻した民具同士の関係も見えてきた。もとは個別の工具として管理していたものが、集めてみると船大工用具一式を形成していたこともわかった。機織りに用いる高機や、大型の糸繰り器も組み上がり、養蚕、製糸から機織りまで手広く営んだ農家からの収集コレクションの存在も見えてきた。学生たちは、次々に組み上げる研究者や学芸員の知識に驚くとともに、コレクションの姿が見えてきたことから地域研究の課題を見出すきっかけともなった。

見えてきた本来のコレクションのすがた

震災直後から行ってきた、石巻市鮎川収蔵庫の資料の保全作業も、震災五年目には佳境に入ってきた。モノの保全作業の終了と同時に始めることができたのが、コレクションを管理するための台帳・目録の作成であり、ようやくふつうの博物館学芸員が資料管理をする台帳を作成する段階までたどり着いた。新たに作成した民俗資料台帳には、ＩＤ番号と一般名称、地方名称、素材、法量（大きさ）、使用法を記し、破片の状態の資料を文化財レスキューカルテで管理していた段階のカルテ番号も記して、その資料の保全作業の履歴もさかのぼって追跡することができるようにした。こうして作成した台帳・目録に収録された資料は八〇〇〇点あまりとわかった。

つまり、もともと八〇〇〇点の資料が収蔵されていたところに津波が襲い、四〇〇〇点の破片となって散らばったものが、文化財レスキューで回収され、保全・修復作業によってコレクションの本来のすがたが見えてきたというわけである。このコレクションは、台帳整備作業によって、食具や生活用具、農具、漁具に加え、紡織用具、捕鯨用具、大工道具等で構成されていたことがわかり、牡鹿半島のかつてのくらしを示す価値あるコレクションであることが見えてきた。

牡鹿半島の民具コレクション分類

このコレクションは、もともと牡鹿公民館の郷土史研究活動、および町誌編纂事業のなかでの資料収集で形成されたものである。つまり、当時の公民館長や町誌編纂委員の先生方、すなわち在野の知性たちが、旧牡鹿町のくらしをあらわすものとして、意図して集めた資料群である。ただ、『牡鹿町誌』には民具編やそれに相当する章は存在しないので、このコレクションからどのような暮らしを知ることができるのかは、示されていない。

そこで、わたしたちは、応急処置を終えた民具を展示して聞書きを進めながら、牡鹿半島の民具コレクション分類を設定していった。具体的には、『民具調査ハンドブック』（岩井宏實ほか編　一九八五）や『民俗文化財の手びき―調査・収集・保存・活用のために』（文化庁内民俗文化財研究会編　一九九〇）などで示されてきた民具分類モデルをベースに、本コレクションの特徴を踏まえて項目を加除し、以下の分類に仕上げて整理作業を進めた。（次頁「牡鹿半島・民具コレクション分類」参照）

コレクションの特徴ある資料

文化財レスキューされた資料のなかにある東北らしい民具に、三和土《たたき》製のカマノカミがある。民俗学では一般に竈神（カマガミ）と呼ばれるもので、東北地方を中心にカマドの火の神として、家を建造する際に製作され、祀られ続けるものである。船で言えば船霊を入れるように家に魂を入れるため、家の建築の最後の仕上げに際して製作されるのである。かつては壁を塗る左官屋が壁土とニガリとワラなどを刻んだスサを混ぜた三和土でつくり、のちには大工が木彫りでつくるようになったと言われ

牡鹿半島・民具コレクション分類

1　衣食住

（1）衣
A　服物
B　結髪・化粧用具
C　裁縫・洗濯用具
D　その他

（2）食
A　調整用具
B　食事用具
C　貯蔵用具
D　醸造・製造用具
E　嗜好品用具
F　その他

（3）住
A　住居関係用具
B　採暖用具
C　採光用具
D　建築習俗用具
E　その他

2　生業

（1）農耕
A　耕作用具
B　播種・移植用具
C　管理用具
D　収穫・脱穀・調整用具
E　その他

（2）漁撈
A　採集用具
B　陥穽漁具
C　釣り用具
D　網漁用具
E　養殖用具
F　水揚げ・加工用具
G　船および船大工用具
H　その他

（3）捕鯨
A　捕鯨用具
B　加工用具
C　その他

（4）養蚕・紡績
A　養蚕用具
B　紡績用具
C　染織用具
D　その他

（5）山樵等
A　山樵用具
B　狩猟用具
C　その他

3　その他

（1）交通交易
A　運搬具
B　交通・旅行用具
C　商業用具
D　その他

（2）社会
A　防災用具
B　医療用具
C　信仰用具
D　その他

ている。

現在、古川や登米などの内陸部では、木彫りのカマガミ製作サークルが中高年の男性を中心に人気である。カマガミ・リバイバルともいえる状況を呈している。そのカマガミを、牡鹿半島ではカマノカミと呼び、大きな屋敷を構える家の台所に飾られてきた。「火の男」で「ヒョットコ」とも呼び、火をつかさどるカマドの神は擬人化され、家の歴史を見守るものとして大切にされたのである。

カマノカミの目玉には、アワビの貝殻や磁器の茶碗などを用いるため、夜に目が光って見えて子どもには恐ろしい存在であったという。それをいいことに、親などは子どもを叱る際に「カマノカミ様が怒るよ！」などと脅すこともあったという。カマノカミはどの家でもあるものではなかったが、火の神として燈明をあげたり、火の用心を願ったりして信仰されてきた。

また、極めて珍しい資料として、紙腔琴《しこうきん》がある。これは戸田欽堂という人物が発明して明治中期に販売した商品で、紙ロールに穴を開けてそれを回すことで音を奏でる手回し式オルガンである。いわば日本の「オルゴール」である。わたしはこれを、大阪歴史博物館で住友家のコレクションの展示で見たことがあるが、国内の博物館でこれを所蔵しているのは一〇もないであろう。残念ながら津波で被災して破損、紙部分は乾かしたものの、ちぎれたり汚損したりして、使用には耐えない。

この資料の来歴は不明である。捕鯨会社が持っていたものか、あるいは地主クラスの漁業資本家の家に伝わったものか、資料は収集の過程や旧所蔵者の情報といったバックデータが失われると、価値は半減してしまうのである。ともかく高価であるばかりでなく、生活の必要から入手するものではない贅沢品であるから、明治後期から昭和前期の鮎川の繁栄ぶりを伝える資料となりうるものであろう。

＊被災民具（石巻市教育委員会蔵）

語り得ぬ忘れられた民具

わたしたちは、応急処置を終えた民具を被災地で展示する展覧会を開いて、聞書きを行ってきた。しかし、人々が何も語ることのない民具、あるいはこんなものは使わないと断言するような民具の一群がある。牡鹿半島の場合、馬具がそれである。人々は馬を扱った経験について、何も語ることがないのである。『牡鹿郡史』には、馬産について以下の記述がある。

荻浜、大原、鮎川に於ける産馬は一時大原馬と称し、農馬として最も実用に適し、声価を博したりしも、国有林野の整理は放牧を拘束せられ、漸次衰退して現時の不振を呈するに至りと雖も、今後放牧地を設定し、有料種馬を選定し、着々之が恢復を図ること（二二二頁）

すなわち、牡鹿半島は農馬「大原馬《おおはらうま》」の生産が盛んであり、明治時代の鮎川でも放牧が行われていたというのである。国有林の整理によって不振となったが、これを復活させようとしているという大正時代の記録である。これはその後、不振のまま昭和初期に途絶してしまう。

三世代以上前のことであり、また一部の人々によって行われていた馬産であり、その後も語りつたえるようなものとはならず、結果として誰も馬具について語ることがないのであろう。「大原馬」というブランドは、牡鹿半島を代表するものとして回顧されることはないが、民具としては残っている。

モノだけが誰も語り得ぬ歴史の生き証人となっているのである。

モノにあらわれる暮らしや技術の工夫

民具とは、生活の必要から生み出されたり使用されたりしてきた、身近な暮らしの道具である。収集されたコレクションは、かならずしも自作するものばかりではなく、商品として流通するものや専門的な職人や製作所が作成したものがほとんどである。それらを、みずからの生活の文脈や、仕事の状況に合わせて組み合わせることで、人は暮らしを成り立たせるのである。

ただ、こうした身の回りの民具は、必要不可欠で機能的に意味のあるものばかりではない。人はある道具に愛着を抱いたり、自分だけのこだわりを持ったりするものである。自分には馴染まなくて使わないものがあったり、それでも捨てるきっかけがなくて家にずっとあるようなものもある。人の暮らしの営みは、すべて理由を説明できるようなものではないようである。そうした人とモノ、テクノロジーと人間のはざまにあるような民具の性格は、牡鹿半島の民具コレクションにも色濃くあらわれている。

標準化と個別化のモノ

人間は環境を把握する知識と、道具を使う知恵によって生業を営むものである。それらはともに民俗知識に属する要素で、気象や自然環境の時間的な変化、そしてその後の変化の見通し、生きものの生活に対する理解、そしてその生きものの行動に対する予測などの総体である。これらは、生物学や気象学等の科学的な知識に対して、経験主義的に、あるいは親方から技を仕込まれるような非正規の教育で獲得する知識である。現代人は、こうした経験から身に付けるような知識と、気象予報などの科学的な知識を組み合わせて仕事をするものであろう。

こうした知識をもとに、自然環境に対して人間は道具を媒介にしてアクセスする。人間の身体は、手の長さや力などの制約、硬い素材や熱い冷たいといった温度への弱さをもっている。そうした脆弱性を補って、さらに素手や素足ではできない仕事を可能にするのが道具である。

例えば、船に乗って海底の磯に隠れていたりくっついていたりする生きものを捕獲するために、箱眼鏡で海底を覗きながら、餌をつけたイシャリで岩陰のタコをとったり、アワビ鉤で剥がしたりウニ鉤でひっかけたりしてとったりすることができる。こうした手先の延長にある道具のみならず、例えばクジラを追尾して、駆け引きしながら次第に近づき、捕鯨砲を打つような大がかりなものもある。巨大な捕鯨船も乗組員が協力してあたかもひとつの生きもののように扱うことができ、捕鯨船全体がみずからの身体と一体化する感覚を持つのだという。自転車や自動車を、無意識の車両感覚で操作し、自分の身体のように扱うのと同じである。手の動きをさまざまな形で拡張する人間の道具操作能力は、民具に端的に見出すことができる。

道具には、標準化と個別化という過程も見ることができる。作業効率から規格化された道具は、まさに標準化の結果である。ここでは人間は道具や工程に従属的で、創意工夫というよりは単純作業の効率的な運用が求められる。労働者は別の人に置き換え可能だが、それでも人の判断が作業の成否を左右するものであろう。

牡鹿半島の民具コレクションには、鰹節作りのための道具が多数ある。江戸後期から明治期までのこの地域ではカツオ漁が重要な生業であり、冷蔵・冷凍技術のない時代は鮮魚の流通ができないので、干したり燻したり塩蔵したりする必要があったのである。同じかたちの籠や箱が多数収集されたが、規格化された民具を一点だけサンプリングしても、標準化された道具の有用性を示すことができないのである。

一方、個別化については、カスタマイズといった方がしっくりくるかもしれない。これは手先の道具を少し加工して使いやすくするようなもので、人は日々そうしたものを営んでいる。そうした個々の工夫に加え、例えば牡鹿半島では養殖業という比較的規模の大きな設備を用いる漁業でも個別化は発揮された。牡鹿半島に限らず三陸海岸ではカキ養殖は流通はグループや組合によって協同性を必要としてきたが、養殖そのものは家業として営んできた。カキ筏《いかだ》や棚の組み方、どのぐらいの密度でつけるか、海流のどういう場所に設置するか、そして作業のタイミングなど、すべて個々の判断や考え方が発揮されるのである。説明されなければわからないような工夫が、民具には確かに刻まれているのである。

転用と異種混淆のモノ

加えて、別の目的で製作された道具を用いる転用という要素も、道具と人間の関係性の重要な点である。例えば、釜で炊飯した飯を木製の飯櫃《めしびつ》に入れ、冷めないように藁櫃《わらびつ》に入れて保温するが、牡鹿半島でとてもよく聞かれる話として、その藁櫃を赤ん坊をいれるエジコ・エズコ（嬰児籠）の代用としたというエピソードがある。田畑で野良仕事をする際に、これに赤ん坊を入れて畦に置くといった使い方で、オシッコをしてしまったようなものでもその後飯櫃として再び使っても気にしないという笑い話である。

また、藁細工のために稲藁を叩いて柔らかくする横槌で、硬い筋のある鯨肉を叩いて柔らかくするといった使い方も転用の典型例である。血で真っ黒になってしまった横槌を、真っ黒ツツボウと呼んで色黒の子どものニックネームとなったというのも、捕鯨の町ならではの思い出話である。

技術は、さまざまな異種混交によって確立するものである。ミンククジラ漁の小型捕鯨技術の確立はまさにハイブリッドな技術である。当初は紀伊半島沖のゴンドウクジラを念頭に開発された捕鯨砲を、前述した長谷川親子が三陸沖のミンククジラに応用し、それを鮎川地元の捕鯨者が独自に洗練させたのである。目的に応じてさまざまな技術を併用し、組み合わせ、結果として独自の技術を確立するイノベーションは、漁師の仕事のなかでは不断に続けられる工夫でもある。

言説と偏向のモノ

民具の収集活動は、人々が大切に残していたもの、捨てずに置いてあったもの、納屋に放置されたものなどに、過去の生活を復元しうる要素を調査者が見出し、収集するという過程を経る。そこには、モノに対する特別な思いや、記憶が重要な要素として介在する。

モノが言説を補強するという場合もある。例えば鮎川では、商業捕鯨全盛期の一九五〇年代が「黄金時代」として位置付けられ、思い出深い地域の記憶となっている。この地域の賑わいを示す写真やモノは、鮎川の暮らしの営みを示すものとして懐かしがられるもので、あらゆる日常生活の道具がそれと結びつけられる。実際、どういう時代を「黄金時代」とするかは、個々の地域によっても、歴史の振り返り方によっても違うものである。民具を展示して、人々が誰かを思い出しながら昔がたりをするとき、そのエピソードは地域で共通した時代認識や、その特定の地域の位置づけ方、すなわち言説としての「黄金時代」と結びついているのである。

そうした人の人生の尺度のなかでの語りに対し、近年ではモノの人生の尺度や、モノの人生から人の人生を語りなおす見方が物質文化研究の世界ではある。例えば、捕鯨銛は、ノルウェー式捕鯨の技術による捕鯨船の船首に装備する捕鯨砲から、クジラにむけて発射されるモノである。クジラにあたると角度によってはグニャリとひん曲がり、それを鉄工所で真っ直ぐに打ち直して再び使う。捕鯨銛は鉄の塊であるからひどく重いもので、文化財レスキュー作業で学生たちを悩ませたが、その人間が扱う道具の尺度を超えた重さは、同じく人間のサイズを遥かにこえたクジラと対峙する上で対等な重さから設計されている。

何十頭も仕留めた捕鯨銛は、いよいよ修理が効かなくなり、大半は打ち捨てられたり鉄屑として回収され、再び鉄製品に再生する。ただ、鮎川・熊野神社には境内に何本もの捕鯨砲の銛が境内を囲繞《いぎょう》するように立っている。クジラの大漁を感謝して捕鯨会社から奉納されたものと思われるが、それらは鮎川・観音寺の境内にあるクジラの供養碑のような仏教的な成仏を願っての供養とは異なる思考があろう。労働で使用するシンボリックな道具が、感謝と大漁祈願のために奉納されるのである。道具は、こうして思いもよらぬかたちで、保存されていくのである。

思いもよらぬ保存は、クジラの部位の保存に端的に見られる。前述（第三章）のように鮎川では、家業としての捕鯨、あるいは人生の誇りとしての捕鯨を、モノとして残す記念物が、それぞれの家で残されてきた。クジラの骨や性器の標本、ヒゲ板に絵を描いた壁飾り、鯨歯をはじめとするクジラ工芸品などが、家の玄関や居間にふつうに飾られているのである。これらは科学的な調査のための標本でも、アート作品でもない。クジラの部位の保存によって、記憶のよりどころとするそうしたメモリー・オブジェクトには、偏向、いわゆるフェティシズムの一端を見ることができる。

誰もがひとつは、自分の机のひきだしの中に、置いておかなくても良いようなものを、後生大事に残しているものである。偏向の民具は、人々の記憶や誇り、生きた証と結びついている。

さまざまな「コレクション」

牡鹿半島の民具コレクションは、前述のように公民館活動と町誌編纂事業において収集され、牡鹿体育館横のプレハブ倉庫に収蔵展示され、保存されてきた。東日本大震災で被災し、文化財レスキューされることで再び脚光をあび、人々の暮らしの営みを示す資料として再生しつつある。

ただ、こうしたコレクションは、行政や地域研究のなかでのみ集められるモノではない。そのことを再認識させられたのが、石巻市立鮎川小学校との活動であった。二〇一九年度、わたしたちは前年に行なった小学生との民具調査と学校演劇の上演という活動を土台に、さらに活動を展開させるために小学生と大学生による展覧会の企画を行った。小学校での教室での展示と、牡鹿半島ビジターセンターでの企画展として開催したこの展示では、いくつかの展示コーナーの一つにいわゆる学校文化財の展示を盛り込んだ。

これは小学生が、学校内にあるさまざまなモノを見つけ出し、その来歴を調査し、展示にするという内容である。校長室にある元捕鯨船員が南氷洋捕鯨の帰路に鯨歯を使って製作した置物、かつて牡鹿鯨祭りの出しもの、古式捕鯨の再現で使われたFRP製のセミクジラ模型、土井晩翠《ばんすい》が作詞した校歌の扁額、東日本大震災の復興支援で訪れた有名人の作品や記念品、理科室に過去の理科の先生が山中でひろい集めたシカやイノシシ、ヤマイヌの頭骨、鹿の角、牡鹿半島でとれるシダ植物の化石、捕鯨会社から持ち込まれたであろうクジラの胎児のホルマリン漬け……、そうした学校に蓄積されたコレクションは、結果的に鮎川のもうひとつのコレクションとなっている。

石巻市立鮎川小学校では、わたしから見れば貴重な民俗資料だが、学校では運動会の備品とだけ位置付けられているモノがある。約五〇枚の大漁旗である。これは毎年春の学校運動会で、万国旗のようにつないで張り巡らされるもので、鮎川小学校だけでなく寄磯小学校、大原小学校、鮎川中学校など、牡鹿半島内の小中学校にそれぞれ保管されている。

地域への呼びかけに応じて、贈られたものだが、各小学校に何十枚もの大漁旗が保存されていることは、そのこと自体が貴重である。大漁旗の意匠は、船名と造船を祝う言葉、造船の施主、大漁旗の送り主の名前が染め抜かれている。大漁旗は、漁業を営むうえで世話になっている人や本家、漁業資本家などの地域の有力者から贈られる。漁船は、儀式のうえでは進水式の日に正式に命名されるので、これが大漁旗として披露されてはじめて海に出ることができるのである。

大漁旗は、制作時は進水式の祝いの品として、また船名の披露という役割をもって使われるが、その後は人と人のつながりを形として残すものとして、また家業の歴史として残されていくものである。それが母校愛にもとづいて寄贈され、何十枚もの大漁旗による万国旗となって飾られることによって、地域社会の生活の歴史が一堂に展示されるようである。こうした、地域研究や文化財調査、博物館活動とは違う位相にあって、収集され、展示されるコレクションは、これもひとつの地域文化の表現かと感得させられるものである。

2 海と地域文化

近代水産業の前線基地

明治中期まで半農半漁の寒村だった牡鹿半島の漁浦は、一九〇六（明治三九）年にノルウェー式捕鯨の技術とスリップウェイを用いた最新の解剖法による大型クジラの捕鯨が開始され、近代捕鯨の前線基地となった。世界三大漁場を背景に、さまざまな形態の漁業との葛藤をともなった共存は、この地域に雇用を生み出し、また大きな富をもたらした。

近代捕鯨と遠洋漁業、大謀網（大規模定置網）の三つの近代産業としての漁業は、明治三陸津波からの復興を可能にした。そして、昭和恐慌や昭和三陸津波、そして第二次世界大戦へと至る時代において、地域の人々の労働や資源に対する価値観、他所から移入する人々を地域社会に受け入れていく社会システムを構築していった。

流動性と人々の関係性の変化

捕鯨や漁業は、戦後の食糧難を支えるとともに、男たちがよりグローバルな漁場へと展開していくことで、地域の人々のライフコースや社会組織、人々の関係性を複雑なものにしていった。そして商業捕鯨の全盛期にあたる一九五〇年代後半、牡鹿半島の人々が「黄金時代」と呼ぶ突拍子もないほど景気の良かった時代を迎えた。

この時期以降、近代捕鯨・漁業に基盤を置いた生産体制に依存していたことから、鮎川では海洋資源のグローバルな管理や国際的な規制の動きによって、ローカルな生活や生産に直接の影響を受けるようになっていった。その一方で商業捕鯨維持が困難になっていくことへの対応から、地域の産業の軸は栽培漁業、養殖業と観光業へと展開していった。そのことによって、それまでの半世紀で変容した地域の人々の関係性は、さらに違ったものへと変化していった。

定住的な生産に基盤を置くようになると、牡鹿半島は昭和後期の日本のどの地域でも抱える課題に直面した。第一次産業の低迷と後継者不足、漁業の零細化と資本不足、兼業化、高齢化と過疎化などの問題を抱えていく。それが生業にも大きな変化をもたらし、人々の関係性も変化していったのである。

鮎川の捕鯨は、作業に関わる人々の家族的な付き合いに根ざしながらも、憧れの砲手や船長になるためにさまざまな作業に従事してステップアップしていくというライフコースがあった。商業捕鯨一時停止後の調査捕鯨の時代、技能を持った人を直接雇うケースも増え、職種と人が比較的固定化していった。それに伴い、のし上がって行くというような気骨を持った若者も減っていったと嘆く見方もあるが、一方でそれは昭和後期に特有な、時代の雰囲気でもあったかもしれない。

こうした地域社会の変化のなかで起こったのが東日本大震災であり、復興の長期化と人口流出、第一次産業の復興政策による構造的な変化、地域復興の格差の拡大、少子高齢化のさらなる加速などが展開していった。一方で、災害復興の過程における、新たな地域コミュニティの主体の出現や生活再建と生計維持のためのこれまでにない連携のかたちが機能するなどし、関係性の変容がみられる。それは生業や祭り・イベント、食文化をはじめとする民俗の地域資源化などに顕著にみられる。

現在この地域の大きな関心事は、複数のミュージアムの建設・再建、アート・フェスティバルやスポーツイベント、食文化の文化資源化といった、文化をめぐる問題にある。一方で、さまざまな復興関連の補助金等の終了や、復興まちづくりの完了にともなう生活支援や復興行政の縮小、地域外への転出者とのつながりの希薄化など、あらたな局面に入っている。そうしたなか決定された、日本のＩＷＣ（国際捕鯨委員会）からの脱退と商業捕鯨の再開によって、地域コミュニティは再び動き始めている。

商業捕鯨再開は、昭和後期までこの地域の経済を支えた産業的な捕鯨の再構築を意味していない。むしろ、鯨肉食文化の保護継承といった「商業」に付随する「文化」にかんする要素が前面に出てきており、新しい捕鯨文化の形成への模索のさなかにある。

調査捕鯨の三〇年間、鮎川における捕鯨についての語りは、グローバルな海洋資源保全をめぐって政治化した捕鯨問題に対する正当性の主張や、商業捕鯨再開への捕鯨者の要求といった、強い言葉と不可分であった。東日本大震災後の一〇年にわたる民俗調査では、捕鯨に深く従事する人々ほど、この土地の捕鯨について語りあぐねるような、そんな印象をわたしは持ってきた。捕鯨に直接従事する人々に対し、じっくり聞き取り調査を行うような場面では、上記のような捕鯨に対するどこか定型的な語り、すなわち正当性の主張や資源利用の拡大の要求を背景においた、小型沿岸捕鯨の技術や知識の説明である。これらをきちんと記録することも重要である。その一方で、そうした語りは、地域の人々の愛着とは、別の位相にあり、前者のみでは鮎川の捕鯨は語り尽くすことができない。

現在の捕鯨は震災復興と復興まちづくりと結びついている。人々は、過去のこの地域の営みを現在の視点から意味付けなおす、身の丈にあった語りを希求しているのではないだろうか。これはわたしがとらえる鮎川の現在である。

地域文化としての捕鯨業

戦前の鯨肥・鯨油の生産、戦後の商業捕鯨期の鯨肉の流通と、部位を用いた多種多様な産業の結びつき、調査捕鯨期の捕鯨と食習慣の文化資源化、そして復興後の地域社会のなかでの商業捕鯨再開、こうした展開のなかで人々の関係性に着目して地域の変容をどのように描き出すことができるか。

ミルトン・フリーマン編著『くじらの文化人類学―日本の小型沿岸捕鯨』は、小型沿岸捕鯨コミュニティの全体像を浮き彫りにした貴重な研究であった。そこでは、捕鯨の共有知識、クジラの行動、捕獲の技能と技術、クジラの魂にまつわる信仰、調理法、クジラの生産流通と消費を総合的に分析することで、調査捕鯨の時代における地域社会からの視座による捕鯨のありようを今に伝えてくれている。そこでは、社会化の過程としてのクジラとの関わりが、以下のふたつのレベルにおいて説明づけられている。

一、子供が幼児期より捕鯨活動に関係した環境に育つことにより、コミュニティに共有された進行や技術などを理解し習得するというレベル
二、後の人生でこれらの基礎的な知識が大きな意味を持つ捕鯨者としての実際の訓練のレベル

より複雑に入り組んだ地域文化

こうした視点に加え、わたしは牡鹿半島の地域を理解する上では、捕鯨が遠洋漁業、沿岸漁業、諸工業、観光業、養殖、さらに福祉や教育、観光、文化振興と結びついており、捕鯨単体では地域を描くことができないと、わたしは考えてきた。地域社会がクジラを基軸にどのように結びつき、さまざまな生活の要素を構成してきたか、そしてそれを地域の人々がどのように再認識し、地域文化を認識してきたか。これからの復興まちづくりにおいても、生活の全体像の過去・現在・未来を地続きなものとして再認識し、共有していくことが必要であろう。その営みは、震災から一〇年を経過したことで、復興まちづくりを地域の人々の手で育んでいく次の一〇年の課題として浮き彫りになってきた。

復興まちづくりの文化的な拠点となるホエールタウン・おしか内の、牡鹿半島ビジターセンター、および新しいおしかホエールランドという二つのミュージアムのみならず、商店街や学校、公民館、草の根のグループの活動など、さまざまな主体がこの町の過去をどのように描き直し、新しい文化を

つくりだしていく時代が震災一〇年からはじまっていくのである。

復興期における水産業の再編成

東日本大震災からの水産業の復興は、震災の前日に戻すことが目標ではなかった。目指すところは、水産行政が次の時代のモデルとして考えてきたあり方を、すべてがご破算になった状況からの復興過程で、実現することにあったといってよい。復旧作業は漁港施設の整備や堤防などの海岸保全施設の建設などであるが、復興過程においては、経営基盤の安定化と新たな販路開拓、持続可能な水産業の確立が目下の課題とされた。

具体的には、MSCやASCなどの国際認証取得、水産資源管理体制の構築、衛生水準を高度に管理しつつ生産効率向上につなげるHACCPの導入、ICTや先端技術と漁業を結びつけた水産物の高付加価値化、みやぎサーモンに代表されるブランド化、他産業・異業種連携、担い手育成などである。新しい水産業の創造は、漁村のそれぞれの漁師の身の丈にあまる課題であるが、こうした転換期にその機運をうまく捉えて成功する者もあらわれる。一方で、そうした枠組みに歩調が合わない漁師は、従来の経営に戻るか、海から撤退して別業種に転じるしかない。災害復興はそうした選別の過程でもある。

牡鹿半島では、豊富な水産資源とリアス式海岸の入り組んだ地形の恩恵を受け、定置網、磯根漁業、養殖業が発展してきた。一方でこの地域は、多くの地震・津波の被害を乗り越えてきた地域でもある。

近代以降だけを見ても、明治二二年の明治三陸津波、昭和八年の昭和三陸津波、昭和三五年のチリ地震津波、そして平成二三年の東北地方太平洋沖地震による東日本大震災の四回の津波があり、繰り返し町や漁浦、港湾部が壊滅的な被害を受けてきた。

震災後メディアでは、こうしたリスクにもかかわらずなぜ人は住み続けるのかといったことが議論されることもあったが、食文化と生業からみると三陸沿岸には常に働き口があり、むしろ人々は積極的にこの地域に集まってきた。上記の定置網、磯根の漁業、養殖業、近代捕鯨のどれもがハイリスク・ハイリターンな産業で、莫大な利益を上げる可能性を孕む生業である。そして良質な海産物は、この地域の大きな魅力であった。

定住・安定の施策と水産業の現代化

東日本大震災後、農林水産省や経済産業省、復興庁、政策金融公庫等のさまざまな復興関連補助金による支援が行われてきた。それは、おのずと政府の農林水産行政の今後の方向性に基本的には沿ったかたちで復興が進められる。食に関して言えば、農林漁業者による加工・販売への進出（六次産業化）と地域の農林水産物の利用促進（地産地消）が大きな方向性であり、これに向けた取り組みを含めたかたちで支援がなされた。被災地の復興は、地震の直前を目標に復旧するのではなく、基本的に持続的発展が可能なモデルへと産業構造を作りかえることが意図されているのである。

ここで基本的な路線となるのが、いわゆる六次産業化・地産地消法（「地域資源を活用した農林漁業者等による新事業の創出等及び地域の農林水産物の利用促進に関する法律」、平成二二年一二月三日公布）である。その基本は、①生産者と消費者との結びつきの強化、②地域の農林漁業及び関連事業の振興による地域の活性化、③消費者の豊かな食生活の実現、④食育との一体的な推進、⑤都市と農山漁村の共生・対流との一体的な推進、⑥食料自給率の向上への寄与、⑦環境への負荷の低減への寄与、⑧社会的気運の醸成及び地域における主体的な取組を促進することとされている。復興政策としては当然のことではあるが、東日本大震災後の牡鹿半島の水産業の復興は、商品力の高いもの、すなわち六次産業化の可能性を含むものへ集中的に支援が行われている。こうしたものが、名物として全国に流通していき、三陸沿岸の特産品として受入れられていくとすれば、被災地域のブランド食材は政策的にコーディネートされたものと言えよう。

復興政策との意識のズレによる葛藤

地元の漁協や漁師の方々と話をしていると、こうした政策や方向性が話題にのぼる。被災地の漁業者は、〝絵に描いた餅〟のような政策のコンセプトを、どのようにすれば地域の漁業として営めるか、そのかたちを模索しながら努力を続けている。そのとき重要になるのが、歴史的に半島部で営まれてきた多様な漁法だという。牡鹿漁業協同組合の幹部職員は、震災後文化財レスキューされて応急処置を終えた半世紀前の漁具をみて「昔の人たちがやってきたことは、今も道具はプラスチックやナイロンに代わりながら、動作は全く変わってないものも多いね。アナゴなんかは今でも現役だけど、仕事としてやらなくなったような漁業も、いくらかはいま漁師さんたちの余技というか、海で遊ぶみたいな部分として一部は残っているんだよね。海の状態をよく知ってないとできないからおもしろいんだ。これからの漁業は、いくらか面白いという部分がないと、漁業者も特に若い子はシンドイよね。」と語ってくれた。

牡鹿半島には、地先の磯根漁業、近海でのアナゴ筌漁、ナマコ底曳網漁、佐渡由来のイカ釣り漁、カツオ等の釣漁、大型・小型の定置網、ワカメ・カキ等の養殖業、集魚灯を用いたコオナゴ漁など、実に多様な漁法が存在し、そのほとんどが震災前まで連綿と営まれてきた。震災の復興期が落ち着いたあと、こうした六次産業化に乗らない漁業がどのように営まれるか、そして食材がどのようなローカルな価値を獲得していくか、継続的に追跡していく必要があろう。

3 山の地域文化

荒廃する牡鹿半島の山地

一方、牡鹿半島は空中写真で見れば沿岸部の集落部分をのぞいて、陸地のほとんどが山地であり、山林や里山の利用は人々の暮らしの重要な要素であった。春に山に入ってワラビやフキノトウをはじめとする山菜を採取し、秋にはキノコ狩りを楽しんだ。誰の山ということなく人々が適量だけ持ち帰るような資源利用は家族の食卓と直接結びついていたし、このキノコはあの人だけが出る場所を知っているといった野遊びの達人も、ふつうに隣人のなかにいて、自慢げに収穫を分かち合うという雰囲気があったのである。

しかしこの四〇年、野山は荒廃していった。江戸時代、桃浦の洞泉寺《とうせんじ》住職が藩にクロマツの植林を勧め、仙台の台原付近の造林地が形成されたことはよく知られている。牡鹿半島においても近世以来の植林によってクロマツ林が広がっていたのであり、現在もその面影をみることができる。

しかし、戦後の拡大造林などの林業政策により、里山や山地の農地はことごとくスギ、ヒノキの植林地となっていった。戦後の建設ラッシュとその余韻によって利益が出たこともであろうが、昭和三〇年代に入るとその需要も後退し、木材消費量は減少傾向となるばかりか外材依存による木材価格の低迷、林業労働力の流出、造林費用増大による事業意欲の減退などの要因によって、林業は急速に衰退していったのである。伐採しても利益が出ない。利益が出ないから伐採地に植林できない。ハゲ山の荒地が藪と化して人が立ち入れない山になる。さらに荒廃して野生動物は行き場を失い、山は保水力を失って土砂災害のリスクが高まっていく。現在はこの負の連鎖の長いトンネルに入ってしまい、牡鹿半島の山林の広範囲が放置状態となっている。

害獣としてのニホンジカ

現在、牡鹿半島の山林の荒廃を加速させているのはニホンジカの生息域の無秩序な拡大にある。

一九六五（昭和四〇）年、宮城県はニホンジカを「県獣」に指定した。昭和三〇年代は、狩猟者でさえも牡鹿半島でニホンジカに遭遇するのは稀であったという。山林の荒廃とニホンジカの害獣化は、並行して進んだ。ニホンジカの生息数は増大、その生息域は牡鹿半島から内陸部に拡大、人の生活との軋轢を生じているのである。ニホンジカの「適正な管理」のため、県は二〇〇八（平成二〇）年度に「牡鹿半島ニホンジカ保護管理計画」を策定（年一〇〇〇頭を処分計画）。二〇一〇（平成二二）年度から捕獲目標を一五〇〇頭に改定して狩猟を開始。そうしたなかで起こったのが東日本大震災であった。

東日本大震災とニホンジカの増加の因果関係には、さまざまな説明がある。震災後の復興関連工事車両の増大で巻き狩り猟がやりにくくなったこと。津波被災区域の居住制限、集落の移転等により、沿岸部でシカの活動域が拡大したこと。そもそもニホンジカの生活様式が変わったのではないかという理解。シカの背中にサルがまたがって海峡を渡るのを見たという、現代の都市伝説ともいうべき噂ばなしは震災前から話題には上っていたが、多くの人々が鹿害をおよぼす元凶は金華山から多くが海峡を渡ってきていることにあるのではないかと話す。

「金華山化」する牡鹿半島

サルを乗せたシカの話の真偽はともかく、金華山のニホンジカが慢性的な栄養失調状態にあり、草や木の芽を食べ尽くして金華山をハゲ山にしてしまっていることを、人々は目の当たりにしている。

専門家は、このままでは牡鹿半島が「金華山化」する、すなわちハゲ山と化して鹿の生息領域も人の生活領域も境界線が失われ、結局はシカに席巻されてしまうのではないかと警告する。一方金華山には、「神鹿としてのシカ」が生息している。全体として、人馴れした「境内のシカ」、のびのび過ごして〝画になる〟「草原のシカ」、野生のくらしを営み、食料に困窮した「山中のシカ」である。金華山はシカの楽園であったが、今や孤島に閉じ込められ、日々の食事に汲々としている状態といえる。

二〇一五（平成二七）年度、「宮城県ニホンジカ管理計画」へと改定され捕獲目標は一七〇〇頭となるもその拡大を抑えきれず、より総合的な「石巻市鳥獣被害防止計画」が二〇一九（平成三一）年に策定された。「害獣としてのシカ」はすでに人々の生活をおびやかす存在となっており、ニホンジカと自動車の接触・衝突事故は後をたたない。

牡鹿半島における「鹿害」

一般に獣害、とくにイノシシやシカ、サルの獣害は、畑作物を荒らされたり、保管している収穫物をかじられたりといった、農業の持続を脅かす問題として表面化する。一方牡鹿半島では、もともと農業が主体の生業が営まれておらず、畑作物をかじられても、それは屋敷畑などプライベートな領域で起こったこととして社会問題化しにくい。むしろ「鹿害」は里山との関わりで語られるのである。すなわちニホンジカの拡大によって、「オチオチ山に入れない」という害である。

その内容のひとつは、ニホンジカによって、新芽やキノコ、山菜が食べられるため、季節の山のものがとれないということである。これは楽しみを奪われた、あるいは昔懐かしい季節の仕事として回顧する野遊びが、今はシカがいてできない、という説明である。実際には、それに加えて里山に手を入れることがなくなっていったために、人間に有用な植物が優先しない結果、何もとれないということが起こっているのである。

例えば、秋のキノコ採集ができなくなった。鮎川の人々が目の色を変えて探しに行くものは、何と言っても赤ハツタケであった。これはモミの木の付近に生えるといい、見つけたら周囲を見回し、誰もいないことを確認してから採るのだという。もちろん、ポイントを知られないようにするためである。引き菜と赤ハツタケの味噌汁は、秋の最高の楽しみなのである。赤ハツタケは一〇月頃に出るが、そのあと一一月から年末にかけて出るのが白ハツタケである。白の方は、モミの木とスギの木の混雑する付近に出る。周囲一〇メートル四方ほどのエリアでどこに出るか予測できないが、一度出たエリアには必ず毎年どこかに出る。こっそり採集し、そのあとは採集した痕跡を一切残さないようにして、静かに立ち去るのである。かつては当たりまえのように行っていた山での採集であったが、現在はヤマビルを恐れて人々が山へ入ることはほとんどなくなってしまったのである。

もうひとつの「鹿害」は、こちらの方が切実なのであるが、ニホンジカの生息区域の拡大は、直接的には、マダニとヤマビルの拡大として理解されている。そして、シカは庭先にまで来るようになり、人々の生活空間は糞によって汚され続けている。「鹿害」は衛生問題としてとらえられているのである。

未知の危機への対処

　ヤマビルは陸に生息する吸血性のヒルで、人間の体温や排出する二酸化炭素、振動などの気配を感じて取りつくのである。噛みつくと同時に麻酔のように皮膚を麻痺させ、さらにヒルジンという血液を凝結させない成分を注入し、人は噛まれていることにも血を吸われていることにも気付かない。また気がついて手で払っても口が取れて皮膚に刺さって残るため、血が止まらないのである。噛まれたとしても、病原菌や感染症、寄生虫などに冒されることはないが、見えない恐怖のなかで山中で活動しなければならないという意味では、厄介なシロモノである

　わたしたちは、石造物の調査やさまざまな生活の遺構のための踏査をおこなうため、鮎川の人々からヤマビルへの対処法を伝授される。しかしそれは、人によって違い、経験主義的で民俗知といえるようなものである。すなわちこうしたら良かった、これはやってみたらダメだったといった経験にもとづく知識なのである。多い意見としては、塩水をかけると良いというもので、これはアウトドア関連本やインターネットに一般的に掲載されている対処である。ナメクジのように浸透圧で弱めることができるが、これはあくまで噛まれたときの対処法である。アルコールをかける、特定の虫刺され薬が良い、結局皮膚科に行かなければダメだなど、対処法の説明でさえも一定のものはない。

　予防法となると、意見はますます多様である。そもそもヤマビルが濃厚に生息している場所を知っていて、そこへいってはダメだ、あの道を通ってはダメだ、今日は晴れているから大丈夫だといった、条件による回避型。タバコを吸いながらいくと良い、蚊取り線香でも焚かないよりは良いという虫除

け的な対処型。肌を露出させないことは当然であるが、とにかく厚着をして肌に到達させない、あるいはこれを装着すると良いという装備充実型。いずれにしても、そのアドバイスには「どう噛まれて大変だった」という、被害を受けた経験とセットで語られるが、山に対する知識が人より豊富であることは、ある種の誇りと結びついている面もある。

野生動物との折り合い

生態系がアンバランスな現状においては、野生動物との共生といった思想では、もう状況をどうすることもできないところまで行き着いたというのが実際である。その原因を、山の環境の変化に求める人が多いが、昭和四〇年代に盛んにヤマイヌを毒を盛って駆除したために、天敵がいなくなった半島がシカの楽園となったといった理解もある。野生動物と折り合えるか折り合えないかという思考も、人間本位であることにはかわりない。極論すれば、折り合えた動物は、家畜や鑑賞の対象でしかないし、自然と折り合える世界のイメージは、人間の側からの勝手な希望でしかない。それ自体が、自然と人間との非対称な関係性の上に成り立っている。

実際には、里山を利用してきた時代であっても、人間は野生動物と別々に生きてきた。そうした棲み分け状態にあっては、人間にとっては動物は、存在そのものが不在か、あるいは声か、足跡や糞などの痕跡でのみ存在を知るような存在であった。

動物と人間のコンタクト・ゾーン

昔話のなかの動物観は、野生動物と人間のコンタクトゾーンが生まれている状態のなかで育まれた。人間が季節的に有用な資源の存在を予測し、それを求めて自然に介入する状態である。猟師がイノシシやキジなどをとりに山に入る積極的な関与もあれば、山での活動中や、まれに子どもが山で遊んでいる際に野生動物に危害を加えられたといった逆向きのコンタクトのエピソードもある。牡鹿半島での春と秋の里山利用や磯の利用は、微妙なバランスの上に成り立ってきた折り合いである。

しかし、その均衡が崩れると、野生動物が人間の生活領域を脅かす状態が増大する。この段階における野生動物のイメージはコンフリクト（自然との闘争）としての状況を呈する。山イヌが駆除されたり、シカが増えて食物の不足から飢餓状態となり、人間の生活領域へと侵食していくことで、牡鹿半島が「金華山化」したという説明は、科学的な根拠がどうであれ、自然とのコンフリクトに至った経緯として共有されている。その結果は、シカに寄生するマダニやヤマヒルが生活領域のそこここに進出し、家の裏山にすら入れないといった、生活上の困難として人々を苦しめているのである。

シカの駆除とコントロール

行政による、人間の生活を脅かす野生動物のコントロールは、動物の側の動きに対して受け身の対応となり、常に後手に回ってしまう。動物の福祉にも配慮しつつ、頭数コントロールという制御は容易な事業ではなく、さらにそれを担う主体として委託される猟友会組織は、あくまで狩猟や猟銃の愛好団体であり、駆除のエキスパートではあるものの、もともとその目的で訓練されたわけではない。そこに参加している人々も、狩猟と駆除の専門家（自然保護の取り組みとして参加している人）、狩猟愛好家（狩猟そのものを趣味として参加している人）、スポーツ愛好家（スポーツとして銃砲の技術を訓練された人）、猟銃愛好家（趣味として猟銃を持つ人）、産業としての参画者（ジビエ肉を産業化したいと願って実践している人）など、その目的はさまざまだという。

牡鹿地域においては、宮城県猟友会石巻支部及び河北支部によるライフル銃での駆除者、宮城県猟友会石巻支部及び河北支部会員等のわな免許保持者が、害獣捕獲の主体となっている。一方、シカは、「牡鹿半島系」「金華山系」「五葉山系」の三グループがあるといわれている。県猟友会は高齢化が進み、ハンターの後継者育成が課題であるが、ＩＣＴやＡＩを活用し、箱わなで捕まえる「スマート捕獲」、防護柵の設置など、さまざまな手法が試されている。

シカイメージの再生産

牡鹿という地名の語源は、シカに由来するのかそうでないか、諸説あってはっきりはしない。『続日本書紀』に「天平九年四月正七位下日下部宿彌大麻呂鎮牡鹿柵」とあり、七三七（天平九）年には蝦夷からの防御のために作った城柵として、牡鹿の地名が当てられている。当時の牡鹿の範囲は、現在よりもはるかに広い範囲を指したが、現在は牡鹿といえば、旧牡鹿郡よりも狭い半島と島嶼部のみをさす言葉となっている。江戸時代はこの範囲を遠嶋《とおしま》と呼んだ。

昭和後期、ニホンジカは牡鹿半島や金華山の絵はがきやポスターに使われ、いわば観光マスコットとしての役割を担ってきた。金華山の神鹿であり、島内の平原の風景に欠かせないものだったのである。シカのイメージと地名の牡鹿は強く結びつき、牡鹿町の時代からクジラとともにシカのマスコット化が進んだのである。

近年は、大規模なアートフェスティバルも開かれる牡鹿半島であるが、地域のテーマや物語を、作品に盛り込もうとするときに、安直な形でシカのモチーフが使われている面もある。地域住民の日常領域を侵食する野生動物でもあるシカは、一面では金華山・黄金山神社にゆかりの深い神獣でもあり、狩猟の対象でもあり、マスコットや自然のイメージを担うマスコットでもある。大学生たちとの調査からは、この点を切り口にした研究にも発展したが（渡邊　二〇二〇）、フィールドワークからはそこにあるチグハグさに意識的であることが、地域理解に不可欠であることを教えられた。

4　生活と復興のなかの地域文化

鮎川の地域文化の独自性

三陸海岸の暮らしは、世界三大漁場の海の幸と、リアス式海岸や半島・離島の入り組んだ地形を基盤に成り立ってきた。広い田畑を作ることができないため、海と山の豊かな利用の文化が育まれてきた。そして、豊富な海洋資源は産業としての近代漁業の発展を促し、牡鹿半島は遠洋漁業・近代捕鯨・大規模定置網を中心として発展してきた。反面、グローバルな資源管理と地域の生業や暮らしはつねに直結してきた。そのため牡鹿半島のこの一世紀は、時代の盛衰に翻弄され続けた一〇〇年であり、加えて繰り返し発生する自然災害とそこからの復興の繰り返しでもあった。

地縁・血縁よりもはたらく仲間の関係性が優先され、浮き沈みの激しい生業に基盤を置く、独特なくらしの文化の営みは、東日本大震災から一〇年を経過した現在、さまざまな様相が絡み合った「地域文化」として再認識されつつある。本書では、浮き彫りにしてきたのは、〝くじらまち〟鮎川の実像、はたらき者が活躍する活気ある地域のすがたである。それは、これからの復興まちづくりのイメージを見据える、ひとつのビジョンとなるはずである。

震災から一〇年の民俗調査

地域の景観が更地になり、そして嵩上げ工事と区画整理事業で未来都市のような様相を呈するに従い、地域の人々は津波以前の町の風景が忘却の彼方へと追いやられそうになる感覚にさいなまれている。これが、わたしが民俗調査のなかで思い至った実感である。

本来、牡鹿半島の人々のくらしの営みは、文化変容のダイナミズムや、ネットワーク的な人と人のつながりに根差したものであった。豊富な海産資源と先進技術を道具としたアプローチ、ハイリスク・

ハイリターンの生業、家業としての養殖や沿岸捕鯨など、流動性が育む生活文化に彩られていた。それが復興過程において、安全優先の観点からの復興まちづくりにより、生活空間が海岸から引きはがされていく。人々の出入りの激しさによって、地域が不断に活性化していくような海のくらしの営みとは異なる、定住的で安定的な地域コミュニティづくりが計画されていくなかで、人々は過去・現在・未来を地続きのものとしてイメージできないでいるようにわたしには思える。

民俗調査の現場は、まさに忘却されていく暮らしのイメージの再創造の活動と不可分となっている。もともと民俗調査は、民俗資料という素材を介した価値掘り起こしのプロジェクトとしての性格を多かれ少なかれ持っており、調査者と話者がともに営む価値創造的な実践である。その営みを地域にひらき、得られたデータをさらにフィードバックし、地域における価値創造の実践を促す契機を探るのが、民俗誌の現代的な課題である。

文化財・文化遺産における「より良い復興」

二〇一五年に仙台で開催された第三回国連防災世界会議（仙台国際センター・三月一四〜一八日）における一連の会議では、「レジリエンス (resilience)」と「より良い復興 (Build Back Better)」がキーワードとして議論された。レジリエンスとは、災害に対する社会の強さや回復力といった意味で、これを高めることが減災につながるという共通認識がある。

その前提には、災害とは単なる自然環境の突発的な変化という危険因子 (hazard) による損失を指すだけでなく、その内容のなかに少なからず人間社会の営みによる被災が含まれているという考え方があるからである。そのおもなものは、貧困や差別などによって抑圧された人々が災害を被りやすい環境に居住せざるをえないという社会的な脆弱性の問題や、社会的なルールを順守していない建造物などのモラルの問題、無秩序な開発などの都市計画上の問題などが挙げられ、それらの災害リスクを解消するための投資や意識改革などが求められている。こうした問題を、被災経験にもとづいて再検討し、脆弱性を克服してレジリエンスを高めた社会を構築しようという考え方が「より良い復興」である。

東日本大震災以降、地域の災害の歴史を示す遺構や、防災のための地域社会のなかの仕組み、被災経験の継承のための記念碑などが注目され、現代の防災教育につなげようとする動きが活発になっている。これも巨視的に見れば、災害リスクを理解するため、そしてどのような被災が起こるかの予測やリスク管理に資する情報源として、文化遺産が活用されようとしている動きとつながっている。そして文化財防災における「より良い復興」においては、被災した文化財をレスキューして応急処置を施す一連の活動において各分野の専門家や関係組織が包括的なネットワークを構築することや、地域的、宗教的なコミュニティ、学校など災害当事者の関与を促すこと、さまざまなデータを共有し活用できる仕組みを構築することなど、多岐にわたって強化をはかることが求められている。

文化における「より良い復興」

本書でいったんまとめた牡鹿半島・鮎川の民俗誌は、わたしが被災地としての鮎川で一〇年間にわたって継続してきた「復興キュレーション」の過程でとらえた地域の暮らしの特質、地域住民のなかで大切にしたい価値、地域文化としての特徴をまとめたものである。それは文化財レスキューを、地域の文化研究や民俗調査に接続して、被災地の文化における「より良い復興」(Build Back Better)について考える過程でもあった。

そもそも復興とは、物質的な面でのインフラの復旧や生活環境の再整備、安定した職業・生業の営みや健康、福祉など生活を営む基本的な土台づくりに加え、人生や生活における幸福のための条件を作っていくための継続的なプロセスである。なぜ人々は災害リスクのある土地に住み続けるのか?という問いを耳にする。被災地に生きる人々は、経済的な目的のために災害の危険を承知でそこに居住しているのではない。そこに暮らしがあるからである。

地域で生きてきた営みのなかで、地域文化に対する再認識と愛着、人生において大切にしたい価値、そこに生きていくことへの誇りといったものを束にしたような、言葉で表現しえない何かに寄り添って、人々はこれからの生活を展望している。

わたしの考える文化における「より良い復興」とは、人々が被災経験を通じて、地域文化の再発見、再解釈、そして再定義をこころのなかで進めることによって、「ここで生きていくことへの意味」を創り出していくことである。ここに地域づくりにおける民俗学の存在意義がある。わたしはこの一〇年のフィールドワークにおいて、そのことと向き合ってきた。

文化における「より良い復興」のためのあらゆる活動は、津波災害による断絶を契機とした過去—現在—未来の時間認識の再構成、地域住民と描く地域像など、現在進行形の歴史実践そのものである。

「語りのオーナーシップ」

復興キュレーションを旗印に取り組んできた、地域文化の掘り起こしと博物館活動による地域住民との文化創造の実践において、わたしは「語りのオーナーシップ」と呼んでいるものを重視してきた。オーナーシップとは、直訳すれば所有権という意味であるが、わたしは当事者意識や活動のアクターとしての自己認識といった意味で使用している。近年、国際的な開発援助や紛争終結後の平和構築などにおいて、ローカル・オーナーシップ (local ownership) が重視されている。援助する側の一方的な開発計画を押し付けるのではなく、現地の人々をみずからの文脈を重んじた選択によって主体的に考える主体として、協働のパートナーとするといった考え方である。こうした議論と、民俗誌における記述やフィールドワークにおけるまなざしの権力性の議論とは、広い意味で同じ俎上にある問題であるとわたしは考えてきた。

こうした活動で重要なことは、地域社会の伝統的な文化的慣習や価値観、身体技法や民俗知識に裏付けられた環境認識やローカル・ノリッジに、もっとも通じているのは被災地の人々であるという前提を、調査者であるわたしとそれに参加する地域住民や話者とのあいだで共有していくことである。そこから、災害を経験した人々が、「地域のふつうのくらしについて語ることができるということが復興に重要な役割を果たしうる」という認識を作り出していくことが重要である。

思い出を語ること、民具や古写真によってだれかを懐かしく思い出すこと、食文化や生活様式の変化を再認識すること、何げなく使っている方言に愛着を見出すこと、そういったものは、文化における「より良い復興」のもっとも身近で重要な資源である。被災資料は、こうした舞台で活用されることによって、文化における「より良い復興」の意味あるものとなっていくと、わたしは考えている。「語りのオーナーシップ」、すなわち「地域の人々が「思い出を語れること」の価値を人々自身が認識すること」は、これからの民俗調査をより協業的なものへ、そして実践的なものへと転換する契機をはらんでいる。

牡鹿半島の民俗誌

ここまで描いてきた牡鹿半島・鮎川の民俗誌は、近現代における水産業と町の盛衰、そこに営まれてきた人々の生活を記述するモノグラフである。民俗学は野外調査を重視する学問のひとつである。そうしたフィールド・サイエンスのなかでの民俗学の特色は、人々の生活へのまなざし、その歴史的展開のうえでの現代社会の理解、あらかじめ設定した問題の解決よりもフィールドでの問題発見を重視する姿勢、ミクロすぎるほど瑣末な暮らしのデータへのこだわり、聞書きデータや文献、有形・無形の資料など多様な資料の利用、民俗文化財との深い関わりなど、いくつも挙げることができる。それらを総合して、記述者の視点で書き上げるのが民俗誌であるし、その視点をどのように評価するかが民俗誌を読む醍醐味でもある。震災から八年目から九年目にかけて、「牡鹿半島ビジターセンター」「おしかホエールランド」のふたつのミュージアムの展示監修を、わたしは担当した。商業や産業の面での復興拠点施設である「おしかホエールタウン」と、そこに設置された観光物産交流施設「コッツ」は、復興一〇年を経過したあとの鮎川における観光や地域文化の発信、自然と触れ合うレクリエーション等の拠点となることが期待されている。

「牡鹿半島ビジターセンター」の展示には、植物、シカ、霊長類学、水産資源学、鯨類学、地質学、歴史・文化など、それぞれの研究者やその研究チームによる震災前から震災後、現在に至る研究成果が盛り込まれている。復興一〇年は、そうした準備が整っていく過程でもあった。わたしの役割は、「この土地の過去と現在を結びつけ、未来を展望する土台とすること」であったが、展示業者の担当者との議論のなかで民俗誌を諸分野の成果を盛り込む受け皿としていく新しい試みをすることとなった。

「おしかホエールランド」の展示は、鯨類の骨格標本をはじめとする資料でクジラの生態を紹介する理系分野の展示を、高名な鯨類学者である加藤秀弘氏（東京海洋大学名誉教授）が監修し、わたしは鮎川における捕鯨の歴史と文化の人文分野の展示を監修した。鮎川の捕鯨の歴史は、大型クジラの産業的な捕鯨と、小型沿岸捕鯨による家業としての捕鯨、南氷洋捕鯨が、各時代にそれぞれ意味を持ってきた。また捕鯨関連産業や漁業その他の地域産業との関係性など、独自の文脈を持っている。まずはそのことを伝えつつ、生きものと人間との関わりを見つめ直してもらう構成を重視した。ものを考える素材を提示するのが、ミュージアムの役割であるし、地域文化としての捕鯨の姿を通じて鮎川を知ってもらいたいという思いがあったからである。

復興一〇年から始まる次の一〇年は、地域文化が人々をつないでいく時代であり、文化における「より良い復興」が地域活性化の一助となっていくはずである。

参考文献

＊ここに挙げた参考文献は、「牡鹿半島ビジターセンター」（宮城県石巻市鮎川浜）に寄贈し、開架図書として閲覧に供している。

赤嶺淳　二〇一一『クジラを食べていたころ―聞き書き高度経済成長期の食とくらし』新泉社
赤嶺淳　二〇一七『鯨を生きる―鯨人の個人史・鯨食の同時代史』吉川弘文館
秋道智彌・岸上伸啓編　二〇〇二『紛争の海―水産資源管理の人類学』人文書院
荒川節子　二〇一三『おなご五十集の話』丸善仙台出版サービスセンター
イヴ・コア（宮崎信之監修）一九九一『クジラの世界』創元社
石川創　二〇一九「日本の小型捕鯨業の歴史と現状」岸上伸啓編『世界の捕鯨文化―現状・歴史・地域性（国立民族学博物館調査報告　一四九号）』国立民族学博物館
石巻市史編さん委員会編　一九八八『石巻の歴史　第三巻　民俗・生活編』石巻市
石巻市史編さん委員会編　一九九六『石巻の歴史　第五巻　産業・交通編』石巻市
石丸かずみ　二〇一二『石巻・にゃんこ島の奇跡―田代島で始まった〝猫たちの復興プロジェクト〟』アスペクト
泉井守一　一九八九『捕鯨一代』高知新聞社
磯根嵓　二〇〇四『群青―鯨との付き合い半世紀』P．Press出版
磯根嵓　二〇〇五「小型捕鯨業の昔と今」『水産資源管理談話会報』三六号（財）日本鯨類研究所　資源管理研究センター

板橋守邦　一九八七　『南氷洋捕鯨史』　中央公論社
猪熊泰三　一九三四　「牡鹿半島及び其の附近の森林植物」『東京帝国大学農学部演習林報告』第二〇号第四編
伊吹皎三　一九七七　『遥かなる鮎川』　私家版
伊吹皎三　一九七八　『遥かなる鮎川Ｐａｒｔ．Ⅱ』　私家版
岩井宏實・河岡武春・木下忠編　一九八五　『民具調査ハンドブック』　雄山閣
岩崎・グッドマン・まさみ　二〇〇五　『人間と環境と文化―クジラを軸にした一考察』　清水弘文堂書房
いんふぉ・おしか発行室編　二〇一九　『うみさと手帖―鯨編』　石巻市牡鹿地区復興応援隊
ウーマンズフォーラム魚編　二〇〇六　『クジラから世界が見える』　遊幻社
ウェーブ・ピヨトル工房企画　一九八七　『ＷＡＶＥ13　クジラ』　ＷＡＶＥ
エイ・チーム　一九九二　『鯨の教訓―エコ・バッシング』　日本能率協会マネジメントセンター
江馬成也　一九九四　『子どもの民俗社会学』　南窓社
大隅清治　二〇〇三　『クジラと日本人』　岩波書店
大隅清治監修　二〇〇七　『腹びれのあるバンドウイルカ』　太地町立くじらの博物館
大西睦子　一九九五　『徳家秘伝　鯨料理の本』　講談社
大村秀雄　一九六九　『鯨を追って』　岩波書店
大村秀雄・梅崎義人監修　一九八八　『日本人のクジラ学』　講談社
岡田寛　一九九四　『華やぎし町にて―鮎川・捕鯨全盛の頃』　ぎょうせい
小川淳次郎　二〇一六　『海の決闘―クジラと闘った室戸の男たち』　リーブル出版
小川鼎三　一九五〇　『鯨の話』　中央公論社
小川鼎三　二〇一六　『鯨の話』　文藝春秋（原書は一九七三年刊行）
牡鹿郡役所編　一九七五　『牡鹿郡誌（全）』　名著出版（原書は一九二三年刊行）

牡鹿町誌編纂委員会　一九八八『牡鹿町誌　上巻』牡鹿町長
牡鹿町誌編纂委員会　二〇〇五『牡鹿町誌　中巻』牡鹿町長
牡鹿町誌編纂委員会　二〇〇二『牡鹿町誌　下巻』牡鹿町長
牡鹿町文化財保護委員会編　一九七七『ふるさと牡鹿―牡鹿町文化財第一集』牡鹿町教育委員会
小野寺正人　一九七九「陸前の修験と金華山信仰」『歴史評論』一九七九年一一月号　名著出版
香川県立歴史博物館編　二〇〇七『瀬戸内海をクジラが泳いだ』同館
加藤幸治　二〇一七『復興キュレーション―語りのオーナーシップで作り伝える〝くじらまち〟』社会評論社
加藤幸治監修　二〇一八『おしかがえし―ぼくがであったむかーしむかし』「牡鹿半島・思い出広場」実行委員会
加藤幸治　二〇一九「浜の棟梁・鹿井清介が撮影したくらしと祭り―鮎川浜1950年代」『東北学院大学学術研究会　歴史と文化』第六〇号
加藤秀弘　二〇一九『クジラ博士のフィールド戦記』光文社
桂井和雄　一九七七『土佐民俗選集その一―仏トンボ去来』高知新聞社
月光善弘　一九七七「金華山の修験道」『山岳宗教史研究叢書7　東北霊山と修験道』名著出版
梶野悳三　一九四三『鯨の町』錦城出版社
梶野悳三　一九五五『海の野獣（鯨の町改題）』春陽堂
神谷敏郎　一九九二『鯨の自然誌―海に戻った哺乳類』中央公論社
川島秀一　二〇〇九「小型沿岸捕鯨の民俗」『東北民俗』四三号
川島秀一　二〇一二『津波のまちに生きて』冨山房インターナショナル
河島基弘　二〇一一『神聖なる海獣―なぜ鯨が西洋で特別扱いされているのか』ナカニシヤ出版
菊地慶一　二〇〇四『街にクジラがいた風景―オホーツクの捕鯨文化と庶民の暮らし』寿郎社

岸上伸啓編著　二〇一二『捕鯨の文化人類学』成山堂出版
岸本充弘　二〇〇六『関門鯨産業文化史』海鳥社
岸本充弘　二〇一一『下関から見た福岡・博多の鯨産業文化史』海鳥社
木村たき子　二〇〇三『里親制度と地域社会―宮城県牡鹿町のケース』明石書店
極洋捕鯨株式会社　一九五九『鯨を追って32、000浬―第13次南氷洋捕鯨記録』同社
鯨組主中尾家屋敷編　二〇一八『小川嶋鯨鯢合戦（抄）』呼子鯨組
熊野太地浦捕鯨史編纂委員会　一九六五『鯨に挑む町―熊野の太地』平凡社
小泉武夫　二〇一〇『鯨は国を助く―箸を持った憂国の士が語る』小学館
高知県立歴史民俗資料館編　二〇一七『鯨の郷・土佐―クジラをめぐる文化史』同館
国立科学博物館　一九八七『鯨の世界　展示解説シリーズ5』同館
小島孝夫編　二〇〇九『クジラと日本人の物語―沿岸捕鯨再考』東京書店
小松正之　二〇〇九『宮本常一とクジラ』雄山閣
小松正之　二〇一一『日本の鯨食文化―世界に誇るべき〝究極の創意工夫〟』祥伝社
小松正之　二〇一九『日本人とくじら―歴史と文化（増補版）』雄山閣
小松錬平　一九七三『ルポ　鯨の海』朝日新聞社
近藤勲　二〇〇一『日本沿海捕鯨の興亡』山洋社
坂口安吾　一九八八「伊達政宗の城に乗り込む」『安吾新日本地理』河出書房新社
佐賀県立名護屋城博物館編　二〇〇六『くじらといきる―西海捕鯨の歴史と文化』同館
佐賀県立名護屋城博物館編　二〇一一『海にいきる―江戸時代の唐津のくらしと玄界灘』同館
櫻井敬人　二〇一二「鮎川、紀伊大島における探検家R．C．アンドリュースの鯨類調査」『セトケンニューズレター』第三〇号　日本セトロジー研究会

佐々木八重子　二〇一七『十三浜小指　八重子の日記』私家版
佐竹敏之　二〇〇九『大洋ホエールズ誕生前―林兼商店野球部から大洋漁業野球部まで』文芸社
三陸河北新報社編　一九八五『石巻地方の戦後四〇年―揺れ動いた一市九町』同社
三陸河北新報社編　二〇〇一『20世記の群像（上巻）文化・学術編』同社
柴達彦　一九八六『鯨と日本人』洋泉社
柴達彦　一九八六『鯨一代―聞書　砲手泉井守一』青英舎会
島村泰吉　一九九九『室戸史余話』大島
下中邦彦編　一九六〇『風土記日本　第五巻―東北・北陸編』平凡社
シュライバー，E・J　一九六五『鯨』東京大学出版会
鈴木孝也　二〇一三『牡鹿半島は今―被災の浜、再興へ』河北新報出版センター
世界祝祭博覧会協会編　一九九四『三重のまつり―獅子舞・かんこ踊り・鯨船の祭り』同会
関根一郎　一九七〇『牡鹿半島物語』宝文堂
太地五郎作　一九八二『熊野太地浦捕鯨之話』宮井平安堂
太地町公民館編　二〇〇八『くじらの町太地　今昔写真集』太地町
大洋漁業株式会社捕鯨部　一九五六『南氷洋だより』同社
大洋漁業八〇年史編纂委員会編　一九六〇『大洋漁業八〇年史』大洋漁業株式会社
高倉浩樹・滝澤克彦編　二〇一四『無形民俗文化財が被災するということ―東日本大震災と宮城県沿岸部地域社会の民俗誌』新泉社
高倉浩樹・山口睦編　二〇一八『震災後の地域文化と被災者の民俗誌―フィールド災害人文学の構築』新泉社
高橋順一　一九九二『鯨の日本文化誌―捕鯨文化の航跡をたどる』淡交社
高橋鐵牛　一九七九『牡鹿郡案内誌　復刻版』ヤマト屋書店（原書は一九一六年刊行）

竹内利美　一九六九　『みちのくの村々』　雪書房
田島政人　一九九四　『アキシマクジラ物語』　けやき出版
伊達萬次郎　一八九八　『金華山小誌』　正気堂
田中省吾　一八八七　『鯨物語―南氷洋を翔けた砲手』　柴田書店
谷川健一編　一九九七　『鯨・イルカの民俗―日本常民文化資料集成18』　三一書房
丹野大　二〇〇四　『反捕鯨？―日本人に鯨を捕るなという人々（アメリカ人）（第二版）』　文眞堂
土井全二郎　一九八七　『さいごの捕鯨船』　筑摩書房
東北民俗の会編　二〇〇九　『東北民俗』第四三輯　同会
東北歴史資料館編　一九八五　『三陸の漁業―手こぎ船のころ』　同館
東北歴史博物館編　二〇〇五　『東北地方の信仰伝承―宮城県の年中行事』　同館
東洋捕鯨株式会社　一九八九　『明治期日本捕鯨誌』　マツノ書店（原書は一九一〇年刊行『本邦の諸威式捕鯨誌』）
伴野準一　二〇一五　『イルカ漁は残酷か』　平凡社
ドリン，エリック・ジェイ　二〇一四　『クジラとアメリカ―アメリカ捕鯨全史』　原書房
中西克昭編　二〇〇九　『人と動物の日本史2―歴史の中の動物たち』　吉川弘文館
中道等　一九三〇　「牡鹿半島の昔話」『旅と伝説』昭和五年五月特大号　三元社
中村安孝編　一九七九　『月刊歴史手帖』第七巻一一号　名著出版
中村羊一郎　二〇〇九　『イルカの眼―中村羊一郎の静岡物語②』　羽衣出版
中村羊一郎　二〇一七　『イルカと日本人―追い込み漁の歴史と民俗』　吉川弘文館
ニコル，C・W　一九九二　『勇魚』　文藝春秋
ニコル，C・W　二〇〇七　『鯨捕りよ、語れ！』　アートデイズ
西田卯八・辻圭一　一九七四　『彼杵の今昔』　東京彼杵会

西脇昌治　一九六五『鯨類・鰭脚類』東京大学出版
日本作文の会編　一九七六『子ども日本風土記　岩手・宮城』ほるぷ
バトラー，A・M　二〇一九『よみがえる1951―米軍医G・バトラー大尉が撮った石巻地方』三陸河北新報社
濱光治　一九九三『元禄の鯨―「鯨文限」太地角右衛門異聞』南風社
浜口尚　一九九四『捕鯨の文化人類学』新風舎
樋口英夫ほか　一九九二『海の狩人―日本の伝統捕鯨』平河出版社
福岡市博物館編　二〇一一『日本とクジラ』同館
福岡昇三（粕谷俊雄編・註）二〇一四『網走の小型捕鯨―一追鯨士の記録』生物研究社
福本和夫　一九六〇『日本捕鯨史話―鯨組マニュファクチュアの私的考察を中心に』法政大学出版局
フリーマン，ミルトン・M・R編著（高橋順一ほか訳）一九八九『くじらの文化人類学―日本の小型沿岸捕鯨』海鳴社
古家新平ほか編　二〇一五『牡鹿半島の民俗と地域社会―これまでの記憶とこれからの可能性について』筑波大学民俗学研究室
文化庁内民俗文化財研究会編　一九九〇『民俗文化財の手びき―調査・収集・保存・活用のために』第一法規出版
幣洋明　二〇一〇『暴風圏で鯨を捕る―南極の海にも温暖化』成山堂書店
北海道開拓記念館編　二〇〇七『特別展　鯨』同館
本田安次　一九三四『陸前浜の法印神楽―その一本異伝編附奥羽楽舞鳥瞰』郷土社書房
本徳亜矢子　一九九九『南房総におけるツチクジラ漁の現状と捕獲制限への対応』（平成一〇年度修士（環境科学）学位論文・筑波大学大学院生命環境科学研究科）

前田敬治郎・寺岡義郎　一九五二『捕鯨—附・日本の遠洋漁業』いさな書房
政岡伸洋　二〇一二「暮らしの文化と復興に向けての課題」『21世紀ひょうご』一二　財団法人ひょうご震災記念二一世紀研究機構
松浦義雄　一九四四『鯨』創元社
宮城県石巻工業高等学校図書館　一九七三『石巻地方の歴史と民俗』同校
宮城県牡鹿町総務課編　二〇〇四『牡鹿宝唄—牡鹿町町制五〇周年記念誌』宮城県牡鹿町
宮城県教育委員会編　一九六六『宮城の民俗—民俗資料緊急調査報告』（宮城県文化財調査報告書第一〇集）同会
宮田登　一九七〇『ミロク信仰の研究—日本における伝統的メシア観』未來社
室戸市史編纂委員会　一九八九『室戸市史　下』室戸市
森弘子・宮崎克則　二〇一六『鯨取りの社会史—シーボルトや江戸の学者たちが見た日本捕鯨』花乱社
矢代嘉春　一九八三『日本捕鯨文化史』新人物往来社
柳田國男　一九九八『柳田國男全集』第七巻　筑摩書房
山口栄彦　一九九九『鯨のタレ—房総食文化と房総の漁師たち』多摩川新聞社
山口和雄監修　一九六一『日本水産五〇年史』日本水産株式会社
山口弥一郎（石井正己・川島秀一編）二〇一一『津波と村』三弥井書店
山下渉登　二〇〇四『捕鯨Ⅰ』法政大学出版局
山下渉登　二〇〇四『捕鯨Ⅱ』法政大学出版局
山本一力　二〇〇九『くじら組』文藝春秋
山根勢五（八戸市史編纂室編）二〇〇六『八戸の漁業・近代編』八戸市
吉岡逸夫　二〇一一『白人はイルカを食べてもOKで日本人はNGの本当の理由』講談社

四日市市立博物館編　一九九三『鯨・勇魚・くじら―クジラをめぐる民俗文化史』同館

渡邊愛　二〇二〇「シカは神獣か、害獣か―牡鹿半島周辺におけるシカとヒトの付き合い方から」（卒論発表会報告）『日本民俗学』第三〇二号　日本民俗学会

Barbara Kirshenblatt-Ginblett 1989 “Objects of Memory— Material Culture as Life Review,” in Elliott Oring ed, Folk Groups and Folklore Genres— A Reader, Utah State Univ. Press.

Holm, Fynn. 2020. “Living with the Gods of the Sea: Anti-Whaling Movements in Northeast Japan, 1600-1912,” Ph.D. Thesis.

Roy Chapman Andrews, Whale Hunting with Gun and Camera; A Naturalist's Account of the Modern Shore-whaling Industry, of Whale and Their Habits, and of Hunting Experiences in Various Part of the World, D Appleton and Company, 1916.

あとがき

いま、民俗誌が問われている。現代の民俗学が人々とともに描きだす地域像は、時代とともに変わる人々の生活のダイナミズムである。震災と津波で洗われた過去を復元するといった近視眼的な目的にとどまらず、多くの苦難と葛藤を乗り越えてきた地域に埋め込まれた文脈（＝地域の人々が大切にしたいものごと）を、いかに見出すかが課題である。

民俗学者の役割は、いわば「露頭から鉱脈を掘り当てる山師」から、「潮の目を読んで網を入れる漁師」へと変換しなければならない。まちづくりでは、よく「地域文化を掘り起こす」という。しかし、歴史は人が描きだすものである。人が叙述するものであるから、鉱脈のように「そこにあるもの」を掘り当てるのではなく、揺れ動きつづける人々の意識や、過去の意味づけかた、そして未来への展望によって、変化しつづけるものを、共感をもって描きだすことがその仕事である。この一〇年の鮎川との付き合いから、わたしはこのように考えるにいたった。震災一〇年でようやく復興まちづくりのスタートラインに立った鮎川の人々に、この民俗誌をおくりたい。

本報告書の調査データは、二〇〇九年から二〇一九年まで勤めたわたしの前任校東北学院大学文学部歴史学科の加藤ゼミの歴代のメンバーとともに集めた「聞書きシート」をベースとしている。地域での調査に加え、被災地で一〇年間に実施した展示会の会場での聞書きによって、一三〇〇枚を超える「聞書きシート」が蓄積された。活動の経緯は、中間報告としてまとめた『復興キュレーション』（社会評論社、二〇一七年）を参照いただきたい。本書は、震災当初からの活動のひとつの目標であった震災一〇年で描く牡鹿半島・鮎川の民俗誌である。今はそれぞれ社会で活躍している、大好きな加藤ゼミOBOGのみんなに呼びかけたい。「民俗誌できたよ！」。

この一連の調査は、数えきれないほどの人々との協働であった。そのお一人お一人についてここで触れることはできないが、もっとも重要な貢献をいただき、わたしたちの調査や博物館活動の最大の理解者であったのは成澤正博さんである。震災当初は石巻市牡鹿支所長として救援・復旧の最前線で活躍された成澤さんとは、二〇一四年八月一日に岩崎まさみ氏を招いて東北学院大学で開催した公開講演会「鮎川における地域文化としての捕鯨」の会場でお会いした。この折、成澤さんから多くの捕鯨に関する資料を提供されたことで、わたしたちの活動は文化財レスキューの保全作業の枠を大きく踏み越えて、地域文化の再構築と復興まちづくりへの積極的な関与へとつながっていった。今回も、書き下ろした原稿をつぶさにチェックしていただいた。わたしの主張については、それはそれとして尊重していただく成澤氏の温かいまなざしは、この民俗誌の成立に不可欠なものであった。鮎川を離れても、いや離れたからこそふるさとに心を寄せ続ける成澤さんと、いつもおいしい牡鹿の家庭料理を振る舞ってくれる奥さまに、心から感謝を申し上げたい。

また、本書でも多くの写真を提供していただいた、浜の棟梁・鹿井清介さんにも感謝を申し上げたい。本文でも書いたように、鹿井さんの写真は芸術写真を志向する意図はまったくなく、ただ隣人の姿をとってあげたい、写真が楽しい、という思いで撮られたものであった。その大切なネガを提供いただき、一九五〇年代の写真四五〇枚の報告書を仕上げられたことは、津波から復興していくこれからの町にとってひとつ意味のある仕事ができたと実感できるものであった。学生たちは調査というより、おじいちゃんおばあちゃんの家に寄るような感覚で鹿井さんの家に遊びに行っていた。わたしは鹿井さんとのつきあいを通じて、鮎川の生活の実感を得て、民俗調査にも弾みがついたのである。

本書は株式会社社会評論社の編集者、板垣誠一郎氏との共同作業によってかたちを得た。板垣氏と本づくりをするのはこれが五冊目となる。新型コロナウイルスの感染拡大によって、出版業界も極めて厳しい状況にありながら、わたしの無理も聞き入れていただき、一般の方に、とくに被災地のふつうの人々に読みやすい本に仕上げていただいたことに、心から感謝申し上げたい。加えて、わたしの牡鹿半島・鮎川とのかかわりに二〇一一年当初から一貫して関わり続けたゼミ生であった佐藤麻南さんには、本書の制作においても力を貸していただいた。お礼を申し上げたい。

本書は、日本学術振興会科学研究費補助金　基盤（C）（一般）「ポスト文化財レスキュー期の博物館空白を埋める移動博物館の実践研究」（代表・加藤幸治）、および人間文化研究機構広領域型機関研究「日本列島における地域文化の再発見とその表象システムの構築」（代表・日高真吾）にかかる調査研究の成果でもある。後者は国立民族学博物館　特別展「復興を支える地域の文化　―3・11から10年」（二〇二一年三月四日～五月一八日）の開催へとつながり、本書は特別展の第三章の関連書籍である。震災から資料保全や研究面でご指導いただき、また特別展の企画メンバーに加えていただいた日高真吾さん（国立民族学博物館人類基礎理論研究部・教授）と「チーム日高」の面々には、心から感謝申し上げたい。

最後に、いつも調査地みやげのクジラの刺身を楽しみにしてくれる息子と娘、母、そして妻に、ふだんは言えない「ありがとう」を伝えたい。

牡鹿半島のお品書き 2021

クジラ料理

ミンククジラの刺身
クジラの煮こごり
ツチクジラの炭火焼き
クジラ紅白寿司
サエズリ寿司
クジラ味噌焼き
クジラの大和煮
クジラの竜田揚げ
クジラカレー
トイ（皮）汁
マメワタのボイル

磯の料理

アワビ刺身
アワビのバター焼
アワビ入りの雑煮
殻むきウニ
ウニごはん（炊き込み）
ウニとジャガイモ等の煮物
ヒジキと野菜の煮物
フノリと高野豆腐の味噌汁
生ノリの佃煮、ノリ汁
タコ飯
つぶ貝の煮付け

丼もの

ウニ丼、イクラ丼、海鮮丼
クジラユッケ丼
アナゴ（煮）丼、天丼
メカブ丼

養殖の味

ギンザケのムニエル、ホイル焼
ワカメしゃぶしゃぶ
茎わかめの佃煮
ホヤ酢、蒸しホヤ、ホヤたまご
ホヤ・ペペロンチーノ
殻つき焼きホヤ
生ガキ、カキの浜焼き
蓄養サバのしゃぶしゃぶ
メカブの天ぷら

漁の料理

ボッケ汁、ドンコ汁、タラ汁
ボッケの卵の醤油漬け
ドンコの肝和え
アナゴの甘煮
アナゴの蒲焼・白焼
アナゴ出汁の雑煮
キンキのみぞれがけ
サヨリ、メロウドの塩焼き
メバル、ソイ、アイナメの煮付け
茹でシャコ
マスのおくずかけ
サヨリの塩焼き
ナマコ刺身、ナマコ酢
サケと野菜の三平汁
ワタリガニ、スクモガニ
アンコウの共和え

浜の半チャンラーメン

このお品書きは、筆者が牡鹿半島でのフィールドワークを通じてご馳走になったもののなかで、忘れえぬ味わい、毎年楽しみにしてきた料理である。必ずしも伝統的な食事ばかりではないが、世界三大漁場の底力を実感できるものばかりである。食文化は時代とともに変化する。巻末にあたり、震災10年の現在の記録として、「牡鹿半島のお品書き2021」を掲げておく。

■牡鹿半島・民俗語彙集

地域での暮らしのエピソードには、独特なことばが含まれている。方言とも訛りとも異なる、住民や職業人のあいだだけで通用することばを、民俗学ではカタカナ表記による「民俗語彙」として記録する。「フォーク・ターム」とも呼び、単なる単語としてだけでなく、その背景にある知識や認識を探るのである。

発音そのものがおもしろく、意味を知れば納得、それが飛び交う暮らしをイメージすることができる「民俗語彙」を、本書では索引の代わりとして、ここに収録する。

カテゴリ	ことば	漢字等	意　味	ページ
生業	アシガハヤイ	足が速い	クジラの速度が速いこと	128
生業	アスターン	アスターン	捕鯨船のバックの掛け声	127
生業	アッパーブリッジ	アッパー・ブリッジ	捕鯨船の操舵室	114, 125
社会	アナホリ	穴掘り	墓穴を掘ること	44
生業	アミト	網人	大謀網の網を引く労働者	170
生業	アワビカギ	鮑鉤	磯で船からアワビを獲る漁具	106, 163, 167
生業	イオミヤグラ	魚見櫓	大謀網の魚の入りを見る櫓	170
生業	イカダ	筏	湾内に養殖の棚を吊す筏	172, 173, 253
生業	イケスクイ	活け掬い	メロウド漁の船のこと	176
生業	イサバ	五十集	水揚げされた魚を売る商人	106, 163, 164, 201, 202
生業	イシャリ	漁り	磯で船からタコを獲る漁具	106, 168, 169, 252
環境	イナサ	イナサ	南東の風	157
生業	イワシ	鰯	イワシクジラ	49, 51, 52, 67, 96, 111, 159, 161, 162, 183, 234
生業	インチョウ	員長	解剖作業の仕切りをする人	112
生業	ウエヲトブ	上を飛ぶ	捕鯨銛がクジラを飛び越えてしまう	128
食	ウデモノ	茹で物	クジラの内蔵のボイル	178, 180
生業	ウネ	畝	ヒゲクジラの顎の蛇腹部分	67, 114, 177, 178, 180
祭り	ウミアケ	海明け	ミンククジラの初漁のこと	144
環境	ウワナミ	上波	海面の波	157
生業	エアー	エアー	クジラが沈まぬよう空気挿入	114
生業	エイゲイ	曳鯨	捕鯨船の横にクジラをつけて運ぶ	49, 113, 114, 128, 131

カテゴリ	ことば	漢字等	意　味	ページ
社会	エビスオヤ	恵比須親	他所から来た人の保証人となる人	42
生業	オオアミ	大網	大謀網（大規模定置網）のこと	161, 162, 165
生業	オールハン	オールハン	捕鯨船の全乗組員	125
社会	オヂャッコ	お茶っ子	おやつに休憩すること	60
生業	オッカケ	追っかけ	ツチクジラをボートで追うこと	128
生業	オッペ	オッペ	捕鯨船の通信士	125
生業	オバネ	尾羽	クジラの鰭	114, 143, 177
生業	オモカジ	面舵	船の右舷	127
生業	カイコー	開口	磯で採れる海産物の解禁日	168, 240
環境	カゼウエ	風上	風上（かざかみ）のこと	157
環境	カゼシタ	風下	風下（かざしも）のこと	156, 157
食	カブラ	鏑	クジラの軟骨	178
生業	カンバ	干場	鯨肥を天日乾燥させる乾燥場	60, 85, 90, 104,
生業	キャッチャーボート	キャッチャーボート	捕鯨船のこと	49, 54, 56, 110, 112, 114, 127, 137, 192
生業	キョクヨウ	極洋	現株式会社極洋	60, 62, 99, 100, 108, 110 - 112, 115, 118, 120, 121, 126, 192, 195, 196, 211
生業	クチアケ	口開け	磯で採れる海産物の解禁日	106, 168, 212, 240
生業	ゲイシ	鯨歯	ハクジラの歯	38, 133, 134, 140 - 143, 178, 183, 205, 256, 257
生業	ゲイユ	鯨油	解体したクジラの脂等から精製した油	4, 7, 26, 27, 69, 72, 76, 84, 86, 90, 96, 97, 100, 111, 114, 118, 139, 149, 178, 179, 262
社会	ケイヤクコウ	契約講	各戸の代表者による地域の集まり	42, 43, 44, 45, 212, 215
生業	コウハンイン	甲板員	捕鯨船の甲板員	125
生業	ゴーヘー	ゴー・アヘッド	捕鯨船の前進の掛け声	114
生業	コク	コク	コククジラ	67, 111
環境	コチカゼ	東風風	北東の風	157
生業	コック	コック	捕鯨船の料理長	125
生業	コヒキ	海鼠曳き	ナマコを獲る底曳網の漁具	106, 165
生業	ザトウ	座頭	ザトウクジラ	50, 67, 111, 236
環境	サンノゴテ	三の御殿	金華山が水平線に1/3隠れた距離	234
生業	シオ	シオ	クジラの潮吹き	128

カテゴリ	ことば	漢字等	意　味	ページ
祭り	シシフリ	獅子振り	新春の福を寿ぐ門付けの獅子舞	186, 212
生業	シタガナガイ	下が長い	クジラの潜水時間が長いこと	128
食	ジャーキー	ジャーキー	クジラの干し肉	181
食	ジャバラ	蛇腹	ヒゲクジラの歯茎を茹でた物	178
食	シュウリガイ	シュウリ貝	ムラサキイガイ(ムール貝)	173
社会	ジョゲコウ	定義講	定義山に参る女性の集まり	46
生業	シロテ	白手	クジラの内臓	121, 177
生業	シロナガス	白長須	シロナガスクジラ	52, 67, 87, 111, 115
社会	シンリョウショ	診療所	鯨館跡地の診療所	62, 199, 203
生業	ステレー	ステディ	捕鯨船のこのまま進めの掛け声	114
生業	ストップエンジン	ストップ・エンジン	捕鯨船の惰力だけで進む掛け声	114
生業	スリップ	スリップウェイ	クジラを引き上げるスロープ	23, 76, 90, 114, 259
生業	スロー	スロー	捕鯨船のゆっくり進めの掛け声	114, 127
生業	センチョウ	船長	捕鯨船の船長	52, 56, 99, 125, 134, 143, 190, 200, 260
生業	タイホウ	大砲	捕鯨船についている捕鯨砲	75
生業	ダイボウ	大謀	大謀網の総指揮者	165, 170
生業	ダイボウアミ	大謀網	三陸海岸独特の大規模定置網	24, 37, 53, 60, 133, 164, 165, 170, 237, 259
生業	タカブネ	高船	大謀網の魚を運ぶ船	170
生業	タカマツ	タカマツ	シャチ	128
食	タツタアゲ	竜田揚げ	クジラの竜田揚げ	178, 179, 182, 183
生業	タッパナガ	タッパ長	コビレゴンドウクジラの亜種	108, 123, 124, 132
社会	タナ	棚	店のこと	194
生業	ダナドノ	旦那殿	大謀網を招致した地元の名家	170
生業	タネツケ	種付け	カキの養殖棚に幼生をつけること	106, 240
祭り	タルイレ	樽入れ	初漁の祝いを贈ること	144
生業	タンガイシャ	炭会社	蒸気船に石炭と水を供給する商人	83
生業	タンゲイ	探鯨	双眼鏡を使って目視でクジラを探す	113, 125, 131
生業	チャンス	チャンス	捕鯨砲発射の好機	25, 114, 127, 128
生業	チャンスヨシ	チャンス良し	捕鯨砲の照準を定めた掛け声	114

カテゴリ	ことば	漢字等	意　味	ページ
生業	チョッサー	チョッサー	捕鯨船の一等航海士	125
生業	ツチ	槌	ツチクジラ	68, 108, 119, 123, 124, 128, 130 - 132, 144, 175, 181 - 183
生業	ツナトリ	綱取り	漁港で働く人	40
生業	テントセン	テント船	太地から持ち込まれた高速小型船	97
生業	テンビン	天秤	イカ釣りの漁具	106, 165
生業	テンヤ	テン屋	大謀網の季節労働者の住まい	53, 170
食	トイ	トイ	クジラの皮部分	178, 180
生業	ドエ	胴合	大謀網の底を引き上げる役の船	170
生業	トップ	トップ	トップバレルの見張り役	113, 114, 125, 127
生業	トップバレル	トップバレル	クジラを探す捕鯨船の見張台	114
生業	トビダス	飛び出す	クジラが急に逃げること	128
生業	トモス	トモス	大謀網の現場監督	170
生業	トリカジ	取舵	船の左舷	127, 143
生業	トリマワリ	鳥回り	クジラが追う魚群に集まる鳥の動き	127
生業	ドンガラ	ドンガラ	捕鯨銛の失敗	114, 128
生業	ナガス	長須	ナガスクジラ	52, 67, 75, 87, 111, 115, 178, 183
生業	ナギ	凪	波が穏やか	113, 127
生業	ナニカ	何か	クジラの影を見たときの掛け声	127
生業	ナマミンク	生ミンク	ミンククジラの刺身	24
環境	ナライ	ナライ	西風	157
環境	ナレカゼ	ナレ風	西風	157
生業	ナンバン	ナンバン	捕鯨船の甲板助手	125
環境	ニオボシ	乳星	金華山が水平線に僅かに見える距離	234
食	ニコゴリ	煮凝り	ミンククジラの肉で作る煮凝り	180
生業	ニッスイ	日水	現日本水産株式会社	111, 115
環境	ニノゴテ	二の御殿	金華山が水平線に1/2隠れた距離	234
生業	ネウ	根魚	クロソイなど磯に隠れている魚	163, 166, 167, 222
生業	ノウユ	脳油	マッコウクジラの頭から取れる油	68, 69, 90
生業	ノリクミ	乗組	船上で働く人	40, 41, 52, 102, 112, 121, 125, 127 - 130, 134, 135, 200, 252

カテゴリ	ことば	漢字等	意　味	ページ
生業	ハースピー	ハーフ・スピード	捕鯨船の速度半分の掛け声	114, 127
生業	パイプヤサン	パイプ屋さん	鯨歯工芸店	140, 141
生業	パッキン	パッキン	捕鯨船の機関長	125
生業	ハネモリ	跳ね銛	捕鯨銛が水面を跳ねてしまう	128
祭り	ハマオリ	浜降り	神輿が浜や海岸で水に入ること	186
生業	ハモ	鱧	アナゴのこと	165, 240
生業	ハモド	鱧筊	アナゴを獲るために海に沈める筒	165, 174
祭り	ハルキトウ	春祈祷	年始の獅子舞の行事	186, 212
生業	パンコロ	パンコロ	捕鯨銛の命中	114, 128
食	ヒゲネ	髭根	ヒゲクジラの歯茎を茹でた物	180
生業	ブロー	ブロー	クジラの潮吹き	113, 127
食	ブロック	ブロック	ミンククジラの赤肉2キロのこと	144, 204
生業	ヘッド	ヘッド	捕鯨船の正面にクジラがいること	128
生業	ベリスロー	ベリー・スロー	捕鯨船の最もゆっくりの掛け声	114
生業	ホウシュ	砲手	捕鯨船の捕鯨砲の砲手	49, 51, 52, 56, 87, 88, 100, 112, 114, 117, 125 - 127, 129, 188, 192, 200, 221, 260
生業	ホウチョウサン	庖丁さん	捕鯨船の解剖員	125
生業	ホースピー	ホール・スピード	捕鯨船の全速前進の掛け声	114, 127
生業	ボースン	ボースン	捕鯨船の甲板長	125, 200
生業	ボートノリ	ボート乗り	ボートと協力するツチクジラ漁	128
生業	ポール	ポール	捕鯨船の左への掛け声	114, 127
食	ホシ	星	クジラの心臓	178, 180
生業	ポスカン	ポスカン	アメリカ式捕鯨の時代の捕鯨銃	75
生業	ボセン	母船	捕鯨船団の解剖と加工・貯蔵の船	95, 99, 102, 110, 112 - 114, 116, 119, 120, 137
生業	ボック	ボックス	クジラを吊り下げる解体装置	49, 76, 90, 91
生業	マケツ	真ケツ	捕鯨船の真後ろにクジラがいること	128

カテゴリ	ことば	漢字等	意　味	ページ
生業	マッコウ	抹香	マッコウクジラ	24, 48, 52, 68, 69, 74, 77, 83, 85, 94, 96, 100, 101, 103, 111, 115 119, 120, 141, 178, 179, 181
生業	マッコウジョウ	抹香城	金華山沖のマッコウクジラの漁場	24, 76, 77
食	マメ	豆	クジラの腎臓、マメワタとも	178, 180
生業	マルハ	丸は	大洋漁業、現マルハニチロ	109, 115, 192
生業	ミジップ	ミジップ	捕鯨船の真っ直ぐの掛け声	114
生業	ミンク	ミンク	ミンククジラ	24, 67, 96 - 100, 103, 116, 119, 120, 123, 124, 128, 130, 131, 143, 144, 151, 153, 158, 175, 176, 178 - 181, 183, 198, 203, 216, 240, 254
生業	ミンクセン	ミンク船	ミンククジラの小型捕鯨船	7, 21, 64, 96, 99, 100, 126, 129, 144, 198, 203, 205, 220
生業	ミンクビヨリ	ミンク日和	春の波の穏やかな日	127
生業	メガネ	眼鏡	船から海中を覗く箱眼鏡	106, 163, 166, 167, 169, 252
環境	モエナカ	モエナカ	春の南東の風	157
食	ヤマトニ	大和煮	クジラの大和煮	85, 90, 178, 180, 183, 184
環境	ヤマナシ	山無し	金華山が水平線に見えなくなった距離	234
生業	ラーバ	ラーバ	ホタテの幼生	172
生業	ランプアミ	ランプ網	灯火で寄せてメロウド等を獲る網漁	165
生業	リング	リング	クジラが潜るときにできる泡の輪	113, 127
生業	レッコー	レット・ゴー	クジラの追尾をやめる掛け声	127
社会	ワラジヌギバ	草鞋脱ぎ場	他所から来た人の保証人となる家	42

著者紹介

加藤 幸治（かとう こうじ）

武蔵野美術大学 教養文化・学芸員課程教授。

専門は民俗学、博物館学。静岡県出身。総合研究大学院大学文化科学研究科比較文化学専攻修了、博士（文学）。

主な著作として、単著に『渋沢敬三とアチック・ミューゼアム　知の共鳴が創り上げた人文学の理想郷』（勉誠出版、2020年）、『文化遺産シェア時代　価値を深掘る“ずらし”の視角』（社会評論社、2018年）、『復興キュレーション　語りのオーナーシップで作り伝える“くじらまち”』（同、2017年）、『紀伊半島の民俗誌　技術と道具の物質文化論』（同、2012年）、『郷土玩具の新解釈　無意識の“郷愁”はなぜ生まれたか』（同、2011年）がある。

本書に関連する共著としては、日髙真吾編『復興を支える地域の文化　3.11から10年』（国立民族学博物館　2021年3月刊行予定）、菅豊・北條勝貴編『パブリック・ヒストリー入門　開かれた歴史学への挑戦』（勉誠出版　2019年）ほかがある。

加藤幸治プロフィール：http://profile.musabi.ac.jp/page/KATO_Koji.html

津波とクジラとペンギンと

東日本大震災10年、牡鹿半島・鮎川の地域文化

2021年1月20日初版第1刷発行

著／加藤幸治

発行者／松田健二

発行所／株式会社　社会評論社

〒113-0033　東京都文京区本郷2-3-10　お茶の水ビル
電話　03（3814）3861　FAX　03（3818）2808

印刷製本／倉敷印刷株式会社

カバー挿画／加藤伸幸

感想・ご意見お寄せ下さい　book@shahyo.com